기독교 영성신학

권택조 지음

기독교문서선교회

기독교문서선교회(Christian Literature Crusade: 약칭 CLC)는
1941년 영국 콜체스터에서 켄 아담스에 의해 시작되었으며
국제 본부는 영국의 쉐필드에 있습니다.
현재 약 650여명의 선교사들이 59개 나라에서 180개의 본부를 두고,
이동도서차량 40대를 이용하여 문서 보급에 힘쓰고 있으며
이메일 주문을 통해 130여국으로 책을 공급하고 있습니다.
CLC는 청교도적 복음주의 신학과 신앙을 선포하는
국제적, 초교파적, 비영리 문서선교기관으로서, 하나님의 뜻에 합당한 책을 만들고
이 책을 통해 단 한 영혼이라도 구원되길 소망하며
이를 위해 주님이 오시는 그날까지 최선을 다할 것입니다.

Theology of Christian Spirituality

by
Tack Joe Kwon

Copyright © Christian Literature Crusade 2009
Seoul, Korea

책머리에

필자는 18세기부터 21세기를 교육의 강조점에 따라 세 세대로 분류할 수 있다고 본다. 첫 세대는 18세기 계몽주의시대(the Age of Enlightenment)로부터 1970년대까지로서 IQ(지능지수)를 중시하는 지성 중심의 세대이며, 둘째 세대는 1980-1990년대로서 EQ(감성지수)를 강조하는 감성 중심의 세대라고 할 수 있고, 셋째 세대는 2000년대로서 SQ(영성지수)에 관심의 초점이 모아지고 있는 영성 중심의 세대라고 할 수 있을 것이다. 첫 세대가 이성(reason)에 기반을 둔 현대주의(modernism) 세대라고 한다면, 둘째 세대는 감성(emotion)을 강조하는 탈현대주의(postmodernism) 세대라고 할 수 있고, 셋째 세대는 영성(spirituality)에 관심의 초점이 모아지고 있는 영성의 세대라고 할 수 있다.

이성을 강조하는 현대주의와 감성을 강조하는 탈현대주의에 대한 시대 규명에 대하여는 반대하는 사람들이 많지 않겠지만, 21세기를 영성을 강조하는 '영성의 세대'라고 한다는 시대적 분류에 대하여는 이의를 제기하는 사람들이 많이 있다고 생각한다. 왜냐하면 종교를 갖지 않은 많은 사람은 영성에 대한 관심이 많지 않을 것이기 때문이다. 그러나 "21세기는 영성의 세기이다"라고 하는 말이 유행하듯 영성은 21세기의 중심 주제가 되어가고 있다. 영성은 종교를 초월하는 세기적 관심사로서 세계보건기구(WHO)도 건강을 위하여 고려해야 할 중요한 분야로 영성을 취급하고 있다.

인간은 이성적 존재(rational being)이기 때문에 지성의 계발이 중요하며, 감성적 존재(emotional being)이기 때문에 감성의 계발이 중요한 것처럼, 또한 인간은 영적 존재(spiritual being)이기 때문에 영성의 계발이 중요한 것이다.

1981년에 스페리(Roger Sperry)가 좌뇌와 우뇌의 기능이 각각 다르다는 사실을 증명하여 노벨상을 수상한 것을 계기로 하여 좌뇌는 지성을 관장하고 우뇌는 감성을 관장한다는 사실이 증명되었다. 이 사실은 좌뇌 계발에만 주력하던 종전의 교육에 경종을 울렸고, EQ의 중요성이 학교 교육에는 물론 대중들 속에도 파급되었다.

이와 같은 두뇌 과학의 급속적인 발달과 더불어 1997년엔 라마찬드란(V. S. Ramachandran)과 그의 연구진에 의하여 인간의 두뇌의 중심부에 영적인 세계와 신을 인식하는 기능을 가진 특수 부위가 있다는 것을 증명하고 그 부위를 "신 영역"(God spot)이라고 명명하면서 영성도 두뇌와 관계가 있다는 사실을 알게 되었다. 만약 인간의 두뇌에 영적인 세계를 추구하는 신 영역이 없다면 하나님과의 교통이 불가능할 것이다.

좌뇌가 지성을 관장하고 우뇌가 감성을 관장하며 신뇌(신 영역)가 영성을 관장한다는 사실은 어떻게 하는 것이 참다운 의미의 두뇌 계발인가를 말해 준다. 즉 지성을 계발하는 교육을 함으로써 좌뇌를 발달시키고, 감성을 계발하는 교육을 함으로써 우뇌를 발달시키며, 영성을 계발하는 교육을 함으로써 신뇌를 발달시켜야 진정한 교육이 된다는 사실이며 여기에, 영성교육의 현주소가 존재하는 것이다.

"기독교 영성신학"이라는 본 저서는 바로 이 현주소에 적을 두고 쓰여 졌다. 필자는 지성(知性)과 감성(感性) 및 영성(靈性)을 계발하는 "삼성교육"(三性敎育)의 중요성을 절감하면서 본서가 삼성교육의 중요한 한 부분을 감당하는데 사용되기를 기원한다.

Soli Deo Gloria !

주후 2008년 가을에 남한강 기슭에서
아세아연합신학대학교 교수
陽地 권택조

Contents

책머리에 _ 5

제1장 크리스천의 지상과제 _ 13

제2장 영성에 대한 다각적 고찰 _ 21
    제1절 영성에 대한 역사적 고찰
    제2절 영성에 대한 교단적 시각
    제3절 영성에 대한 학자들의 시각
    제4절 영성과 도덕성(Spirituality and Morality)

제3장 영성 측정 도구들에 대한 조사 _ 49
    제1절 신앙성향 측정(Religious Orientation Scale)
    제2절 목자 측정(Shepherd Scale)
    제3절 신앙상태 측정 인터뷰(Religious Status Interview)
    제4절 영적 성숙 지수(Spiritual Maturity Index)
    제5절 신앙상태 목록(Religious Status Inventory)

제4장 영성과 자아 _ 59

제1절 자아에 대한 종교적 시각

제2절 자아에 대한 성경적 시각

제3절 자긍심에 대한 신학과 심리학의 통합적 시각

제5장 비정상적 영성 _ 71

제1절 자기중심주의(Self-centeredness)

제2절 자아도취증(Narcissism)

제6장 참된 영성 _ 81

제1절 영성에 대한 오해

제2절 참된 영성

제7장 영성발달을 위한 성령의 역사와 인지적 영역 _ 91

제1절 영성발달을 위한 성령의 역사

제2절 세 가지 영역에서의 영성발달을 위한 성령과 기독교교육의 접목

제3절 인지적 영역에 있어서의 영성발달을 위한 성령의 역사

제8장 영성발달을 위한 성령의 역사와 정서적 영역 _ 117

제1절 정서적 영역과 유사한 개념들

제2절 감성발달의 중요성

제3절 감성발달의 필요성

제4절 정서적 영역에서의 영성발달과 기도

제9장 영성발달을 위한 성령의 역사와 영적행위 영역 _ 139

제1절 정의(Definition)

제2절 세 영역의 성격

제3절 영적행위 영역에서의 성령과 기독교교육의 접목

제4절 영적행위 영역의 세 가지 분야

제10장 기독교교육의 목표와 방법 _ 159

제1절 기독교교육의 목표

제2절 기독교교육의 방법

제11장 전인교육과 두뇌 과학 _ 181

제1절 두뇌 과학과 교육

제2절 두뇌의 기능과 교육의 목표들

제3절 두뇌 과학적 이론에 근거한 전인교육의 목표: "삼성일체"(三性一體; Brain Triad)

제4절 효과적인 전인교육 방법

제12장 효과적인 교육을 위한 6-I 원리 _ 199

제1절 Information(정보/지식)의 단계

제2절 Identification(확인/동일시)의 단계

제3절 Integration(접목)의 단계

제4절 Insight(통찰력)의 단계

　　제5절 Intuition(직관)의 단계

　　제6절 Inspiration(영감)의 단계

제13장 묵상과 영성발달 _ 217

　　제1절 묵상이란 무엇인가?

　　제2절 묵상의 종류

　　제3절 묵상의 유익

　　제4절 성경적 묵상과 영성발달

　　제5절 묵상의 방법

제14장 영성발달의 단계 _ 229

　　제1절 1단계: 하나님과의 관계 회복 및 증진의 단계

　　제2절 2단계: 다른 신자들과의 관계 발전의 단계

　　제3절 3단계: 불신자들과의 관계 발전의 단계

　　제4절 4단계: 환경과의 관계 증진의 단계

제15장 통합적 모델 _ 245

　　제1절 영성발달과 기독교교육의 목표

　　제2절 그리스도닮음(Christlikeness)

　　제3절 타자중심주의에 대한 심리학적 관점

　　제4절 타자중심주의에 대한 신학적, 성경적 관점

　　제5절 영성발달 모델

　　제6절 교회 안에서의 영성발달을 위한 기독교교육의 실천적 제안

참고문헌(References) _ 279

기독교 영성신학

Theology of Christian Spirituality

| 제1장 |

크리스천의 지상과제

크리스천의 지상과제는 무엇인가? 구원받은 성도가 해야 할 가장 중요한 일은 무엇인가? 거듭난 사람에게 하나님께서 요구하시는 가장 중요한 일이 무엇인가?

이런 질문에 대하여 사람들은, "크리스천의 지상과제는 선교(전도)다!"라고 자신 있게 대답할 것이다. 그렇다. 전도(선교)는 하나님께서 우리에게 주신 지상명령이다(마 28:18-20; 행 1:8). 그래서 오늘날 많은 교회들이 전도와 선교에 열심을 내고 있다. 귀한 사명을 주님께서 다시 오실 때까지 잘 감당해야 할 것이다.

그러나 전도와 선교 못지않게 중요한 것이 또 하나 있다. 그것은 영성발달(spirituality development)이다. 베드로는 로마제국의 폭군이었던 네로 황제의 폭정 하에서 박해받고 죽어가는 신자들을 향해 그의 마지막 서신서 제일 마지막 장의 마지막 절에서 다음과 같이 강조했다. "오직 우리 주 곧 구주 예수 그리스도의 은혜와 저를 아는 지식에서 자라가라…"(벧후 3:18). 여기에서 "자라가라!"(grow)는 말씀은 영성발달을 촉구하는 명령이다. 영성발달은 그리스도안에 거함으로써 그리스도를 닮는 삶을 사는 과정이다.

이에 대하여 바울은 다음과 같이 고린도 교인들에게 전한다. "내가 그리스도를 본받는 자 된 것처럼 너희는 나를 본받는 자 되라"(고전 11:1). 이 말씀은 바울의 삶의 목적이 그리스도를 닮는 것인데 고린도 교회 성도들도 바울을 본받아 그런 삶을 살라는 뜻이다. 이에 관하여 바울은 로마에 있는 그리스도인들에게 다음과 같이 전한다. "하나님이 미리 정하신 자들로 또한 그 아들의 형상을 본받게 하기 위하여 미리 정하셨으니…"(롬 8:29). 하나님께 부름 받은 모든 크리스천들의 공통 목표는 그리스도를 본받는 삶, 즉 영성발달의 삶이라는 것이다.

예수 그리스도는 제자들을 부르시고 그들을 부르신 목적을 다음과 같이 말씀하셨다. "이에 열둘을 세우셨으니 이는 자기와 함께 있게 하시고 또 보내사 전도도 하며…"(막 3:14). 제자들을 부른 첫 번째 목적은 "자기와 함께 있도록"하는 것이고 둘째 목적은 전도를 하는 것이었다. 전자를 부르심의 존재적 목적이라고 한다면 후자는 사역적 목적이라고 할 수 있을 것이며, 전자가 존재(being)에 해당한다면 후자는 행위(doing)에 해당한다고 볼 수 있는데, 영성발달은 전자의 범주에 속하며 선교는 후자의 범주에 속한다고 볼 수 있다. 이를 한 마디로 종합하면 크리스천의 지상명령은 예수 그리스도와 동거하는 삶을 삶으로써 그리스도를 닮아가면서(영성발달) 그를 증거하는 것(선교)이다.

영성발달은 저절로 되는가? 그런 요소도 있을지 모른다. 그러나 만약 영성발달이 저절로 이루어진다면 왜 박해받고 사는 사람들을 향하여 영성을 발달시키라고 명령을 하였겠는가? 잡초는 저절로 자란다. 인간 속에 있는 세속적 성품은 저절로 발달한다. 그러나 그리스도의 보혈을 통해서 주신 하나님의 성품은 저절로 발달하지 않는다. 마치 곡식이나 채소가 저절로 자라지 않듯이! 네로의 핍박 속에서 언제 죽을지 모르는 크리스천들을 향하여 영적으로 자라가라고 명령한 것을 보면 영성발달은 크리스천들에게 아주 중대한 명령임에 틀림이 없다.

전도와 선교는 크리스천 개개인과 교회가 밖을 향하여 수행해야 하는 외적 차원(outward dimension)의 명령이고, 영성발달은 크리스천 개개인과 교회가 내부적으로 수행해야 하는 내적 차원(inward dimension)의 명령이다. 모든 크리스천들은 이 두 가지 명령을 동시에 받고 있다. "네 이웃을 네 몸과 같이 사랑하라!"는 말씀은 예수님께서 십계명을 간추려서 우리에게 전해주신 최고의 명령이다. 그래서 이 말씀을 소위 "11계명"이라고도 한다. 그런데, 이 말씀 속에는 전도와 선교 및 영성발달의 명령이 포함되어 있다. 모든 거듭난(Born Again: B.A.) 하나님의 자녀들은 영적으로 자라면서 성숙(Maturation: M.A.)해야 한다. 전도와 선교를 통하여 교회가 양적으로 성장함과 동시에 영성발달을 통하여 질적으로 성장해야 한다.

오늘날 크리스천의 숫자는 많은데 왜 세상은 점점 더 어두워져 가는가? 주님께서 말씀하시기를, "너희는 세상의 빛"(마 5:14)이라고 하셨는데 왜 우리가 살고 있는 세상은 점점 더욱 어두움이 짙어 가는가? 크리스천은 세상을 변화시키는 중재인(changing agent)이라고 하는데 왜 우리는 이 세상을 점점 밝게 하지 못하는가?

이 세상을 변화시키는 문제는 너무 큰일이며 또한 너무 막연한 개념이기 때문에 일단 접어두기로 하자. 먼저 우리 크리스천들이 모여 있는 신앙의 공동체인 교회를 보자. 오늘날 한국교회는 자신의 내적 갈등조차 제대로 처리하지 못하고 있다. 교회에서 일어나는 문제를 세상 법정으로 끌고 가서 싸우는 일이 얼마나 많은가? 이것을 보고 있는 세상 사람들은 교회를 빛을 발하는 곳이 아니라 세상을 어둡게 하는 곳으로 보고 있다. 이런 현상이 일어나는 것은 목회자들을 길러내는 영적 기관인 신학교도 예외가 아니다. "예수 믿는 것들이 더하다니까…"라는 말을 종종 들을 때마다, "왜?"라는 질문을 하게 된다.

그 이유가 무엇일까? 성도들이 윤리적인 교육을 받지 못했기 때문일까? 그런 요소도 있을 수 있다. 그러나 그것은 합당한 이유가 못된다. 수많은 목회자들이 강단에서 윤리적 가르침을 주고 있지 않은가! 오히려 많은 성도들은, "우리 목사님은 윤리 도덕적인 설교를 너무 많이 합니다"라고 말하지 않는가! 많은 강단에서 기독교 윤리가 전파되고 있다. 그러나 그것을 듣는 사람들은 대부분 그것을 실천하지 못한다. 왜 그럴까? 그런 윤리적 가르침이 잘못 되었기 때문인가? 본래 한국 사람들이 악해서 그럴까?

그렇지 않다. 그것을 실천할 수 있는 힘이 없기 때문이다. 왜 실천할 수 있는 힘이 없을까? 영적으로 성장하고 성숙하지 못했기 때문이다. 영적으로 어리기 때문에 실천할 수 있는 능력이 없다. 몸은 어른이 되었지만 영혼은 갓난아이처럼 미성숙한 사람을 전문가들은 애 같은 어른, 즉 "어른아이"(adult child)라고 부른다. 몸은 어른이지만 그 몸속에 있는 영혼은 어린아이 밖에 안 된다. 그렇기 때문에 모든 것이 자기중심적(self-centered)이며, 어른이 할 수 있는 일을 하기가 힘든 것이다. 그러므로 영성발달은 크리스천이 세상에 빛을 발하면서 살 수 있도록 하는 가장 구체적이고 확실한 방법이다. 그러므로 성경은 우리에게 영적으로 성장하고 성숙하여 어린 아이의 일을 버리라고 강조하고 있다(고전 13:11; 엡 4:13-14; 히 5:13-6:2). 이런 의미에서 영성발달은 오늘날 모든 크리스천 개개인과 교회 전체의 지상 과제임이 틀림없다.

영성(spirituality)이란 용어는 매우 중요한 개념으로서, 많은 학자들과 목회자들은 물론 수많은 크리스천들이 점점 많은 관심을 갖고 있는 단어이지만, 사실 그 의미에 대한 정의가 너무 모호하기 때문에 실제적으로 그것을 적용하는 데는 큰 효과가 없다. 영성이 구체적으로 무엇이며, 그것을 어떻게 발달시킬 것인가에 대한 구체적인 대안을 제시하는 것이 이 글을 쓰는 목적이다.

영성과 윤리 도덕은 어떤 관계를 가지고 있는지에 대한 언급이 필요하다고 본다. 어떤 사람들은 영성은 윤리나 도덕과 관계가 없는 것처럼 보지만 사실 그렇지 않다. 영성이라 하여 윤리나 도덕의 범주와는 다른 영의 세계의 어떤 특수한 상황이라고 보는 것은 잘못된 견해라고 생각된다. 왜냐하면 우리의 영은 비윤리적 비도덕적 범주 속에서는 정상적으로 존재할 수 없기 때문이다. 비도덕적 영성은 크리스천의 영성이 아니다. 그것은 이교도적 영성이다. 오늘날 많은 사람들은 기독교적 도덕(Christian morality)에 대하여 무지하거나 혼동이 되어 있다. 미국과 같이 기독교가 지배적인 나라에서도 많은 아이들이 하나님의 말씀에 근거한 도덕적 표준(moral standard)을 모르는 가운데 성장하고 있다. 기독교적 가치관이 사회 깊숙이 심어져야 하는데, 오히려 세속적인 가치관이 교회 속에 스며들고 있는 상태다. 도덕발달을 포함한 진정한 의미에서의 영성발달이 절실히 요청되고 있다.

 금세기에 들어와서 과학적 지식이 증가됨으로써 그 영향력이 사회 전반에 걸쳐 깊숙이 파고들었다. 그 결과 사람들은 하나의 절대적 실재(an absolute reality)를 거절하게 되었다. 절대적 실재를 거절함과 동시에 절대적 가치(an absolute value)를 거부하게 되었다. 모든 판단의 기준이 자기 자신에게 있게 됨으로써, 공적인 가치관은 초점을 잃고, 자기의 주관적 선택이 행동의 중심이 되어버렸다. 모든 가치를 상대화 시키고 자기중심적으로 보기 때문에 무엇이 옳고 무엇이 그른가에 대한 객관적 가치가 사라져 가고 있다. 학자들마저도 진리와 가치에 대하여 상대주의적 접근을 시도하고 있다(Knight, 1989, 67-68).

 대체적으로 절대적 가치를 부정하려는 경향성을 지닌 실용주의(pragmatism)나 실존주의(existentialism)와 같은 현대철학들은 사람들의 가치관 형성(values formation)에 혼돈을 주었다. 개개인에게 지나칠 정도로 초점을 맞추는 낭만적 자연주의와 실존주의의 영향으로 현대인의 삶은 자기중심적인(self-centered) 삶으로 기울어지게 되었다. 하나님을 가치판단의 절대적 기준으로 삼지 않고 자아(self)를 절대적 기준으로 삼기 때문에 하나님을 믿는다 해도 어디까지나 그 분을 삶의 중심으로 보지 않고 참고적인 존재로만 보게 되었다. 자아가 우주의 중심이기 때문에 하나님도 사람들도 다 자기를 위해서 존재한다고 볼 때에야 의미를 발견하게 되었다.

 이와 같은 철학적 영향을 받은 서구 사회와, 서구 사회의 영향을 받은 세계 여러 나라 사람들은 지나친 개성주의(personalism)와 개인주의(individualism)가 삶의 중심이 되어 버렸다. 개성주의는 한 개인의 주체적 자아나 내면적 삶을 포함하는 한 인간의 가치, 권위, 자율성 등을 찬양한다(Lickona, 1991). 그것은 의무 보다는 권리를 강조한다. 그것은 사람들로 하여금 자기가 속해 있는 가정, 교회, 지역사회, 혹은 나라를 위하여 한 단체의 일원으로서의 의무를 수행하는 것에는 별로 관심을 두지 않고, 자신의 선택의 자유를 최대한으로 활용하여 자신을 표현하고 나타내는 일에 관심을 두도록 만들었다. 개성주의는 새로운 형태의 이기주의를 낳고 말았다. 그래서 『제 일인자가 되려면』(Looking Out for Number 1)과 같은 제목을 가진 책들이 베스트셀러가 되곤 한다(Lickona, 9).

윤리적 도덕적 가치를 무시하는 사람들은 인격개발이나 영성발달보다는 외모에 신경을 쓰게 된다. 예를 든다면, 1992년에 미국에서만 해도 8만여 명의 여성들이 플라스틱 유방수술을 받았다. 그 중에 3만여 명은 확대수술을 받았고, 8천여 명은 위로 올리는 수술을 받았으며, 4만여 명은 축소수술을 받았다(Seligman, 1994, 44).

현대목회는 종전의 목회보다 훨씬 어렵게 되었다. 왜냐하면, 사회적 경제적 여건이 바뀜과 동시에 영적, 도덕적 여건도 전례 없이 바뀌고 있기 때문이다. 교인들은 이와 같은 영향을 받아 윤리 도덕적 가치관이 혼돈되어 영적인 삶의 영역이 크게 흔들리고 있다. 따라서 목회자들은 이런 여건 속에서 어떻게 목회를 해야 할 것인가에 대하여 깊이 생각하지 않으면 안 될 것이다(London, 30).

목회 현장에 있는 사역자들이나 신학자들은 이구동성으로 기독교교육 사역(Christian educational ministry)의 중요성을 제시하고 있다. 왜냐하면, 기독교교육은 크리스천들에게 성경적 가치관을 심어줌으로써 영적인 변화를 가져오게 하며, 영적 변화를 통하여 인격발달을 도모하는 것을 목표로 삼고 있기 때문이다.

20세기 후반기에 와서 학자들과 영적 지도자들은 영적 성장(spiritual growth)과 영적 성숙(spiritual maturation)의 정도를 측정하는 연구에 많은 관심을 두게 되었다. 이 분야의 연구 중 하나로 신앙을 측정하는 연구가 있다. 이 연구를 통해 학자들은 개인의 종교적 신앙과 태도가 그 사람의 삶 속에 실제로 얼마나 깊게 스며들어 가는가를 알아보고자 하는 것이다(Kauffman, 1979, 27-28). 크리스천 개개인의 삶 속에 세속적인 가치가 너무 깊숙이 침투해 들어가고 영적인 요소가 소멸되어 가는 것을 발견함으로써 기독교계에 큰 경종을 울리게 되었고, 이에 따라 영성발달의 필요성을 더욱 절감하게 되었다(Houston, 1990, 1046).

　영성발달을 위한 이론적 모델을 형성함에 있어서 신학만이 아니라, 신학과 사회과학을 통합시키는 방법론이 많이 적용되고 있다. 왜냐하면, 한 개인은 신학적인 가치를 가지고 신학적인 영역 속에서만 사는 것이 아니고, 신학적 가치를 가지고 사회 속에 살고 있기 때문이다. 신학과 사회과학을 총동원하여 사회 속에 살고 있는 크리스천들로 하여금 사회 안에서 영적인 삶을 살 수 있도록 도움을 주는 것은 성경적 근거를 가진 논리임에 틀림이 없다. 왜냐하면, 하나님은 특별계시인 성경을 통해서 진리를 깨우쳐 주실 뿐만 아니라, 일반계시인 자연과 사회를 통해서도 진리를 깨우쳐 주시기 때문이다.

　우리의 하나님은 구속주(Redeemer) 하나님이실 뿐만이 아니라 창조주(Creator) 하나님이시기 때문이다. 하나님은 신학 속에 갇혀 있는 하나님이 아니라 신학과 세상 전체의 진리를 주관하시는 전지하신 하나님이시기 때문이다. "모든 진리는 하나님의 진리다"(All truth is God's truth)는 주장을 한 홈즈(Holmes, 1977)의 견해는 학계에 널리 알려져 있다. 신학적 진리나 자연과학 내지 사회과학적 진리는 그것들이 참으로 진리일진대 그런 진리들은 모두 하나님께로부터 왔다는 주장이다. 진리는 신자가 발견했든지 혹은 불신자가 발견했든지 그것이 진리일진대 그것은 하나님께로부터 왔다는 것이다. 사단으로부터 온 진리도 있을까? 거짓의 아비, 즉 거짓의 근원인 사단이 진리의 근원이 되지 못하는 게 확실하다면 모든 진리는 하나님께로부터 온 것임에 틀림없다. 이런 관점에서 볼 때에 신학과 사회과학을 접목시켜 사회 속에 살고 있는 크리스천 개개인을 위한 영성발달의 이론적 모델을 만드는 것은 매우 합리적이며 성경적인 접근방법이라고 믿어진다.

　이 책을 통하여 필자는 영성의 개념을 확실하게 제시하고, 그 확실한 개념을 근거로 하여 영성발달의 모델을 만들고자 한다. 이 모델을 각 개인과 교회가 삶 속에 적용함으로써 영성이 발달하고, 영성이 발달함에 따라서 교회 안에서는 물론 가정과 사회 속에서 성경적 가치를 실현할 수 있도록 하는데 목적을 두고 있다. 영성이 발달한 사람들이 많아질수록 그들이 모여 사는 사회는 그리스도 안에 있는 하나님의 영광이 더욱 찬란하게 빛날 것이다. 이와 같은 영성발달의 효과는 윤리적 도덕적 수준을 높여줌과 동시에 사회적 범죄율도 감소시키는 역할을 하리라고 확신한다.

본 연구에서는 신학의 여러분야 중에서 기독론(Christology)및 성령론(Pneumatology)과 사회과학 분야 중에서 교육심리학(educational psychology)을 그리고 생물학 분야에서 두뇌과학(brain science)을 접목(integration)시키는 방법론을 채택하고 있다. 인간은 영혼과 정신과 육신이 통합된 총체적, 전인적 존재이기 때문에 영적 세계를 탐구하는 신학과 정신적 세계를 탐구하는 심리학과 육신의 세계를 탐구하는 생물학을 접목시켜 인간의 영성발달을 연구하는 것이 바람직하다고 본다.

예수님의 지상사역은 주로 교육사역이었다. 많은 이적과 기사를 통하여 자신이 메시아이심을 깨우쳐 주시기도 하셨지만, 예수님의 사역의 초점은 많은 비유의 가르침을 통해서 하나님의 나라를 제자들의 가슴 속에 심어주는 데 있었다. 이런 교육사역은 당시엔 큰 효과가 없는 것 같았다. 삼년동안 예수님과 더불어 살면서 많은 가르침을 받았으나 제자들의 삶엔 큰 변화가 없었다. 예수님께서 승천하시는 순간까지도 그들은 자기중심적인 욕심에 사로잡혀 있었다. 그러나 그 후 성령 강림을 통해서 그들은 놀라운 변화를 체험하게 된다. 자기중심적인 삶이 변하여 타자중심적인(other-centered) 삶을 살게 되었다(행 2-28장 참조). 예수님의 교육사역과 성령의 역사가 통합됨으로써 획기적인 변화가 일어난 것이다.

오늘날 우리는 성령의 역사가 함께 하는 교육사역, 혹은 교육사역이 동반된 성령운동을 통해서 우리의 영이 성장하고 성숙하는 삶을 체험하게 될 것이다.

| 제2장 |

영성에 대한 다각적 고찰

영성(spirituality)이란 무엇인가? 거의 모든 종교는 영성을 가지고 있다. 따라서 각각의 종교마다 영성이 다르다. 여기에서 탐구하는 영성은 기독교적 영성이다. 먼저 영성에 대한 역사적 고찰을 한 다음, 이에 대한 교단적 시각과 이 분야의 대표적인 학자들의 시각 그리고 성경적 신학적 시각을 가지고 영성을 고찰하여 보기로 한다.

제1절 영성에 대한 역사적 고찰

기독교 영성은 구약성경의 유대주의적 토양에 깊이 뿌리를 박고 있다고 볼 수 있다. 기독교의 뿌리가 유대주의에 있기 때문이다. 하나님은 일찍이 선지자들을 통하여 유대 백성 중에서 메시아가 나와서 유대뿐만이 아니라 세계 전체를 다스리게 될 것이라고 예언하셨고, 그 예언은 교회의 머리이신 그리스도를 통하여 성취되었던 것이다. 그러므로 기독교의 영성은 유대주의적 토양에서 자라난 것이라고 볼 수 있다(Zizioulas, 1987, 23).

기독교의 영성은 그리스의 신화와 같은 이교적 영성과 전혀 다르다. 그리스의 신화적 종교는 시간과 역사로부터의 탈출을 통해서 시간을 초월하는 신비의 경지에 도달함으로써 구원을 얻으려는 의도를 가지고 있다. 그러나 기독교의 구원은 성경에 기반을 두고 역사에 초점을 맞추고 있다(Zizioulas, 1987, 22-23). 기독교의 영성은 자연을 관찰하며 형이상학적 세계에 대한 명상을 토대로 하여 형성된 것이 아니고, 역사적 사건 속에서 태어나고 발달했다.

교회사적인 면에서 본다면, "영성"(spirituality)이라는 단어는 영국교회에서 처음 사용되었다. 그것은 성직자단 전체(the whole body of the clergy)를 뜻하는 말이었다. 성직자들의 임무에 적절한 용어라고 생각했기 때문이다. 표준 영어 사전에는 신학자들이 사용하는 의미가 나타나 있지 않다.

영성이란 말은 대개 현대적인 용어로, 경건(piety), 헌신적인 삶(the devotional life), 기도의 내적 생명(the interior life of prayer) 등을 의미하고 있다(Cant, 1969, 328). 영성이란 말은 금세기에 들어와서 아주 널리 유행되는 용어다(Albin, 1988, 656). 하지만, 18세기 이전 까지는 영성과 꼭 맞는 성경적 용어를 발견하지 못했고, 그 개념을 신학적으로 정립하지도 못했다. 그러다가 20세기에 와서 학자들은 영성에 대한 정의를 내리고, 영성을 형성 발달시키는 일에 초점을 맞추게 되었다. 대개 학자들은 영성을 한 인간 전체와 거룩하신 하나님의 관계로 정의한다(Albin, 1988, 657; Wakefield, 1983, 362).

요한복음은 정통교회(the orthodox church)에서 중대한 영향을 끼쳤다. 요한복음의 메시지는 단순한 것 같지만 그 속에 흐르는 심오한 지적 특성은 오리겐(Origen, 185-254), 요한 크리소스톰(John Chrysostom, 347-407), 바질(Basil, ca. 330-379)과 같은 학자들의 마음을 사로잡고도 남음이 있었다(Houston, 1986, 1047). 오리겐은 순교야말로 영성발달의 최고봉이라고 확신했다. 왜 그럴까? 순교한다는 것은 하나님과의 관계를 가장 잘 맺고 있다는 것을 증명하는 것이기 때문이다. 온갖 고문과 학대와 핍박을 겪어가면서도 그리스도를 부인하지 않는 것은 그 사람과 주님과의 관계가 그만큼 잘 맺어져 있다는 것을 단적으로 말해주고 있는 것이다. 자기의 생명이 끊어지는 순간까지 하나님과의 관계(relationship with God)를 잘 맺고 있는 모습 속에서 영성발달의 극치를 볼 수 있다. 평소에는 영적으로 활활 타오르는 것 같은 신앙을 가진 것처럼 보이지만 일단 어려운 일을 당하고 신앙 때문에 손해를 보고 불이익을 당할 때에 신앙이 식어지고 하나님과의 관계가 멀어지는 사람들의 영성은 아주 낮은 단계에 있다는 것을 알 수 있다. 지지올라스(Zizioulas)는 지적하기를 오리겐과 같은 고대 교부들은 예수 그리스도를 따르는 사람들이 십자가를 지고 살아야 한다는 것을 강조했다고 했다(Zizioulas, 1987, 39). 정통교회의 영성은 하나님과 연합되어 인간도 신성화되는 것(deification)을 대단히 강조했다. 하나님의 은혜 안에서 성령의 역사로 말미암아 신의 성품에 참여하는 자가 되는 것을 영성발달로 보았다(Houston, 1986, 1048).

어거스틴(Augustine, 354-403)은 인간이 신성화된다는 동방의 교리(the eastern doctrine)를 반대했던 학자로서 인간은 겸허한 자세로 자신의 하나님에 대한 믿음과 고백을 통하여 영성을 발달시켜야 한다고 보았다. 그래서 그는 『고백록』(Confessions)과 같은 책을 썼던 것이다(Houston, 1986, 1048-1049). 서방의 영성(western spirituality)은 어거스틴 때까지 광야의 교부들의 영향을 크게 받고 있었다. 그레고리(Gregory the Great, 540-604)는 중세 초기의 영성발달의 아버지라고 불리는 사람으로서 수도원제도를 체계화시켰으며 묵상을 통해서 하나님을 보는 방법을 개발했다. 그는 마음이 깨끗한 사람만이 묵상을 통해서 하나님을 볼 수 있다고 주장했다(Houston, 1986, 1048).

12세기와 13세기는 영성이나 신학적인 면에 있어서 커다란 전환기였다. 이때에 영적인 글들이 많이 쓰였다. 많은 문학작품들이 이 기간 동안에 계속해서 쏟아져 나왔는데 이 글들은 대다수가 수도원에서 수도하는 수도승들의 필요를 충족시켜 주기 위한 것들이었다(Tavard, 1987, 1-2).

그러나 13세기는 신학의 권좌가 수도원에서 대학으로 옮겨간 시기라고 볼 수 있다. 마치 이 시기에 경제적인 힘이 농업에서 상업으로 옮겨간 것과 마찬가지다. 수도원을 중심으로 한 명상적 영성에서 대학을 중심으로 한 학문적 영성으로 옮겨짐으로 말미암아 명상을 중심으로 하는 영성과 학문을 중심으로 하는 신학적 영성이 서로 합쳐지게 되었다(Tavard, 1987, 10).

신학이 대학을 중심으로 하여 학문적 수련의 분야로 발달함에 따라서, 신학과 영성이 분리되기 시작하였다. 이런 현상은 중세 말에 와서 절정에 달하게 되었고 근대로 접어들면서는 그런 현상을 당연한 일로 여기게 되었다. 전환기 이전에나 전환기에나 수도사들은 수도원에서 영성적 신학 혹은 신학적 영성을 시도하였다. 그리고 이 전환기 때부터 심리학이 영적 명상의 분야에 접목되기 시작했다.

문예부흥 직전에 유럽에는 이탈리아의 은둔자들로 구성된 어거스틴 수도회가 있었는데, 이것은 성 어거스틴의 규칙(The Rule of St. Augustine)에 근거를 두고 있었다. 이 규칙은 실로 성경에 깊이 뿌리박고 있는 영적인 삶의 규범이었다. 이 규칙은 카리타스(caritas)라는 개념에 기준을 두고 있는데, 카리타스란 하나님의 사랑과 이웃사랑을 의미하는 용어로 사용되어 있다. 이 개념은 필자가 영성 연구를 통하여 이 책에서 강조하고자 하는 영성발달의 목표인 그리스도닮음(Christlikeness)의 정의와 일치하는 내용이기도 하다.

많은 사람들이 그리스도닮음을 여러 가지 용어로 설명하고 있으나 그 정의가 너무 모호하고 막연하고 광범위하기 때문에 그리스도를 닮고자 하는 사람들이 구체적으로 그리고 실제적으로 어떻게 사는 것이 그리스도를 닮는 삶인가를 모르고 있다. 그리스도닮음이란 타자중심적인 삶을 의미한다. 여기에서 타자중심(other-centeredness)이란 위로는 하나님중심(God-centeredness)이며 아래로는 타인중심(people-centeredness)을 의미한다. 그리스도는 하나님의 뜻을 이루기 위하여 그리고 인간을 구원하기 위하여, 즉 자기 아닌 타자들(others: God + people)을 위하여 이 땅에 오셨고(incarnation), 이 세상에서 사역을 하셨고(ministry), 십자가에서 죽으셨다(crucifixion). 그러므로 카리타스(caritas)라고 하는 어거스틴 운동의 개념은 그리스도를 닮는 삶을 구체적으로 보여주는 영성발달의 한 모델이라고 볼 수 있다. 이 운동의 진정한 목적인 하나님에 대한 사랑과 이웃에 대한 사랑은 사도행전 2장에 나오는 초대교회의 모습을 재조명하는 내용이기도 하다(Zumkeller, 1987, 63-64).

중세의 영성엔 두 가지의 기본적인 영역이 있었다. 첫 번째의 영역은 성만찬을 통한 크리스천 공동체의 영성운동이고, 두 번째의 영역은 크리스천 개개인이 자신의 정욕과 싸우며 신비한 영적 체험을 함으로써 그리스도와 연합되어 도덕적 완전을 도모하고자 하는 영성운동이다. 영성운동이 개인적인 차원과 공동체적인 차원에서 전개되었다. 중세 후기로 접어들면서 이와 같은 영성운동은 대부분 대학 강의실을 중심으로 한 후기 스콜라주의에 포함되게 되었다. 중세 후기의 영성운동은 그 전에 비하여 논리적이고 이성적인 면으로 전환되었다. 중세 초기와 중기의 영성은 감성적이고 종교적인 쪽으로 발달해 있었다(Courtenay, 1978, 109). 그러나 중세 후기의 대학중심의 영성이 아무리 이성적이고 학문적인 면으로 치우쳤다고 할지라도 대학생들의 영적인 삶에서 성경이 차지하는 위치는 실로 중대한 것이었다. 대학의 영성은 성경에 대하여 얼마나 접근되어 있는가에 달려 있었다.

탁발 수도회(the Mendicant Orders)가 대학으로 발전하던 1230년경에서부터 14세기 말에 이르기까지 각종 종교단들은 대학교의 성경공부를 주관하고 있었다(Courtenay, 1987, 111). 1384년에 영국의 종교개혁가이며 성경을 처음으로 영역한 위클립(Wycliff)의 죽음을 계기로 대학에서의 성경공부 운동이 새로운 전기를 맞이하게 되었다. 16세기에 힘차게 일어난 성경 주석 편찬운동은 지식층들의 영성을 발전시키는 데에 크게 공헌하였다.

르네상스(Renaissance)는 14-15세기에 유럽에서 일어난 인문주의 운동이었다. 인문주의(humanism)라고 하면 영성과 관계없는 비종교적인 색채가 짙은 것 같지만, 사실 당시의 인문주의는 기독교적 영성을 포함하고 있었다. 그것은 한 인간의 인격을 존중하면서 사상과 가치관과 정서를 변화시키며 사회에서의 인간 대 인간의 상호작용을 중요시 여기는 바람직한 요소가 다분히 섞여 있었다(Bouwsma, 1987a, 263). 그것은 평신도들의 필요를 충족시키며 사회생활을 보다 잘 할 수 있도록 하는 데에 근거를 두고 발전하였다. 그래서 인문주의적 교육의 방향이 인식론과 인류학 쪽으로 많이 발달하게 되었으며, 영성의 성격도 그 전 세기처럼 지나치게 지성에 치우치지 않고 복음주의적 영성을 많이 포함하고 있었다고 볼 수 있다(Bouwsma, 1987a, 236). 그들은 기독교 자체를 하나님과의 관계를 깊이 맺음과 동시에 다른 사람과의 관계를 잘 맺으며 살아가야 하는 종교로 보았음에 틀림이 없다(Bouwsma, 1987a, 243-244).

르네상스 운동가들도 기독교적 영성을 하나님과 인간과의 관계성 속에서 보았던 것이다. 이런 견해는 이 책에서 필자가 내리는 영성의 정의와 일치하고 있다. 영성에 대한 구체적인 개념정립은 뒤에서 논의될 것이다.

종교개혁시대의 영성은 어떠했던가? 종교개혁에 대하여 논의하자면 마틴 루터(Martin Luther, 1483-1546)와 존 칼빈(John Calvin, 1509-1564)을 언급하지 않을 수가 없다. 루터는 칭의의 수단으로서의 믿음을 많이 강조했는데, 그렇다고 그가 선행을 무시한 것이 아니다. 선행이 구원의 조건은 아니지만 믿음으로 칭의(justification)를 얻어 구원받은 사람은 선한 삶을 살아야 한다는 것이다. 그는 계속 강조하기를 그리스도를 믿는 믿음 안에 산다고 해서 선한 삶을 사는 것을 면제받은 것이 아니라고 했다. 구원이 하나님의 크신 선물인 이상, 그런 선물을 받은 인간은 하나님께 대한 감사의 마음을 가지고 하나님의 뜻에 순종하는 삶을 살아야 한다는 것이다. 즉 구원받은 성도는 선한 삶을 살라는 하나님의 뜻에 순종하고 살아야 한다는 것이다(Lienhard, 1987, 294). 루터는 강조하기를 선행의 대상은 이웃이 필요로 하는 것들이라고 했다. 그는 다른 사람들을 섬기는 일을 선행의 최고의 목적이라고 보았으며, 그런 목적에 맞지 않는 그 어떤 선행도 선행이 아니라고 주장했다. 크리스천들은 자신들의 이웃을 섬기는 삶을 위해 부름 받은 존재라는 것을 루터는 강조했다(Lienhard, 1987, 295). 믿음으로 의롭다 하심을 입은 사람들은 필수적으로 선한 삶을 살아야 한다는 것이다. 즉 그들은 다른 사람들을 섬김으로써 선을 행하게 되며, 그런 삶의 과정을 통해서 영성이 발달하는 것이다. 결국, 루터의 영성에 대한 개념도 타자중심적인 삶에 있다고 볼 수 있다.

칼빈의 영성은 문예부흥의 인문주의(Renaissance humanism)의 영향을 받음과 동시에 하나님께 대한 개인적 체험에 영향을 받았다(Bouwsma, 1987b, 318-322). 이탈리아의 인문주의자들은 중세 암흑기의 도덕적 종교적 위기 속에서 개혁이 필요하다는 것을 절실히 느끼고 있었는데, 칼빈은 거기에 깊이 동감하고 있었다. 종교 단체들마저도 부패한 것을 본 칼빈은 아주 큰 번민에 빠지게 되었던 것이다. 교황교회(the Papal Church), 즉 로마 카톨릭 교회는 하나님의 은혜로 구원을 받는다는 복음의 메시지에서 멀리 떠나서 인간적 선행을 통하여 구원을 받을 수 있다고 가르쳤는데, 이것은 사람들로 하여금 순수한 하나님의 성품에 전혀 접근할 수 없도록 하는 오류를 범하게 되었다. 칼빈의 영성운동은 당시의 부패한 종교사회를 재건하려는 데에 목적을 두고 있었다. 인간과 하나님 사이에 있는 큰 간격을 메우는 데에 있어서는 인간성의 제한이 있기 때문에 불가불 하나님 쪽에서의 우선적인 역사가 있어야 한다는 입장을 칼빈은 전적으로 주장했는데, 이에 대하여는 다른 인문주의자들도 많이 공감하고 있었다. 인문주의(humanism)의 꽃을 아무리 잘 피워도 그 자체만으로는 인간을 구원할 수 없다는 입장이었다. 칼빈은 하나님의 구원의 역사에 인간이 믿음으로 동참해야 함을 믿음과 동시에, 믿음에 따른 행동이야말로 신앙의 궁극적 척도가 된다는 것을 강조했다. 칼빈 신학의 초점은 수도원에서 명상만 하고 실생활은 소극적이고 부정적인 삶을 사는 대신, 긍정적이고 적극적으로 영적인 삶을 살아야 한다는 데에 있었다. 사실, 칼빈은 명상만을 일삼는 나머지 실생활에서 소극적이고 부정적인 삶을 사는 수도원주의적인 삶을 비판하였다(Bouwsma, 1987b, 330-332). 칼빈은 크리스천들로 하여금 매일의 삶 속에서 영적인 삶을 사는 것을 중요시 하였는데, 이것은 이 책이 주장하는 영성의 중요한 개념이기도 하다. 영성은 하나님과 인간과의 관계를 잘 맺고 살아가는 삶의 과정이다.

요한 웨슬리(John Wesley, 1703-1791)는 영국 국교인 성공회(Anglican Church)의 목사로 살다가 죽었지만, 사실은 감리교의 창시자가 되었다. 그의 사역에서 중심 되는 요소는 설교였지만 그는 설교의 중요성과 더불어 찬송의 중요성을 절감했기 때문에 웨슬리는 그의 형제인 찰스(Charles)와 더불어 찬송가를 개발하였고, 또한 성경을 가르치기 위하여 속회제도(class organization)를 개발하였다. 웨슬리는 영성발달을 위하여 설교와 찬송 그리고 교육을 중요시 하였다.

횟필드(Whitefield, 1714-1770)는 웨슬리와 함께 활동을 했지만 그의 가르침은 청교도들 쪽에 더 가까웠고, 특히 조나단 에드워즈(Jonathan Edwards, 1703-1758)와 가까웠는데, 그가 뉴잉글랜드 지방을 방문할 때면 조나단 에드워즈와 함께 사역을 하곤 하였다(Houston, 1986, 1050). 이 두 사람들은 교육을 통한 영성발달에 초점을 맞춘 사역자들이라고 볼 수 있다.

아우만(Aumann, 1987, 33)은 영성발달의 역사를 요약하기를, 기독교 역사의 전 과정을 통해서 공통적으로 강조된 크리스천의 삶의 핵심은 그리스도를 더욱 닮아가는 데 있었다고 했다. 본 연구를 통해 필자가 발견한 또 하나의 관점은, 기독교의 영성은 신학이라는 학문 속에만 갇혀 있어서도 안 되고, 반면 신학을 멀리 떠난 채, 개개인의 일상생활 속에만 존재하는 개인적 신비주의의 영역에 국한되어도 안 된다는 점이다. 기독교 2000년 역사를 통해서 형성된 영성은 말씀과 실천이 공존하는 상태에서 발달하였다. 즉 성경에 기반을 둔 신학적 이론과 주장이 크리스천의 삶 속에 절대적 가치(absolute values)로 심어짐으로써 영적으로 성장하고 성숙하여 개개인의 생활 속에서 기독교 윤리가 실천된다는 것이다. 이런 역사적 가르침은 오늘날 우리가 어떻게 영성을 발달시킬 것인가에 대한 힌트를 주고 있다.

제2절 영성에 대한 교단적 시각

본 연구에서는 편의상 교단을 다섯으로 분류하여 각 교단들이 가지고 있는 영성에 대한 시각을 고찰하여 보기로 한다. 이 분류는 미국을 중심하여 크게 5대 교단으로 구분한 것이다. 연구 대상 교단들은 루터교단(the Lutheran)과 칼빈 계통의 개혁교단(the Reformed) 그리고 웨슬리교단(the Wesleyan)과 오순절교단(the Pentecostal) 및 묵상주의교단(the Contemplatives)들이다.

1. 루터교단(The Lutheran)의 시각

　영성에 대한 루터교의 입장은, 한 크리스천이 도덕적인 삶을 삶으로써 영성이 발달된다는 데에 있지 않고, "거룩"이라고 불리는 성령(the Holy Spirit)의 역사를 통해서 영성이 발달한다는 데에 있다는 것이다(Forde, 1988, 13-46). 영성은 인간의 어떤 노력에 의해서 발달되는 것이 아니고 그리스도를 믿는 믿음을 통해 주어진 칭의(justification)에 입각한 삶을 삶으로써 발달한다는 시각이다. 루터교단은 도덕성과 영성을 크게 구분 짓는다. 도덕적인 삶은 옛사람(old man)이 세상에서 노력하여 얻는 품성인 반면, 영성은 옛사람이 죽고 새사람(new man)이 살아 활동함으로써 형성되는 품성이라고 본다. 개혁자들은 도덕적인 삶을 "시민적인 의"(civil righteousness)라고 불렀는데, 이것은 옛사람이 법을 최대한도로 잘 지키려고 노력함으로써 이루어지는 것으로 보았다(Forde, 1988, 14-15). 그러므로 영성은 성령의 지배 안에 있는 새사람이 자신을 타인에게 온전히 주는 데서 발달한다는 입장이다.

　루터는 성화(sanctification)를 칭의(justification) 속에 포함시켰다. 즉 칭의 자체 속에 성화가 포함되어 있기 때문에 거룩하게 되려고 별다른 노력을 하지 않아도 된다는 것이다. 성화는 칭의에 무엇을 더한 것이 아니고 이미 칭의 속에서 자라난다는 입장이다. 칭의가 인간의 노력으로 되는 것이 아닌 것처럼, 성화도 인간의 노력에 의하여 얻어지는 것이 아니라는 입장이다. 우리가 하나님에 의한 무조건적인 칭의(the unconditional justification)를 필요로 하지 않는다는 생각을 많이 하는 만큼 인간은 하나님과의 관계에서 멀어진다는 것이다. 인간이 하나님의 도움을 받아 거룩하게 되려고 하는 입장을 취한다면 그는 이미 하나님과의 관계를 잃어가고 있다는 입장이다. 인간이 자기가 어떤 거룩한 것을 성취했다고 하는 것을 생각할 때에 그는 이미 하나님과의 거리가 멀어진 것이라는 주장이다. 인간의 힘으로 성취하는 모든 의나 거룩은 자기 거룩이며 자기의(self-righteousness)이지 하나님께서 이루시는 진정한 의미의 의와 거룩이 아니라는 입장이다(Forde,

1988, 26). 이런 의미에서 루터가 보는 성화는 칭의 중심적 영성(justification-oriented spirituality)이라고 할 수 있다.

2. 개혁교단(The Reformed)의 시각

개혁주의 신학은 종교개혁 시대에 개혁자들이 교회를 위하여 기록해 놓은 성경해석의 원리에 크게 의존되어 있다. 그것은 칼빈(1509-1563)의 작품에 큰 영향을 받았다. 그 후에 영국에서 활동하던 오웬(John Owen, 1616-1683)과 구드윈(Thomas Goodwin, 1600-1680), 미국의 뉴잉글랜드 지역에서 활동하던 후커(Thomas Hooker, 1586-1647)와 카튼(John Coton, 1584-1652) 등에 의하여 발전되었다. 개혁주의 신학자들은 하나님을 아는 것과 안 것을 실천하는 문제에 큰 비중을 두었다. 예를 든다면, 삶의 목적을 지적인 면에만 둔 것이 아니고 영적인 면에 두었던 칼빈은 그의 저서인 『기독교 강요』(Institutes of the Christian Religion)에서 체험적인 면을 강조함으로써 독자들이 그것을 읽을 때에 진리를 아는 것으로 끝나지 않고 안 것을 실천에 옮겨야 한다고 주장했다(Ferguson, 1988, 47-48). 개혁주의 신학은 항상 성화의 중요성을 강조해 왔다. 그러므로 개혁주의 신학의 영성은 성화 중심적(sanctification-oriented)이라고 할 수 있고, 루터교의 영성은 칭의 중심적(justification-oriented)이라고 볼 수 있다.

영성의 중심은 예수 그리스도에게 있다. 예수 그리스도 자신이 성화요 거룩이며 영성의 본체이시다. 그러므로 영성이 발달되는 것은 그리스도와의 연합을 통해서만 가능한 것이다. 우리 속에 결핍된 영성을 성육신 하셔서 이 땅에 오시고, 십자가에 죽으시고, 부활하시고, 승천하셔서 영원한 영광 속에 계신 그리스도 안에서 찾아야 한다. 그렇다면 그리스도 안에 있는 영성을 우리가 어떻게 보충할 수 있을까? 성경에 의하면, 그것은 하나님의 성령의 역사를 우리가 믿음으로 받아들임으로써 가능한 것이다. 성령의 역사는 우리를 그리스도와 연합되도록 하는 데 초점을 맞추고 있다.

3. 웨슬리교단(The Wesleyan)의 시각

웨슬리도 루터처럼 은혜를 강조했다. 구원은 하나님의 은혜로 받는다는 점이다. 웨슬리에게 결정적인 영향을 미친 것은 루터의 로마서 주석의 서론 부분이었다. 웨슬리는 루터보다 한 걸음 더 나아가서 우리가 구원받는 것이 은혜를 통해서 됨과 동시에 또한 성화되는 것도 은혜로 된다는 것이다. 구원은 은혜로 받지만 성화는 인간의 노력으로 된다는 입장을 반대한다. 구원이나 성화나 모두가 하나님의 전적인 은혜로만이 가능하다는 것이다(Wood, 1988, 36-37).

웨슬리가 보는 영성은 중생을 통해서 그리스도 안에서 우리가 받은 것을 이루어 가는 과정이다. 영성 혹은 성결은 그리스도의 순수한 사랑이 신자의 내부에서 실존하고 성장하는 순간이다. 이 순간은 되어져 가는 과정이다(Wood, 1988, 98). 그것은 성령의 내재를 통해서 계속적으로 되어져 가는 과정이다. 웨슬리는 강조하기를 이와 같은 성화의 경험은 인간적인 노력으로 만들어지는 것이 아니고 오직 하나님의 은혜의 선물을 믿음으로 받아들이는 데에서만 가능하다고 하였다. 웨슬리교단에서 보는 영성은 칭의와 성화 중심의 영성(justification and sanctification-oriented spirituality)이라고 볼 수 있다.

4. 오순절교단(The Pentecostal)의 시각

오순절 교단의 특징은 성령을 강조하는 데 있다. 특히 성령의 은사를 중요시한다. 크리스천의 인격도 중요하지만 성령의 은사를 통한 능력의 중요성에 초점을 맞추고 있다. 성령의 은사 중에서 방언의 은사를 필수적인 것으로 취급하는 것이 다른 복음주의 교단들과 다른 점이다(Spitler, 1988, 135). 오순절 교단의 영성은 성령의 역사를 완전히 받아들이고 헌신하는 크리스천 개개인이 매일의 삶 속에서 성령의 지배를 받아 영적인 능력을 가지고 사는 것에 큰 관심이 있다. 방언은 기본적인 성령의 은사이고, 방언 외에도 몇 가지 다른 은사들 즉 치유의 은사, 지식의 은사, 지혜의 은사, 영분별의 은사 등을 받아 영적인 능력을 가지고 승리하는 삶을 사는 데에 큰 비중을 두고 있다(Spitler, 1988, 140). 오순절교단에서 말하는 "영성"(spirituality), 혹은 "영적인 것"(being spiritual)이라는 개념은 한 개인의 인격적 자질(a personal quality)을 설명하는 중요한 요소이다. 이 모든 것들을 종합하면 오순절교단의 영성은 능력중심의 영성(power-oriented spirituality)이라고 볼 수 있다.

5. 묵상주의교단(The Contemplative)의 시각

기독교 역사의 초창기 몇 세기 동안 묵상주의자들(the Contemplatives)은 성화에 대한 관심이 대단히 큰 나머지 성화를 위한 연구와 노력이 두드러지게 많았다. 그들은 크리스천의 삶의 궁극적 목적을 하나님과의 결합(union with God)에 두었다. 성화는 하나님과의 결합을 의미한다(Hinson, 1988, 183). 4세기부터 많은 크리스천들이 떼를 지어 시내산 광야로 몰려들었다. 하나님께로부터 비전(vision)을 얻기 위해서였다(Hinson, 1988, 186). 즉 세속을 떠나 하나님과의 깊은 교제를 통해서 영적인 것을 받음으로써 성화의 단계에 들어가고자 했다. 이것을 위한 중요한 수단이 묵상이었다. 이런 인간적인 노력을 많이 했기 때문에 다른 교단의 사람들이 볼 때에는 묵상주의자들은 인간적인 노력으로 영성을 발달시키려는 사람들이라고 느껴졌던 것이다. 이런 이유로 많은 개신교도들은 묵상주의적 전통을 멀리하게 되었다. 묵상주의자들은 인간적 행위를 통해서 의롭다 하심을 얻으려는 자들이라고 생각했던 것이다(Hinson, 1986, 174).

그러나 묵상주의자들은 사실상 그렇지 않다고 주장한다. 힌슨(Hinson)은 거듭 강조하기를 묵상주의자들이 믿는 칭의에 대한 확신은 어디까지나 하나님의 은혜에 의존한다는 것이다. 하나님은 이미 인간을 위하여 모든 은혜를 베푸셨기 때문에 인간이 해야 할 일은 우리 자신이 마음 문을 활짝 열고 하나님의 은혜의 에너지를 받아들이기만 하면 된다는 것이다(Hinson,

1986, 176). 힌슨에 의하면, 중세의 묵상주의자들은 그냥 묵상만 하는 것이 아니고 진리를 알고, 안 진리를 느끼고, 알고 느낀 바를 실천에 옮김으로써 영성발달의 균형을 맞추려고 시도했다는 것이다(Hinson, 1988, 183-184). 그들은 지성(cognition)과 감성(emotion)과 행위(action)를 모두 강조했다고 볼 수 있다.

그들이 공통적으로 강조하는 것은 믿음, 그리스도와의 연합 그리고 성령이다. 영성은 성령의 역사하심을 따라 믿음으로 말미암아 인간이 그리스도와 연합하는 것을 의미한다. 영성이란 믿음으로 말미암아 성령의 역사를 통해서 그리스도와 하나님과의 관계를 잘 맺는 과정이다.

제3절 영성에 대한 학자들의 시각

영성에 관한 연구를 한 학자들이 많이 있지만 그 중에서 대표적인 학자들을 여덟 사람 선택했는데, 이들은 영성 연구에 많이 공헌한 미국의 학자들이다. 1960년대로부터 연대순으로 여덟 사람을 선택했는데, 그들의 이름은 다음과 같다. 쌘더스(Oswald Sanders), 핑크(Arthur Pink), 카터(John Carter), 윗체른(Frank Wichern), 리차드(Lawrence O. Richards), 벤너(David Benner), 엘리슨(Craig W. Elison), 맬로니(H. Newton Malony).

1. 쌘더스(Oswald Sanders)의 시각

쌘더스는 영성에 관한 성경적 강의를 많이 한 신학자로서 영성이란 그리스도닮음(Christlikeness)이라고 주장했다. 왜냐하면 그리스도는 하나님께서 인간에게 주신 유일한 절대 표준이기 때문이라는 것이다(Sanders, 1962, 106).

쌘더스는 산상보훈(마 5:1-11)을 인용하여 영성의 차원을 여덟 가지로 나누어 설명하였다. 첫째는 겸손이다. 자기 자신을 부족하다고 느끼고 철저히 하나님께 의지하는 상태를 말한다. "심령이 가난한 자"(3절)라는 말씀을 쌘더스는 겸손히 하나님을 의지하는 상태로 보았다. 둘째는 자신이 영적으로 잘못된 것이 발견되었을 때에 죄를 슬퍼하면서 순수한 마음으로 돌이키는 상태를 말한다. "애통하는 자"(4절)라는 말씀을 영적 과오를 인하여 슬퍼하며 회개하는 것으로 보았다. 셋째는 자기 고집을 버리고 다른 사람의 의견을 존중하는 태도다. "온유한 자"(5절)란 다른 사람의 의견을 존중히 여기는 아량을 가진 사람이라고 보았다. 넷째는 하나님을 간절히 사모하여 하나님의 의를 추구하는 마음이 간절한 상태다. "의에 주리고 목마른 자"(6절)가 바로 이런 사람이다. 다섯째는 남을 비판하지 않고 불쌍히 여기는 정신이다. 남에게 자비와 은혜를 베푸는 사람이다. 남을 "긍휼히 여기는 자"(7절)를 말한다. 여섯째는 어떤 일을 하는 동기나 상상이나 사고가 깨끗한 상태를 말한다. "마음이 청결한 자"(8절)가 이에 속한다. 일곱째는 다른 사람을 섬기는 정신을 가지고, 문제가 있을 때에 평화적인 방법으로 문제를 해결하려는 상태를 말한다. "화평케 하는 자"(9절)가 이에 속하는 사람이다. 여덟째는 어떤 어려움이 와도 흔들리지 않고 용기백배 하여 주님께 충성하는 정신이다. 의를 위하여 핍박을 받고 욕을 먹어도 꾸준히 주님께 충성하는 사람이 이에 속한다(10-11절).

쌘더스는 주장하기를, 자신이 하나님께로부터 후한 대우를 받는 것같이 자신도 남을 그렇게 대우하는 사람이 영성이 발달된 사람이라고 했다(Sanders, 1962). 그는 성경 안에 있는 신자들을 세 가지 부류로 요약했다. 영적으로 성숙한 사람들이 있고, 영적으로 미성숙한 사람들이 있는가하면, 영적으로 퇴폐한 사람들이 있다고 주장한다(Sanders, 1962, 191). 이런 구분은 지식에 따라 나눈 것이 아니고, 그 사람의 건전한 의욕과 태도와 행동에 따른 것이다. 왜냐하면 이 세 가지는 영적 성장에 있어서 중요한 요소들이기 때문이다.

쌘더스가 주장하는 성숙된 영성의 개념은 하나님과의 깊은 관계를 갖는 내적 자질을 의미한다. 그런 내적 자질이 행동으로 흘러나오기 때문이다. 영성발달은 자만과 교만으로부터 탈출하여 겸손한 마음으로 하나님을 의지하고 이타주의적 정신으로 하나님께 순종하는 삶의 과정을 의미한다. 영성발달의 척도는 자신이 하나님의 은혜와 자비하심을 입음같이 다른 사람에게 은혜와 자비를 끼치면서 타인을 위해 봉사하는 삶에서 나타난다. 아무리 영적으로 충만하다고 스스로 믿고 주장해도 겸손한 마음으로 타인을 섬기지 못하면 그의 영성은 아직 미성숙한 상태에 있는 것이다. 제자들이 예수님께 보고하기를 자기들이 귀신을 추방하고 능력을 행사했다고 주장했으나 예수님께 책망 받은 것처럼, 아무리 영적인 역사를 한다고 자부해도 타자중심의 삶을 살지 않고 자기중심적인 삶을 살고 이기적인 사역을 한다면 그는 영적으로 미성숙한 사람이다. 영성발달의 정도는 겸손한 마음으로 타인을 불쌍히 여기면서 하나님과 사람들을 섬기는 삶을 의미하기 때문이다. 예수님께서 이 세상에 오신 것이 섬김을 받으려함이 아니고, 오히려 타인을 섬기며 심지어는 자기 목숨까지 타인들을 위하여 기꺼이 내어주시겠다고 말씀하시고, 실지로 그렇게 살다가 그렇게 돌아가신 것처럼!

영성발달은 자신의 꿈을 이루기 위해서 다른 사람들에게 아픔을 주고 손해를 입히는 사역이 아니다. 이런 관점에서 볼 때에, 교회성장이라는 이름으로 수단과 방법을 가리지 않고 이웃 교회에 피해를 주면서 자기의 교회만을 키우기 위해 동분서주하는 사역자들의 영성은 미성숙의 단계에 있다고 볼 수 있다. 영성발달은 하나의 삶의 과정이요 단계이기 때문에 목적을 위한 수단이 정당화될 수 없다. 즉 교회성장이라는 목적을 위해서 수단과 방법을 가리지 않고 효과가 있다면 다 사용하여 자신의 야망을 달성시키려는 삶은 영성의 발달이 아니라 퇴보의 과정이다. 쌘더스가 말하는 영성의 개념은 타자중심적인(other-centered) 삶을 의미한다. 자기중심적인 삶(self-centered life), 즉 이기적인 삶이 아니라, 자기 아닌 타자, 즉 위로는 하나님 그리고 아래로는 사람들을 위한 삶이다(Sanders, 1962).

2. 핑크(Arthur Pink)의 시각

영적 성숙은 삶의 외적 차원으로 평가되는 것이 아니고, 내적인 차원에서 평가되어야 한다고 핑크는 주장한다(Pink, 1971). 영적 성숙(spiritual maturity)의 정도는 신앙의 연조, 기도 시간의 길이, 봉사활동의 정도, 행복한 기분, 신비적인 체험, 일시적 번영, 너그럽게 주는 삶 등의 외적 요소만 가지고는 평가할 수가 없다고 핑크는 강조한다. 많은 사람들이 이와 같이 눈에 보이는 것들만 가지고 영적 성숙도를 측정한다고 그는 경고한다(Pink, 1971, 35-38).

핑크는 다음과 같은 다섯 가지 기본적인 특성에 초점을 맞추어 영적 성숙도를 측정해야 한다고 한다. (1) 영적 지식의 증가, (2) 영적인 일에 대한 참된 기쁨, (3) 하나님을 깊이 사랑함, (4) 신앙의 강화와 확대, (5) 개인적 경건의 증대 등이다(Pink, 1971, 44-55).

핑크는 영적 성숙도를 3단계로 분류한다. 첫째 단계는 어린아이의 단계인데, 이 단계에 있는 사람들은 하나님에 대한 진리를 잘 분별하지 못하며, 대부분 자기중심적인 충동에 의해서 모든 일을 하게 된다(Pink, 1971, 80-84). 둘째 단계는 청년의 단계인데, 이에 속하는 사람들은 사탄의 유혹에 대하여 저항감을 가지며, 경건한 삶을 살려고 힘쓰며 하나님의 뜻을 분별하고 그 말씀대로 순종하려는 의지가 역력히 나타난다(Pink, 1971, 84-92). 셋째 단계는 부모와 같은 단계인데, 이에 속하는 사람들은 그리스도를 알 뿐만 아니라 그분을 삶 속에서 체험하며 다른 사람들로 하여금 하나님의 뜻대로 살도록 가르치고 도와주는 역할을 하게 된다(Pink, 1971, 92-98). 핑크는 영적 성숙의 차원을 논할 때에 하나님을 아는 것, 즉 인지적 영역(cognitive domain), 하나님을 사랑하는 것, 즉 정서적 영역(affective domain) 그리고 하나님의 뜻에 따라 사는 것, 즉 행위적 영역(psycho-motor domain)에 초점을 맞추고 있다.

3. 카터(John Carter)의 시각

카터(Carter, 1974a)는 영적 성숙의 단계를 일곱으로 나누었다. 첫째 단계는 자신과 타인과 세계를 영적인 시각에서 감지하는 단계이며, 둘째 단계는 자신과 타인을 받아들이는 단계이고, 셋째 단계는 인생의 목표를 멀리 두고 현재를 살아가는 단계이다. 넷째 단계는 자신이 선택한 가치관을 가지고 사는 단계이며, 다섯째 단계는 매일의 삶 속에서 자신의 능력과 취미를 발달시키는 단계이며, 여섯째 단계는 자아실현의 단계이고, 일곱째 단계는 예수 그리스도와의 일치의 단계이다(Sappington, 1994, 103).

첫째 단계는 자신과 타인과 세계를 영적인 시각을 가지고 분별하는 차원에서 시작되는데, 이는 성령의 도우심을 절대적으로 필요로 하는 단계이다. 성령은 우리가 영적인 차원에서 자신을 알고 타인을 알고 세계를 알 수 있도록 조명하시는 분이기 때문이다.

마지막 단계는 일치(congruence)의 단계인데, 크리스천의 영적 성장의 최후 목표인 그리스도와의 일치를 의미하는 바, 이 단계도 역시 성령의 역사하심으로만이 가능한 단계이다. 영성발달은 성령의 역사로 시작해서 성령의 역사로 결실을 맺는다. 그러므로 바울은 성도들이 성령의 역사하심을 따라 그리스도의 장성한 분량까지 성장하기를 권면했다(엡 4:13).

카터(Carter, 1974b)는 신학에서의 구원(salvation)과 심리학에서의 현실화(actualization)를 서로 평행이 되는 개념으로 보면서 신학과 심리학을 접목시켜 영성발달을 설명했다. 신자들에 있어서 영적 성숙도가 다르듯이 불신자들에 있어서도 인격적인 성숙도가 다양하다. 어떤 불신자들은 신자들 못지않게 인격이 발달된 사람들도 있다. 자기중심에서 타자중심으로 발전된 모습을 불신자들 속에서도 얼마든지 발견할 수 있다. 어떤 신자들은 자기중심주의에 사로잡혀서 그리스도의 성품과는 먼 속성을 가지고 있는 반면 어떤 불신자들은 타자중심적인 인격을 가지고 삶으로써 타인들의 존경을 받는데, 이런 면에서는 그들이 오히려 그리스도의 성품과 맞는 삶을 살고 있지 않는가! 카터는 이렇게 불신자들 속에 발달된 인격을 무시하지 않는다. 그것도 하나님께로부터 부여된 신적인 속성(the God-given divine image)이라고 보았다. 하나님은 구속주 하나님(Redeemer)으로서 신자의 하나님이 되실 뿐만이 아니라, 창조주 하나님(Creator)으로서 불신자의 하나님도 된다는 입장에서의 설명이다. 그러나 카터는 불신자의 인격발달과 신자의 인격발달을 구분한다. 불신자가 건전한 인격을 가지고 타인의 존경을 받고 사는 경우와 신자가 그렇게 사는 경우에, 그 형식(form)은 같을지 모르지만 사실 내용(content)은 다르다는 것이다(Carter, 1974a).

카터(Carter, 1974b)가 중요시하는 일치(congruence)라는 개념은 어떤 개인의 지적, 정서적 그리고 행위적 연속성(consistency) 혹은 세 가지 영역의 균형성(balance)을 의미한다. 카터는 이에 대한 성경적 근거를 다음과 같이 제시한다. "성경이 제시하는 성숙한 크리스천이란 그의 생각과 신앙과 동기와 느낌 그리고 태도와 행위가 서로 지속적으로(consistent) 조화를 이루고(congruent), 그런 것들이 성경말씀과 일치하는 삶을 사는 사람을 의미한다"(Carter, 1974b, 198).

카터는 심리적 성숙과 영적 성숙이 결코 서로 모순되는 것이 아니라고 주장한다. 왜냐하면 이 두 가지 요소는 창조주 하나님(The Creator)으로부터 인간에게 부여되었기 때문이라는 주장이다(Sappington, 1994, 104). 그러나 필자는 심리적인 면에서의 성숙과 영적인 면에서의 성숙이 서로 모순이 없으려면, 반드시 그 사람이 거듭난 사람이어야 한다는 입장이다. 왜냐하면 불신자는 아무리 심리적으로 성숙했다 할지라도 죄 사함을 받지 못한 상태에 있기 때문에 하나님과 분리되어 있으며 하나님의 진노의 대상이기 때문이다(요 3:18-19; 엡 2:1-3, 12; 4:17-19).

카터가 주장하는 영성의 특성은 자신과 타인과 세상을 얼마만큼 하나님의 시야에서 받아들이느냐는 데에 있다. 영성에서 중요한 것은 성경적인 가치관에 입각하여 인생의 목표를 길게 잡고 자신과 타인과 세상을 얼마나 잘 포용하느냐는 점이다. 영성이 발달한 사람은 자신의 내면적 자아와 외면적 자아가 조화를 이루는 중에 자신의 능력과 가치와 취미를 개발하고 사용하는 삶이다. 하나님이 주신 능력과 인격적 자질을 개발하여 하나님과 사람들을 위하여 공헌하는 삶을 사는 사람이 영성이 발달된 사람이다. 영성은 인격과 동떨어진 특수한 요소가 아니고, 인격 속에 묻혀서 개발되어야 하는 전인적(holistic)개념이 되어야 한다.

4. 윗체른(Frank Wichern)의 시각

윗체른(Frank Wichern, 1980)은 영성발달을 논함에 있어서 영적 지도력(spiritual leadership)과의 관계성에 초점을 맞췄다. 영적 지도자는 영성이 발달된 사람이어야 한다는 주장이다. 영성발달은 영적 지도력과 상관관계를 가지고 있다는 것이다(Wichern, 1979, 2). 어떤 사람이 영적으로 성숙한 사람인가? 영적 지도력의 질이 높을수록 영성이 발달된 사람이고, 영성이 발달된 사람이라면 틀림없이 높은 수준의 영적 지도력을 가지고 있다는 입장이다.

윗체른은 바울이 디모데와 디도에게 쓴 서신서 속에서 영적 지도력 내지 영적 성숙도를 설명하고 있다. 디모데전서 3:1-7과 디도서 1:5-9에 영적 지도력의 요소들이 거론되고 있는데, 이런 요소들을 갖춘 사람들이 영적으로 성숙한 사람들이라는 주장이다. 영적 지도자는 선한 일을 사모하며 책망할 것이 없으며 올바른 가정생활을 하며 절제하며 근신하며 아담하며 나그네 대접을 좋아하고 잘 가르치며 술을 즐기지 아니하며 구타하지 아니하고 관용하고 다투지 않고 돈을 사랑하지 않으며 자녀들을 잘 교육하며 외부의 사람들에게도 인정을 받는 사람들이어야 한다고 했다(딤전 3:1-7). 디도서 1:5-9에서도 영적 지도자, 즉 영적으로 성숙한 사람들은 책망할 것이 없고 한 아내의 남편이 되고 자녀들이 신앙생활을 잘하도록 지도해야 하고 자기 고집대로 하지 아니하고 속히 분내지 아니하고 술을 즐기지 아니하고 구타하지 아니하고 더러운 이를 탐하지 아니하며 나그네 대접을 잘하며 선을 좋아하며 근신하며 의로우며 거룩하며 절제하며 말씀을 배운 대로 순종하고 가르치는 삶을 살아야 한다고 강조한다.

디모데전서나 디도서의 내용이 대부분 서로 일치한다. 여기엔 여러 가지 긍정적 자질들이 있는데, 이런 것들은 우리가 계속 발전시켜야 하고, 몇 가지의 부정적 자질들이 있는데, 이런 것들은 피하고 버려야 한다. 윗체른은 주장하기를 영적 지도력의 질은 개인적으로 경건한 사생활을 하는데서 나타나며, 또한 교회 안에서 여러 성도들과 함께 사역을 하는 중에 나타나게 된다고 했다.

윗체른에 의하면 영성발달은 어디까지나 영적 지도력의 정도에 따라서 평가된다. 영적 지도력이 훌륭한 사람은 영성이 발달한 사람이라는 논리는 무리 없이 성립되지만, 영성이 발달된 사람은 다 영적 지도력이 훌륭하다는 논리는 무리가 있다고 생각된다. 여하튼, 윗체른의 영성에 대한 이해는 영적 지도력이라는 분야와의 연관을 가지고 있다고 볼 수 있다. 그만큼 영적 지도력을 중요시하고 있기 때문이다.

5. 리차드(Lawrence Richards)의 시각

리차드는 영성을 하나님과의 관계를 맺고 살아가는 인간의 삶이라고 정의한다(Richards, 1987, 49-70). "인간의 삶을 산다"는 말 속에는 물질적인 것과 육신적인 요소가 다 포함되어 있다. 영성이란 물질적인 것과 육신적인 것은 다 배제되는 영적인 분야만의 속성이 아니다. 영혼과 정신과 육신이 합해진 전인적인 존재로서의 인간을 의미하기 때문에 영성의 개념 속에는 물질적인 것과 육신적인 것이 다 포함되어 있다. 기독교의 영성은 영적인 세계와 물질적인 세계가 연합된 것이라고 리차드는 강조한다(Richards, 1987, 243).

영성은 물질적 세계를 배제하지 않는다. 진정한 영적 삶은 물질과 육신으로부터 영을 분리시키지 않는다. 참된 영성은 신자의 전인적인 삶과 체험이다(Richards, 1987, 243). 참된 영성은 영과 물질과 육신을 총체적으로 다 포함하고 있다. 그러나 "인간의 삶을 사는 것"(living a human life)이라는 표현은 "하나님과의 연합 속에서"(in union with God)의 인간의 삶을 의미한다(Richards, 1987, 243-246). 리차드는 그리스도의 삶 속에 참된 영성이 나타나 있다고 한다. 그리스도는 하나님과의 연합 속에서 인간의 삶을 살았기 때문이다. 그리스도는 참된 인간으로서 하나님과의 연합 속에서 물질적 육신적 삶을 사셨다. 그리스도의 지상에서의 삶은 시간과 공간을 초월한 특수한 삶이 아니고, 바로 이 세상에서 그의 영혼이 육신을 입고 물질생활을 하면서 사는 삶이었다.

　영성은 물질적 세계를 탈피함으로써 개발되는 것이 아니라, 오히려 필요로 하는 물질을 사용하면서 발달된다. 영적인 삶은 이 세상에서의 매일 매일의 삶의 체험이 포함되어 있다. 변화산에서의 특수한 삶만이 영적인 삶이 아니고, 문제 많은 변화산 아래에서 하나님과 연합된 삶을 사는 것이 영적인 삶이다.

　타인들의 필요를 채워주기 위하여 물질을 사용하는 것이 영적인 삶이라고 리차드는 강조한다. 사복음서나 서신서는 하나님과의 연관 속에서 타인의 필요를 채워주기 위하여 물질이 사용될 때에 그것은 곧 영적이라는 사실이 강조되었다. 예수님께서 말씀을 전하실 때에 열심히 말씀을 듣다가 배고파 쓰러져가는 군중들을 위하여 오병이어의 기적을 일으켜 육신의 필요를 채워주신 예수님의 벳세다 광야의 사역이 곧 영적인 사역이며, 예루살렘에 기근이 있었을 때에 이방 땅에 있는 성도들이 물질을 보내준 것도 영적인 사역이다. 강도에게 물질을 빼앗기고 매를 맞아 죽어가는 불쌍한 사람에게 다가가서 그의 육신의 상처를 싸매주고 먹을 것을 준 선한 사마리아 사람의 행동이 곧 영적인 삶이다. 물질 자체는 가치적 중립성을 가지고 있다. 좋게 쓰이면 가치가 있고 나쁘게 쓰이면 가치가 없다. 물질이 하나님의 영광을 위하여 그리고 사람들의 유익을 위하여 쓰일 때에 그것은 영적인 가치를 지니는 것이다(Richards, 1987, 246). 참된 영성은 영적인 것을 육신과 물질로부터 철저히 분리시키는 것이 아니고, 영적인 가치를 위해 물질을 어떻게 사용하는가에 달려있다. 우리의 육신의 힘과 물질의 힘을 하나님과 타인들을 위하여 사용하는 것이 영성이다.

　이렇게 볼 때에, 영성이란 타자중심적인 삶을 의미한다. 쌘더스도 이것을 강조했다. 영성의 중요한 요소는 우리가 타인들을 위해 봉사하는 삶을 살아야 한다는 것과 그런 삶을 살 때에 성령의 거룩한 개입이 있어야 한다는 것이다. 아무리 타인을 위해 산다고 해도 성령의 개입이 없으면 영성이 아니며, 아무리 성령의 역사가 있는 것처럼 보여도 자신의 이기적 욕심을 채우기 위한 것이라면 참된 영성이 아니다(Richards, 1987, 30).

6. 벤너(David Benner)의 시각

벤너(Benner, 1988)는 통합주의적 철학(integrative philosophy)의 입장에서 영성발달을 이론화시킨다. 인간이 하나님과 관계를 맺는 인격적 구조는 어떤 사람이 타인과 관계를 맺는 인격적 구조와 같다는 입장이다(Benner, 1988, 115). 인간의 존재는 심리적 차원과 영적 차원에서 하나님 중심으로 통합되었기 때문에 그는 영성을 설명함에 있어서 "심리영성"(psychospirituality)이라는 용어를 사용한다. 인간의 심리적 흐름은 영적인 흐름과 구조적으로 그 방향이 같다고 본다. 그래서 인간이 성숙하는 것은 심리적인 차원에서나 영적인 차원에서 그 맥락을 같이 한다는 것이다. 그러므로 영성발달을 이해함에 있어서 심리학적 차원과 영적 차원을 하나님을 중심으로 하여 통합적인 방법론을 채택해야 한다는 것이다. 벤너는 영적으로 성숙하는 것이나 인격적으로 성숙하는 것은 서로 밀접한 관계를 가지고 있다는 것이다. 그렇다고 해서, 영적으로 성숙하려면 그 이전에 반드시 심리적으로 혹은 인격적으로 성숙해야 한다는 것은 아니다. 또한 심리적으로 혹은 인격적으로 성숙하면 자동적으로 영적인 성장이 따라온다는 것도 아니다(Benner, 1988, 123-124). 다만 심리적 혹은 인격적 성숙과 영적 성숙이 서로 밀접한 관계를 가지고 있다는 것이다. 영적으로 성숙한다는 것은 심리적 인격적 차원의 성숙도 동반되어야 한다는 것이다. 영성발달은 심리적인 차원과 영적인 차원에서 동시에 시도가 되어야 한다고 본다. 그렇기 때문에 영성발달을 연구함에 있어서 심리학과 신학의 통합적 접근을 필요로 한다.

벤너의 성화(sanctification)에 대한 이해는 인간이 하나님께로부터 의롭다하심을 입었다고 하는 내적 진실이 외부로 표출되면서 인간이 하나님의 형상을 닮아가는 점진적 과정이라는 것이다(Benner, 1988, 130). 벤너가 "심리영성"(psychospirituality)이라는 용어를 쓰는 이유는 인간의 삶과 경험은 결국 심리적 차원과 영적 차원이 서로 밀접하게 연결되어 있다는 입장에 근거를 둔다.

그러므로 인간의 영성을 이해함에 있어서 심리적 차원을 영적 차원에서 분리시키는 작업을 하지 말고 오히려 통합을 시켜 인간을 전인적 존재로 다루어야 한다고 주장하는데, 이것은 맬로니와 같은 견해다(Malony, 1983; 1988).

7. 엘리슨(Craig Ellison)의 시각

엘리슨은 신학과 사회심리학(socio-psychology)을 접목시켜 영성을 설명한다. 벤너가 신학과 심리학을 접목시켜 영성을 설명한다면, 엘리슨은 신학과 사회학과 심리학을 접목시켜 영성을 설명한다고 볼 수 있다. 인간이 영적, 심리적 그리고 사회적 존재라는 측면에서 볼 때에 얼마든지 가능한 접근방법이라고 본다. 엘리슨은 인간이 전인적 존재(a holistic being)이기 때문에 인간의 영성을 논의할 때에 신학적 측면뿐만 아니라 사회적 심리적 차원에서도 논의해야 한다는 것이다(Ellison & Smith, 1991). 엘리슨은 주장하기를 인간의 영적 성장이나 영적 성숙은 인간의 어떤 한 부분만 볼 것이 아니고 전 인격을 통합한 전체적 조직체 속에서 설명되어져야 한다는 것이다(Ellison, 1988). 그러므로 인간의 영적 차원은 사회적 심리적 차원으로부터 분리시켜서 설명하면 안 된다는 것이다. 참된 영성은 삶의 현장을 떠난 어떤 특수한 영적 현상에만 중심을 둔 개인적 영적 독백(soliloquy)이 아니라는 것이다. 진정한 영성은 한 인간의 인격 전체가 인격자이신 하나님과 근본적인 관계를 맺고 사는 삶 자체이다(Ellision, 1988, 7). 영성을 설명할 때에 어떤 특수한 영적 상태에 초점을 맞추는 것이 아니고 전인적 존재로서의 그 사람 전체를 보는 입장으로서 이것은 앞에서 언급된 다른 학자들의 시각과 같은 것이다.

엘리슨은 영성을 하나의 과정으로 본다. 신앙체계가 닫혀져 있고 완고한 사람보다는 열려진 마음으로 배우고자하는 태도를 가진 사람의 영성이 더욱 발전된다고 본다(Ellison, 1988, 9-10). 엘리슨은 영성발달을 위해 하나님과의 관계 및 인간과의 관계를 중요시 한다. 엘리슨은 영성을 전인적인 존재로서의 한 개인이 하나님과의 관계뿐 아니라 다른 인간과의 관계를 맺고 살아가는 삶의 한 과정으로 본다.

8. 맬로니(Newton Malony)의 시각

맬로니는 성숙(maturation)이라는 개념을 전인적 차원에서 다룬다. 그는 건전한 정신 건강과 영적 성숙은 서로 밀접한 관계가 있는 것으로 보며(Malony, 1988, 10) 전인적인 것(wholeness)은 거룩한 것(holiness)과 서로 밀접한 관계가 있다고 본다. 전인적인 것은 참된 기독교 정신에서 흘러나오는 거룩성 안에 나타난다는 것이다(Malony, 1988, 91). 그는 영적인 차원의 삶은 인간의 총체적 삶에서 분리될 수가 없다고 주장한다. 그러므로 영성이란 한 개인의 삶 속에 있는 의로움(righteousness)이나 거룩(holiness)이 밖으로 나타나는 과정이며, 인간의 내면과 외면에서 하나님의 형상을 회복해나가는 과정이라고 볼 수 있다(Malony, 1988, 95). 맬로니는 성숙한 크리스쳔을 자기정체성(identity)과 성실성(integrity) 및 영감(inspiration)을 지니고 성부 성자 성령 하나님께 대한 확고한 신앙을 가진 사람이라고 정의한다. 성숙한 크리스쳔은 창조와 구속과 성화에 대하여 성경적인 입장을 취하며 매일의 삶 속에서 믿는 바를 실천하는 사람이라고 본다(Malony, 1988, 86-95). 맬로니는 강조하기를 영적 건강은 이타적인 정신으로 다른 사람들을 돌아보며 하나님의 뜻을 실천에 옮기는 것이라고 한다. 이것이 그 사람의 영적 성숙도를 측정하는 기준이 된다고 본다.

기독교의 영성은 이기적인 삶을 살지 않고 타자중심적인 삶을 살았던 그리스도를 닮아가는 것에 초점을 맞추고 있다. 성숙된 영성은 우리의 매일의 삶속에 나타나는 거룩의 전인적 표현이다. 다시 말하면, 영성은 인격 전체를 통해서 표현되는 것이지 어떤 영적 특성만 가지고 측정되어서는 안된다는 것이다. 예컨대, 어떤 사람이 방언기도는 잘하는데 교만하고 무례한 삶을 산다면 그의 영성은 아주 낮게 평가될 수밖에 없다는 것이다. 왜냐하면 영성은 인격 전체를 통해서 측정되는 것이기 때문이다.

그러므로 영성은 일상생활 속에서 측정되어야 한다. 기도는 잘하는데 인격이 유치하다는 소리를 많이 듣는 사람의 영성은 아주 낮은 차원에 있다. 영성은 기도하는 순간에만 나타나는 것이 아니고 삶 전체에서 나타나기 때문이다. 맬로니에 의하면, 영성은 말씀 안에서 예수 그리스도와의 인격적 교제에 근거한 자기정체성(identity), 성실성(integrity), 영감(inspiration), 일치성(congruency) 등으로 나타나는 것으로서 인지적(cognitive), 정서적 (affective), 행위적(behavioral) 영역들을 다 포함하고 있다.

요약하여 말하자면, 영성이란 한 개인이 하나님과 타인과의 관계를 맺고 살아가는 삶의 총체적 과정이다. 쌘더스와 엘리슨은 과정(process)을 중요시 했고(Sanders, 1962; Ellison, 1988), 카터와 벤너와 엘리슨과 맬로니는 삶의 총체성 혹은 전인성을 강조했고(Carter, 1974b; Benner, 1988; Ellison, 1988; Malony, 1988), 쌘더스, 카터, 윗체른, 엘리슨, 맬로니 등은 하나님과의 관계 및 인간과의 관계를 중요시 했다(Sanders, 1962; Carter, 1974a; Wichern, 1980; Ellison, 1988; Malony, 1988).

위에서 언급된 모든 학자들은 영성을 발달시킴에 있어서 성령의 역사가 가장 중요한 요소라는 것을 강조했다. 또 한 가지 중요한 개념은 관계성 (relationship)이다. 하나님과의 수직적 관계 및 인간과의 수평적 관계가 영성의 개념에서 필수적인 요소로 지적되고 있다. 하나님과의 수직적 관계가 좋다고 주장하지만 사람과의 수평적 관계가 나쁜 사람은 무엇인가 영성발달에 문제가 있으며, 인간관계는 좋은데 하나님과의 관계가 잘못된 사람도 영성발달에 문제를 지닌 사람이라고 볼 수 있다.

예수님은 이 두 가지 관계가 다 좋은 삶을 사셨다. 누가는 예수님의 성장 과정을 묘사함에 있어서, "…하나님과 사람들에게 사랑스러워 가시더라"(눅 2:52)고 했다. 하나님께 사랑스러웠다는 것은 하나님과의 관계가 좋았다는 표현이고, 사람들에게 사랑스러웠다는 것은 사람과의 관계가 좋았다는 표현이다. 어떤 영어성경에는 하나님과 사람들에게 호감(favor)을 얻었다고 번역되었다(NIV). 호감을 얻고 산다는 것은 좋은 관계를 맺고 산다는 뜻이다. 이런 의미에서 예수님은 어린 시절부터 가장 이상적인 모습으로 영성이 발달했음을 볼 수가 있다.

제4절 영성과 도덕성(Spirituality and Morality)

영성은 도덕성과 어떤 관계를 가지고 있는가? 영성은 도덕성과 전혀 다른 차원의 것인가? 아니면, 영성이 곧 도덕성인가? 혹은 영성이 곧 도덕성은 아니지만 그것은 도덕성과 밀접한 관계가 있는가? 많은 사람들이 영적인 것을 묘사할 때에 도덕적인 면을 도외시 하거나 오히려 도반박하는 것을 본다. 그러나 이 두 개념 간에는 서로 깊은 관계가 있다. 왜냐하면 비도덕적인 영성(immoral spirituality)은 전혀 기독교적 영성이 아니기 때문이다. 이단이나 사교적인 집단에서는 비도덕적인 것도 그들의 영성에 포함시킨다. 그래서 사회적으로 많은 물의를 빚어낸다. 그러나 비도덕적인 영성은 기독교의 영성이 아니다. 왜냐하면 우리의 하나님은 매우 도덕적인 존재(Moral Being)이시기 때문이다.

사실 고등 종교 일수록 도덕적이며, 하등 종교 일수록 비도덕적인 면이 많다. 기독교는 최고의 도덕을 포함하고 있다. 도덕을 지켜서 구원을 얻을 수 없다고 해서 비도덕적으로 구원을 얻는 것도 아니다. 구원은 하나님의 은혜를 믿음으로 받아들임으로써 얻게 되지만 구원받은 사람은 도덕적인 삶을 살아야 한다. 구원받은 사람이 비도덕적인 삶을 통해서 영성을 발달시킬 수가 없다.

영성이 없는 도덕성(morality without spirituality)은 존재한다. 왜냐하면 불신자들이나 다른 종교를 믿는 사람들도 도덕적인 삶을 살 수 있기 때문이다. 그러나 비도덕적인 영성(immoral spirituality)은 이미 기독교의 영성이 아니다.

기독교의 영성은 도덕적인 요소를 포함하고 있다. 성령은 크리스천들이 도덕적으로 살 수 있도록 역사하신다(Torrance, 1979, 372). 레위기 17-26장은 이스라엘 민족이 거룩하게 살아야 할 것을 명하신 법전(The Holiness Code)으로서 성화를 이해하는데 열쇠가 되는 말씀인데, 여기에 보면 하나님의 백성이 지켜야 할 윤리와 도덕이 많이 포함되어 있다(Mills, 1990, 794). 거룩한 삶을 사는데 있어서 개인의 도덕성은 아주 중요한 역할을 한다. 구약성경이나 신약성경이나 도덕적인 문제가 크게 논의되고 있다. 하나님의 인격에 맞는 모든 덕목은 도덕적이다. 하나님은 부도덕하거나 비도덕적인 분이 아니시기 때문이다. 도덕은 한 개인의 삶을 정상적으로 이끄는 것은 물론 한 사회와 국가를 질서 있게 이끌어가는 역할을 한다. 비도덕적인 사람이 정상적으로 살 수 없는 것처럼, 비도덕적인 사회와 나라도 정상적일 수 없다.

그럼, 도덕성은 어떻게 발달되는가? 크리스천에게 있어서 도덕성은 성령충만의 과정에서 열매로 맺어진다(Thieme, 1971). 그렇기 때문에 크리스천의 도덕성은 곧 영성을 형성한다. 도덕성은 또한 인간적 선행을 통해서 발달된다. 그러나 성령의 역사가 없는 가운에 인간적 선을 통해서 맺어지는 도덕성의 열매는 영성이 아니며 결국 자기의(self-righteousness)에 지나지 않는다(Thieme, 1971, 99-100). 그러나 인간이 선을 행할 때에 성령이 역사했다면 그것은 영성이라고 볼 수 있을 것이다. 하지만 예수 그리스도를 마음에 모시지 않은 사람, 즉 거듭난 사람이 아닌 자연인(natural man)의 도덕성은 영성과 관계가 없다. 왜냐하면 영성은 하나님과의 성경적 관계를 맺는 것을 전제로 하기 때문이다. 여기에 인간성(humanity)의 한계가 있다. 영성은 크리스천에게만 해당되는 용어이다(Thieme, 1971, 50).

크리스천에 있어서 영성과 도덕성은 불가분의 관계에 있다. 왜냐하면 비도덕적인 영성은 참된 영성이 아니기 때문이다. 진정한 영성은 도덕성을 포함하고 있다. 그러나 모든 도덕성이 영성은 아니다.

도덕성은 영성발달에서 계속적으로 강조되어야 한다. 왜냐하면 비도덕적인 영성은 기독교의 영성이 아니기 때문이다. 그러므로 앤소니(Anthony, 1994)는 도덕성의 중요성을 다음과 같이 강조한다. "교회 지도자들은 성경을 해석함에 있어서 그들이 성령의 인도를 받아 하나님께서 요구하시는 도덕성과 윤리적 법칙을 잘 찾아내고 그것을 삶속에 잘 활용할 수 있도록 특별한 주의를 기울여야 한다. 성경은 도덕성의 절대적 기준이기 때문에 성도들이 모든 결정을 할 때에 항상 기초가 되며 특히 어떤 결정이 교회 전체에 영향을 미칠 때에는 하나님께서 성경에서 말씀하시는 바를 표준으로 삼고 매사를 결정해야 한다"(Anthony, 1994, 214).

기독교 영성신학

Theology of Christian Spirituality

| 제3장 |

영성 측정 도구들에 대한 조사

　본 연구에서 제시하는 영성에 대한 정의가 영성 측정 도구들과 어떤 관계가 있는가를 조사하기 위하여 다섯 가지 영성측정 도구들을 조사하여 보았다. 본 연구에서 제시하는 영성의 정의는, "한 자아가 하나님과 그리고 인간과의 성경적 관계를 맺으면서 그리스도를 향하여 삶을 살아가는 과정"(a process of living a life of a self toward Christlikeness in a Biblical relationship with God and people)이다. 여기에서 초점을 맞춘 개념은 "관계"(relationship)이다. 하나님과의 수직적 관계 및 사람과의 수평적 관계를 얼마나 성경적 기준에서 잘 맺고 사는가가 아주 중요한 영성 측정의 요소라고 할 수 있다.

　영성에 대한 연구를 하고 영성 측정 도구를 개발한 학자들의 평가 도구 속에 과연 하나님과의 관계 및 사람과의 관계를 묻는 내용이 얼마나 있는가를 알아보고자 한다. 본 연구에서 선택한 다섯 가지 영성 측정 도구들은 다음과 같다. "신앙성향 측정"(Religious Orientation Scale, Allport & Ross, 1967), "목자측정"(Shepherd Scale, Bassett et al, 1981), "신앙상태측정 인터뷰"(Religious Status Interview, Malony & Nelson, 1982), "영적 성숙 지수"(Spiritual Maturity Index, Ellison, 1983) 그리고 "신앙

상태 목록"(Religious Status Inventory, Massey & Hadlock, 1988).

제1절 신앙성향 측정(Religious Orientation Scale)

신앙성향 측정(ROS)이라는 영성 측정 도구는 신앙(religiosity) 내지 영성(spirituality) 측정 분야에서 널리 알려진 올포트(Gordon Allport) 라고 하는 학자에 의해서 계발된 평가 도구로서 구십여 번의 조사 연구에 사용되었다(Sappington, 1994, 129). 올포트는 21개항의 문항을 만들었는데, 이 문항들은 어떤 개인이 자기의 태도를 밝힐 때나 느낌을 가질 때나 행동을 함에 있어서 내적 동기(internal motivation), 즉 본질적인(intrinsic)것에 근거를 두고 그런 것들을 취하느냐, 아니면 외적 영향(external influence), 즉 비본질적인(extrinsic) 것에 근거를 두고 그런 것들을 취하느냐를 나타내는 항목들이다.

올포트와 로스(1967)는 영성을 측정하는 데에는 다음과 같은 요소들이 포함되어야 한다고 가정하였다. (1) 외적 동기에서 내적 동기에로의 변화, (2) 자기의 삶에 대한 반성적 자기 통찰력, (3) 삶에 대한 의미와 방향을 설정하는 자기의 정체성 확립을 위한 철학, (4) 계속적인 신앙심과 도덕성의 확립.

올포트와 로스(Allport & Ross, 1967)는 영적으로 성숙한 개인은 본질적인 것을 묻는 대답에서 높은 점수를 얻게 될 것이라고 믿었다. 즉 영성이 발달한 사람들은 신앙을 완전히 자기의 것으로 소화하여 믿음을 따라 삶을 사는 사람들이라는 것을 확신했다. 비본질적인 것에 바탕을 두고 신앙생활을 하는 사람들은 자기중심적 목적(self-centered purpose)을 위하여 종교를 이용하는가 하면, 본질적인 것에 근거를 두고 신앙생활을 하는 사람들은 믿음으로 살고 믿음으로 죽는다는 것을 기정사실로 보았다(Allport & Ross, 1967, 444).

오늘날 많은 사람들이 종교를 이용하여 자신의 유익을 도모하고자 한다. 종교를 이용하여 자신이 원하는 목적을 달성하지 못하면 그것으로 신앙생활이 중단된다. 하나님도 인간들도 모두 자기 자신에게 이익을 주는 범위 안에서 하나님을 믿는다. 이기주의적 실용주의의 물결이 도도히 흘러가는 세상에 살고 있는 현대인들은 모든 일을 할 때에 자기의 손익계산서에 맞추어 행동한다. 가룟 유다의 망령이 현대인들의 머릿속에 그리고 가슴 속에까지 파고 들어왔다. 자기가 죽음을 면하고 오히려 출세를 할 수 있다는 계산을 한 가룟 유다가 자기의 주님이요 선생님이신 예수님을 은 30냥을 받고 죽음의 현장으로 팔아넘긴 것이 곧 가룟 유다의 망령이다. "믿는 것도 다 나 잘 살려고 믿는 거지 뭐…", 혹은 "아무리 기도해도 응답이 없는데 뭐 하러 믿나…", 혹은 "예수 믿다가 오히려 이렇게 손해만 보는데 뭐 하러 믿나…" 등등의 말을 하는 사람들은 비본질적인 동기에서 예수를 믿는 사람들이다 (extrinsic faith). 그들은 일단 자기가 분리하게 되면 예수님을 얼마든지 부인하고 배반할 사람들이다. 잘 믿지만 고난이 거듭되는 남편을 향하여, "차라리 당신이 믿는 하나님을 저주하고 죽으시오"라고 환란을 겪고 있는 남편을 향하여 비수를 찌르는 욥의 아내의 망령이 오늘날도 세상을 휩쓸고 다닌다. 이런 사람들은 "자기중심적 자아"(self-centered self)를 따라 사는 사람들로서 영성발달이 안된 사람들이다.

한편, 본질적인 동기에서 예수를 믿는 사람들은 예수 믿다가 손해가 와도 감사한다(intrinsic faith). 욥은 하나님을 진실로 믿었기 때문에 사단으로부터 시험을 받았다. 그는 이중삼중으로 커다란 시험들을 겪으면서도 하나님을 부인하지 않았다. "나의 가는 길을 오직 그가 아시나니 그가 나를 단련하신 후에는 내가 정금같이 나오리라!"(욥 23:10)고 신앙을 고백함으로써 그의 신앙은 오히려 더욱 진실되고 확고해 졌다. 주신 분도 하나님이시니 주신 분이 다시 가져간다고 할지라도 감사할 뿐이라는 것이다. 빈손으로 왔다가 이렇게 많은 것을 누렸으니 빈손으로 가도 괜찮다는 것이다. 그의 신앙은 철저히 하나님중심의 신앙이었다.

다니엘은 사자굴 속에 들어갈 줄을 알면서도 충성스런 믿음을 가지고 하나님과의 관계를 올바로 하기 위해 신앙의 절개를 지켰다. 자기의 목숨이 사자에 의해서 끊어진다 해도 하나님께 대한 믿음을 버리지 않았다. 그는 하나님중심의 신앙인이었다. 즉 자기중심적 신앙인이 아니고, 타자중심적 신앙인이었다.

다니엘의 세 친구들도 마찬가지였다. 뜨거운 풀무불에 던져진다 해도 하나님께 대한 믿음을 버리지 않겠다는 그들의 숭고한 신앙고백은 그들이 철저히 하나님중심의 신앙을 가지고 있었다는 것을 알 수 있다. 자기들을 풀무불에 집어넣겠다고 호통 치는 왕을 향하여 "왕이시여, 만약 왕께서 우리를 불 속에 던져 넣는다고 할지라도 하나님께서 우리를 건지실 것입니다. 그러나 만약 하나님께서 우리를 건지시지 않는다고 할지라도 왕의 말을 들을 수 없습니다!"라고 부르짖는 그들의 답변 속에서 우리는 그들이 얼마나 하나님중심적 신앙을 가지고 있었는가를 알 수 있다. 이런 사람들이 올포트와 로스가 말하는 "본질적 신앙"(intrinsic faith)을 가진 사람들이다. 이들의 영성은 하늘 높이 성장하였고, 백합화의 향기처럼 아름답게 퍼져나갔으며, 가을에 누렇게 무르익은 벼처럼 탐스럽게 성숙하였다.

이런 의미에서 볼 때에 순교자들의 믿음은 의심할 여지가 없는 본래적인 믿음이요, 최고도의 영성발달이 이루어진 믿음들임을 알 수 있다. 그리스도를 부인하지 않으면 장작더미 위에 올려놓고 불을 질러 태워죽이겠다는 폭군의 살기등등한 호령 속에서도 의연히 신앙의 절개를 지킨 폴리캅의 믿음이 바로 본질적인 믿음이며, 그런 사람의 영성은 가장 아름답게 빛나서 하나님께 영광을 돌리는 최고의 영성이라고 할 수 있다. 이렇게 철저히 하나님중심의 신앙을 가진 사람들은 인간관계도 믿음직스러울 수밖에 없다.

눈에 보이지 않는 하나님과의 종적 관계(vertical relationship)가 잘 맺어진 사람들은 눈에 보이는 사람들과의 횡적 관계(horizontal relationship)도 잘 맞아진다고 볼 수 있다. 이처럼, 본질적 신앙의 소유자들은 타자중심적인 인격의 소유자들이기 때문에 그들의 영성은 하늘처럼 높이 그리고 바다처럼 넓게 발달하였고, 꽃처럼 향기롭게 퍼져나가는 고귀한 영성이다.

제2절 목자 측정(Shepherd Scale)

바셋(Rodney Bassett)은 주장하기를 당시에 많은 종교성이나 영성을 측정하는 도구가 있었지만 그 어떤 도구들도 기독교(Christianity)에 대하여 측정 가능한 정의를 함에 있어서 성경을 직접 사용하지 않았다는 것이다(Bassett et al., 1981, 342). 이 측정 도구를 만든 목적은 기독교인을 비기독교인과 구분 짓는 방법을 만들고자 하는 것이었으며 영성에 대한 조사연구를 함에 있어서 먼저 크리스천이 불신자와 어떻게 다른가를 성경적으로 규명해야 한다는 것을 중요시 하였다. 그러므로 "목자 측정"은 참된 크리스천의 영성을 측정하는데 큰 도움이 된다.

목자 측정은 38개 문항으로 되어 있는데, 모두가 관계성(relationship)에 관한 문항들이다. 61%는 하나님과의 관계를 묻는 문항이고, 32%는 사람과의 관계를 묻는 문항이며, 7%는 하나님과의 관계 및 인간과의 관계를 동시에 묻는 문항들이다. 예를 들면, 문항4는 하나님과의 관계를 묻는 것으로서 다음과 같다. "나는 예수 그리스도를 통하여 하나님과 인격적인 관계를 맺을 수 있다고 믿는다." 문항23은 신자 상호간의 인간관계를 다루는 문항으로서 다음과 같다. "나는 다른 신자들을 존중한다." 문항31은 한 개인이 하나님과 다른 사람과의 관계를 묻는 것으로서 다음과 같다. "나의 신앙과 신용과 하나께 대한 충성심은 나의 행위와 행실을 통하여 다른 사람들에게 나타난다." 목자 측정은 사람들이 얼마나 하나님과의 관계 및 인간과의 관계를 잘 맺느냐를 알아봄으로써 영성을 측정하는 도구이다. 이로 보건대 영성이란 본 연구에서 정의하는 것처럼 관계성(relationship)을 중요한 요소로 하고 있음을 알 수 있다.

영성의 초점은 어떤 크리스천이 얼마나 큰 기적을 행하면서 특수한 삶을 사느냐에 있는 것이 아니고, 하나님과의 관계 그리고 다른 인간과의 관계를 얼마나 잘 맺고 살아가느냐에 있는 것이다. 영성은 하나의 특수한 상태가 아니고 크리스천으로서의 삶을 살아가는 과정이다. 진정한 영성발달은 삶 속에 있는 것이지 상아탑 속에나 기도굴 속에 갇혀 있는 것이 아니다. 성경

속에 있는 영적인 가치가 크리스천의 삶을 통하여 가정에서와 사회에서 꽃 피고 열매를 맺어야 한다. 성경에 기반을 둔 가치가 윤리적 도덕적 가치로 삶속에 나타나야 한다. 신앙과 삶이 일치되는 곳에서 영성발달의 진가를 경험할 수 있다. "교회에는 신자가 많은데 거리에는 신자가 없다"는 말은 진정한 영성발달이 이루어 지지 않은 사회에서 통용되는 말이다.

제3절 신앙상태 측정 인터뷰(Religious Status Interview)

맬로니(Malony)는 기독교인들의 영성을 측정하기 위하여 신앙상태 측정을 위한 인터뷰(RSI)라는 측정도구를 개발했다. 이것은 33개의 질문으로 구성되어 있는데, 영적 성숙을 측정하기 위하여 8가지 차원의 내용이 포함되어 있다(Malony & Nelson, 1982). 33개의 문항 가운데 23개의 문항이 관계성을 묻는 질문이다. 즉 79% 정도가 관계성(relationship)을 측정하는 질문이다. 하나님과의 관계를 묻는 질문이 30% 정도이고, 사람과의 관계를 묻는 질문이 40% 정도가 된다. 이 측정기구도 역시 영성에 있어서 중요한 문제는 "관계성"이라는 것을 알 수 있다.

예를 들어 문항1은 하나님과의 관계를 묻는 질문으로, "하나님은 당신에게 어떤 분인가?"라고 되어 있다. 하나님과의 개인적 관계를 묻는 질문이다. 문항18은, "당신의 신앙은 가정과 직장과 사회에서 당신이 갖는 여러 가지 역할과 무슨 관계를 맺고 있는가?"라고 하는 질문이다. 이것은 신앙을 가졌다고 하는 한 개인이 자기 주변의 사람들과의 관계성 속에서 어떤 역할을 하고 있는 것인가를 묻는 질문이다. 신앙상태 측정을 위한 인터뷰는 다음과 같은 여덟 가지의 영적 차원에 초점을 맞추고 있다. 하나님을 인식함, 하나님의 은혜와 지속적인 사랑을 받아들임, 회개와 책임감을 가짐, 하나님의 인도하심과 방향을 깨달음, 기성종교에 참여함, 교제를 체험함, 윤리적인 삶을 살음, 열린 마음으로 신앙생활을 함 등이다.

신앙상태 측정을 위한 인터뷰(RSI)에 의하면 영성이 발달된 사람은 하나님과의 인격적 관계를 발달시키려는 의욕이 강하며 신자들은 물론 불신자들과의 관계도 잘 맺으려고 노력한다(Sappington, 1994, 143). RSI는 영성의 정의에서 필수적인 요소가 되는 관계성(relationship)을 중점적으로 다루는 측정도구로서, 하나님과의 관계 및 인간과의 관계를 심도 있게 다루고 있다.

제4절 영적 성숙 지수(Spiritual Maturity Index)

엘리슨(Craig Ellison)은 개개인의 영적 건강상태를 측정하기 위하여 영적 성숙 지수(Spiritual Maturity Index, SMI)라는 평가도구를 만들었다(1983). 영적으로 성숙한 사람들은 하나님과의 관계 및 인간과의 관계를 잘 맺으면서 영적 기쁨을 누리며 살아간다. 그들은 자신들에게 주어진 영적 은사들을 잘 활용하여 하나님과 사람들을 섬기며 살아간다. 즉 타자중심의 삶을 산다.

SMI는 30개의 문항으로 되어 있는데 그 중에서 26가지는 관계성을 조사하는 문항이다. 즉 86% 정도가 관계성을 알아보려는 문항이다. 하나님과의 관계를 묻는 내용이 63%이고, 사람과의 관계를 묻는 내용이 23%이다.

예를 든다면 문항2는, "매일 매일 일을 할 때에 나는 하나님과의 관계성에 근거하여 일을 한다"라고 되어있는데, 이것은 그 사람이 매일의 삶 속에서 하나님과의 관계를 얼마나 깊게 맺고 있는가를 알아보려는 내용이다. 문항23은 "나는 그리스도에 대한 사랑을 실천하려는 마음을 가지고 있기 때문에 다른 사람들과의 관계를 잘 맺는다"라고 되어있는데, 이것은 하나님에 대한 관계와 인간에 대한 관계를 동시에 묻는 질문이기도 하다. SMI도 다른 평가도구들처럼 관계성을 심도 있게 다루고 있음을 알 수 있다. 그러므로 영성의 중요한 개념은 관계성임을 알 수 있다.

제5절 신앙상태 목록(Religious Status Inventory)

매시(Massey)와 해들락(Hadlock)은 맬로니(Malony)에 의해서 밝혀진 기독교 영성의 개념은 타당한 것이라고 주장했다(1988). 그들은 RSI에 있는 인터뷰 기술을 사용해서 맬로니가 개념화한 문제들을 재검토하여 새로운 측정방법을 고안했는데 그것이 "신앙상태 목록"(Religious Status Inventory)이다(Massey & Hadlock, 1988). 이것은 한 개인의 신앙 상태를 측정하기 위한 도구로서 RSI를 토대로 해서 만든 것이기 때문에 RSI-2라고도 한다.

이것은 160개의 항목으로 되어 있는데, 이 중에서 130가지는 하나님과의 관계 및 인간과의 관계를 물은 내용이다. 이것은 무엇을 의미하는가? RSI-2도 역시 관계성을 중요시 하는 측정도구임을 알 수 있다. 80% 이상이 관계성을 알아보고자 하는 내용으로 구성되어 있다.

예를 들어 문항31은, "나와 하나님과의 관계는 내가 가족들과 어떤 관계를 맺느냐 하는데 영향을 미친다는 것을 나는 의식하고 있다"라고 되어 있다. 하나님과의 관계가 사람과의 관계를 맺는데 중대한 영향을 미친다는 것을 조사하고자 하는 항목이다. 문항43은, "나는 크리스쳔들과 함께 있을 때에 편안함을 느낀다"라고 되어 있는데, 이것은 다른 사람들과의 인간관계를 알아보려는 질문이다. 문항59는, "나는 다른 크리스쳔들과 연대감을 느낀다"라고 되어 있는데, 이 문항도 역시 타인과의 관계성을 묻는 질문이다. RSI-2도 다른 영성 측정 도구들처럼 관계성을 다루고 있음을 알 수 있다.

다음에 있는 표는 영성 측정 도구들이 공통으로 중요시 여기는 관계성에 관한 항목을 백분율로 환산한 것이다. 아래 표에 나타난 것처럼 모든 영성 측정 도구들은 하나님과의 수직적 관계 및 사람들과의 수평적 관계를 조사해 보려는 내용으로 구성되어 있는 것을 볼 수가 있다. 이것은 영성에 있어서 가장 중요한 요소 중 하나가 바로 관계성(relationship)이라는 것을 증명해 주고 있는 셈이다.

영성 측정 도구들에 있어서의 관계성 문제

영성측정 도구들	하나님과의 관 계	사람들과의 관 계	합 계
ROS	57%	19%	76%
SS	63%	37%	100%
RSI	30%	40%	70%
SMI	63%	23%	86%
RSI-2	50%	30%	80%

기독교 영성신학

| 제4장 |

영성과 자아

자아(self)는 영성(Spirituality)의 개념에서 중요한 위치를 차지하고 있다. 자아라는 개념을 배제하고는 영성에 대한 논의를 할 수가 없다. 왜냐하면, 영성이란 하나의 자아가 하나님과의 관계 및 사람과의 관계를 맺고 살아가는 과정이기 때문이다(Sanders, 1962; Richards, 1987). 그러므로 본 장에서는 자아에 대한 개념을 종교적, 성경적 측면에서 연구한 다음 자긍심(self-esteem)에 대한 성경적, 신학적, 심리학적 조명을 하고자 한다.

제1절 자아에 대한 종교적 시각

많은 종교에서 보는 자아에 대한 개념은 아주 부정적이다. 자아는 환각적이며 모든 문제와 고통의 근원이며 저주스런 존재라고 본다(Rosenthal, 1984, 18). 영어사전 중에서 가장 권위가 있다고 하는 옥스포드 영어사전(The Oxford English Dictionary)에 보면 자아(self)라는 말이 1,680가지로 사용되었다. 어떤 사람들은 자아야말로 가장 흉악한 적그리스도(Anti-Christ)이며 하나님을 대적하는 존재라고 믿고 있다(Baumeister, 1991, 179).

자아에 대한 이런 부정적 개념은 역사적으로 볼 때에 어떤 종교에나 흔히 있는 현상이다. 여러 종교에서 자아를 적으로 생각하고 있으며 영적 발달을 위해서는 자아를 정복해야 한다는 추론은 당연한 것으로 널리 간주되고 있다. 이런 견해는 예나 지금이나 변함이 없다.

위에서 관찰한 대로 자아는 마치 영성발달의 장애물인 것처럼 여겨진다. 이슬람교도들은 자아를 영적 발달의 장애물이라고 본다(Shaffii, 1988, 143). 영국의 기독교 신비주의(British Christian Mystics)도 영성이 발달하려면 자아로 부터 해방이 되어야 하는 것으로 믿고 있다(Merton, 1967, 136). 동양종교들은 자아를 환각으로 취급한다(Baumeister, 1991, 180). 종교의 성현들은 자아는 아무리 긍정적으로 보아도 영성발달에 손해를 끼칠 뿐이라고 한다. 종교적 시각에서는 자아란 아무리 좋게 느껴져도 항상 나쁜 것으로 여겨진다. 자아는 문제를 일으키는 장본인이라고 여겨진다. 영적 성장의 최대의 장애물들은 자만과 자기사랑이라고 믿고 있다(Baumeister, 1991, 182). 기독교에서 가장 큰 죄들이라고 말하는 일곱 가지 죄 중에 자만(pride)도 포함되어 있다(Clebsch, 1979, 75-76).

영적훈련에서 자아로부터 해방되는 운동은 대단히 중요한 것으로 여겨지고 있다. 세계 여러 종교들의 근본적인 교리는 서로 크게 다르지만 자아를 탈피해야 한다는 점에는 서로 동의하고 있다(Baumeister, 1991, 177). 그루버(Gruber)는 영성에 대한 정의를 내림에 있어서, 자아는 외부와의 관계를 맺기 위하여 자신으로부터 나와서 초월되어야 한다고 했다(1995, 135). 루이스(Lewis)는 지적하기를 원죄론이 우리에게 가르치는 바는 인간은 자유의지를 남용하여 하나님께는 물론 사람 자신에게도 흉측한 존재가 되었다고 했다(Lewis, 1977, 48).

자유의지를 남용한 이유는 하나님께 순종하는 태도보다는 자기중심주의에 사로잡혀 있었기 때문이다. 사실 선악과를 따먹는 범죄는 아담과 하와의 마음속에 있었던 자기중심주의라는 근원적인 죄가 밖으로 나온 것이다. 영성발달의 개념에서 가장 중요한 요소 중의 하나인 타자중심주의는 인간의 영성을 회복시키는 중대한 개념이 아닐 수 없다.

제2절 자아에 대한 성경적 시각

크리스천에게는 두 가지 모습의 자아가 있다. 성경에 보면 인간 내부에는 두 가지 대립적인 힘이 존재하는데 그 힘들은 각각 다른 두 가지 타입의 자아에서 비롯된다. 하나의 자아 속에 두 가지 양태의 자아가 존재한다. 마치 한 사람 속에 양심과 비양심이 동시에 존재하고, 한 사람 속에 선을 행하고 싶은 의욕과 악을 행하고자 하는 충동이 공존하며, 한 사람 속에 참으로 자신에게 필요한 것(real need)을 추구하는 마음이 있는가 하면 그것을 하면 자신에게 해롭지만 본능에 이끌리어 그것을 하고자 하는 충동(felt need)이 있는 것이나 마찬가지 이다. 담배를 피우면 몸에 해롭다는 것을 알면서도 담배를 끊지 못하는 사람들이 얼마나 많으며, 식사량을 줄여야 건강을 되찾을 수 있다고 믿고 다이어트를 시작했다가 며칠 못가서 억누르고 있었던 식욕을 더 이상 조절하지 못하여 오히려 단 음식을 더 많이 먹음으로써 깊은 좌절 속에 빠지는 사람들이 얼마나 많은가! 이것은 단순히 위에서 언급한 일부의 사람들에게만 해당되는 현상이 아니고 정도의 차이는 있으나 모든 사람들에게 있는 인간의 약점이다.

우리는 불행하게도 죄를 짓고 난 다음의 아담과 하와 사이에서 태어난 존재들이다. 하나님의 말씀에 순종해야 한다는 양심과 하나님의 말씀을 어기더라도 선악과를 따먹음으로써 하나님처럼 될 수 있다는 비양심의 충동 속에서 결국 그들은 양심보다는 비양심을, 선보다는 악을, 참된 필요성(real need)보다는 느낌에서 오는 필요성(felt need)을 따라 행동하게 되었다. 바울은 "선을 행하고자 하는 나"와 "악을 행하고자 하는 나"의 중간에서 몸부림치는 모습을 로마서 7장에서 보여주고 있다. 한쪽에서는 선을 행하라고 명령하고 한 쪽에서는 그저 느낌에 좋을대로 하라고 속삭인다. 그래서 바울은 "오호라, 나는 곤고한 사람이로다!"라고 절규했다.

크리스천은 중생한 사람들이다. 아담 안에서 태어났으나 다시 그리스도 안에 태어남으로써 거듭난 사람들이다. 그러나 거듭났다고 해서 이런 이중적 인간의 본성이 완전히 없어진 것이 아니다. 만약 거듭남으로써 인간 속에 있는 악한 마음이 다 없어진다면 로마서 7장이 쓰이지 않았을 것이며 모든 크리스천들은 죄를 짓지 않고 살 것이다. 중생이 죄 없는 삶을 보장한다면 성화(sanctification)나 영성발달 등의 개념은 크리스천에게 맡겨진 과제가 될 수 없을 것이다. 왜냐하면 중생을 통해서 그런 것들이 다 이루어졌기 때문이다. 그러나 그렇지 않다. 그리스도를 개인의 구주로 영접하고 진실한 성화의 길로 가는 사람도 자기 속에 죄적인 본능이 있음을 알고 있다. 바울은 인간 속에 있는 이런 이중적 자아를 "옛사람"(the old man)과 "새사람"(the new man)이라고 했다. 바울이 보여주고 있는 한 인간 속의 두 자아는 "옛 자아"(the old self)와 "새 자아"(the new self)라고 표현하기도 한다. 정신분석학적인 주장과 비교한다면 "옛사람"은 "본능"(id)과 결합하여 행동하는 자아(ego)이고 "새사람"은 "초자아"(superego)와 연합하여 행동하는 자아(ego)일 것이다. 자아가 초자아의 영향을 더 많이 받아 행동하면 선을 행하고, 본능의 영향을 더 많이 받아 행동하면 악을 행한다고 설명할 수 있을 것이다.

옛 자아는 자기중심적 자아(self-centered self)이며 새 자아는 타자중심적 자아(other-centered self)이다. 옛 자아는 자기의 유익만을 위하여 다른 사람들을 이용한다. 새 자아는 자기의 유익도 생각하지만 타인의 유익도 생각한다. 옛 자아는 자기의 이기적 목적을 달성하기 위해서는 수단과 방법을 가리지 않는다. 새 자아는 자기에게 유익이 되어도 그것이 타인을 해치는 일이라면 그것을 포기한다. 옛 자아의 행동의 동기는 항상 자기의 유익에 있다. 새 자아의 행동의 동기는 자기 유익을 생각하지만 타인에게 손해를 끼치지 않는 범위에서 행동한다. 이렇듯 새 자아가 발달한 사람은 타자에게 유익이 되는가, 손해가 되는가를 깊이 고려하여 행동한다. 그러므로 옛 자아는 자기중심적 자아(self-centered self)이며 새 자아는 타자중심적 자아(other-centered self)이다. 그러므로 머튼(Merton, 1961)은 새 자아를 참된 자아(true self)라고 한다.

자기중심은 원죄라고 볼 수 있다. 아담과 이브가 선악과를 따먹은 행동을 원죄라고 한다면 원죄야 말로 다름 아닌 자기중심을 의미한다. 선악과를 따먹은 사건은 아담과 이브가 하나님중심의 삶을 떠나 자기중심의 삶을 살겠다는 선언이었다. 그것을 먹으면 자신이 하나님처럼 될 수 있다는 자기중심적 욕망과 하나님과의 약속을 저버려서 되겠느냐는 하나님중심적 양심이 서로 싸우다가 결국 자기중심적 욕망의 노예가 되고 말았다. 그러므로 선악과를 따먹은 사건은 자기중심적 자아가 인간의 삶 속에 깊이 뿌리를 박게 된 불행의 원천이라고 볼 수 있다. 그들에게서 태어난 아들인 가인은 하나님이 자기 제사는 안받아주고 동생의 제사만 받아준다는 사실에 대하여 자신에게 잘못된 점이 무엇인가를 생각하기 보다는 동생을 죽여 버리겠다는 결단을 내린 것이다. 그것은 자기중심적 자아, 즉 옛 자아가 저지른 인류 최초의 살인사건이었다.

다른 사람이 잘되는 것을 보고 축하해 주고 싶은 마음보다는 마음 깊은 곳에서 시기심이 생기는 것은 곧 인간 속에 자기중심적 자아가 있다는 것을 말해주고 있다. "사촌이 땅을 사면 배가 아프다"는 우리의 속담은 우리만의 것이 아니라 모든 인류가 공동으로 물려받은 죄의 유산이다.

우리 속에 있는 두 가지 형태의 자아 중에서 옛 자아는 매일 죽여야 할 자아이며, 새 자아는 계속 성장시켜야 할 자아이다. 그러므로 자기를 미워해야 한다는 주장도 맞고 자기를 사랑해야 한다는 주장도 맞다. 옛 자아는 미워하고 죽여야 한다. 그러므로 예수님께서는 아무든지 예수님을 따르기를 원한다면 자신을 부인하라(self-denial)고 하셨다. 그러나 새 자아는 살려야 한다. 그러므로 예수님께서는 네가 네 자신을 사랑하듯이 이웃도 사랑하라(Love your neighbour as you love your self)고 하셨다. 자기를 미워해야 된다는 주장과 자기를 사랑해야 한다는 주장은 우리에게 두 가지 상반된 자아가 있다는 것을 알면 쉽게 접목될 수 있는 명제들이다. 우리 속에 있는 타자중심적 자아는 위로 하나님중심적인 삶을 지향하며 아래로는 타인중심적인 삶을 지향한다.

예수님께서 이 땅에 육신을 입고 오신 성육신의 사건도 위로는 하나님의 뜻을 이루고 아래로는 인간들을 구원하기 위한 사건이기 때문에 성육신은 예수님 속에 있는 타자중심적 자아의 행동이라고 볼 수 있다. 예수님의 지상사역도 하나님의 뜻을 이루고 인간을 구원의 길로 인도하시기 위한 사역이기 때문에 그것도 예수님 속에 있는 타자중심적 자아의 행동이라고 볼 수 있으며, 예수님의 십자가 사건도 위로는 하나님의 뜻을 이루고 아래로는 사람들의 구원을 위한 제사의 행위였기 때문에 그것도 예수님 속에 있던 타자중심적 자아가 행한 행동이라고 볼 수 있다. 예수님은 타자중심적 자아를 가지고 이 세상에 오셔서 타자중심적인 삶을 살다가 타자중심적인 죽음을 죽으셨기 때문에 예수님이야말로 원죄에서 완전히 벗어난 의인이었음을 알 수 있다. 그러므로 영성발달의 목표인 예수 닮기는 타자중심적인 삶인 것을 알 수 있다. 우리 속에 있는 자기중심적 자아, 즉 옛 자아는 항상 죽이며, 예수님께서 우리에게 주신 타자중심적 자아, 즉 새 자아는 날마다 발달시켜 뜻이 하늘에서 이루어진 것처럼 땅에서도 이루어지는 사역을 계속해야 할 것이다.

제3절 자긍심에 대한 신학과 심리학의 통합적 시각

심리학계에서 많이 연구하고 논의하는 자긍심(self-esteem)의 정의와 개념과 성격은 무엇인가? 스카그런드(Skoglund)는 자긍심이란 어떤 사람이 자기 자신에 대하여 갖는 평가라고 했고(1984, 197), 칼록(Carlock)은 어떤 사람이 자기 자신에 대하여 가지고 있는 부정적, 긍정적, 중립적 그리고 이것도 저것도 아닌 애매한 평가를 총체적으로 일컫는다고 한다(1984, 6). 존 로저(John-Roger)와 맥윌리암스(McWilliams)는 주장하기를 자긍심이란 우리가 우리 자신에 대하여 어떻게 생각하고 어떻게 느끼는가를 의미한다고 한다(1991, 361). 존슨(Johnson)과 펄거슨(Ferguson)은 설명하기를 자긍심이란 우리가 있는 그대로의 우리 자신을 어떻게 평가하며 어떻게 생각하며 얼마나 좋아하는가에 대한 측정(measure)이라고 했다(1990, 211).

이 모든 정의를 종합하면, 자긍심이란 자기 자신에 대한 있는 그대로의 평가를 의미한다. 그러면서도 긍정적인 평가를 의미한다. 그러므로 자긍심이 높다는 것은 자신에 대한 긍정적인 평가가 높다는 것이다. 예를 들어, 자기 자신을 있는 그대로 평가한 결과 자신이 너무 초라한 존재로 여겨져서 살아갈 용기조차 잃어버렸다고 하자. 이것은 자신에 대한 부정적인 평가가 지배적인 경우다. 이런 사람에 대하여 우리는 "그 사람 자긍심이 높다"고 하지 않는다. 오히려 자긍심이 낮다고 평가한다. 그러므로 자긍심이란 자기 자신을 있는 그대로 평가하되 자기의 긍정적인 면을 중요시하고 그런 자기 모습을 바라보며 삶을 긍정적으로 살아가는 자세라고 할 수 있을 것이다.

어떤 사람은 자긍심이 낮고 어떤 사람은 자긍심이 높다. 심리학적 연구에 의하면 이 양자 간에는 큰 차이가 있다고 한다. 사람들은 자아개념(self-concept)과 일치하는 정보는 잘 받아들이고 쉽게 동화한다. 하지만 어떤 정보가 자기개념과 맞지 않을 때는 그 정보를 잘 받아들이지 않고 동화되지도 않는다. 자긍심이 높은 사람들은 긍정적인 피드백(positive feedback)을 더욱 믿을만하고 정확한 것으로 받아들이고, 자긍심이 낮은 사람들은 부정적인 피드백(negative feedback)을 더욱 믿을만하고 정확한 것으로 인식한다(Shrauger, 1975; Sweeney & Wells, 1990). 자긍심이 낮은 사람들은 심한 병리학적 비판(vicious pathological critique)을 하는 수가 많다. 이것은 심리학자 유진 새건(Eugene Sagan)이 사용한 용어로서 사람들을 공격하고 비판하는 부정적 내면의 소리(negative inner voice)를 의미한다. 이 부정적 내면의 소리는 잘못되어가고 있는 일들을 인하여 자신을 비난하며 자신을 다른 사람들과 비교하고 자기는 아무것도 아니라고 단정한다. 다른 사람들의 성취와 능력을 자신의 그것들과 비교하고 좌절한다(McKay, 1992, 15).

자긍심이 제대로 발달된 사람들과 자긍심이 낮은 사람들은 필요를 충족시키는 면에 있어서 차이가 난다. 자긍심이 제대로 발달된 사람들은 안정감을 가지고 있기 때문에 자신을 놀라게 하는 일들을 잘 대처하며 무마시키는 힘을 발휘한다. 다른 사람들이 문제를 놓고 겁을 낼 때에 자긍심이 발달된 사람들은 문제를 긍정적으로 대처할 수 있도록 타인들을 도와줄 수 있다. 그들은 문제를 만났을 때에 그 문제가 그냥 지나가기를 기다리지 않고 사람과 사람 사이에 있는 갈등을 해소시키려고 노력한다. 그와는 반대로 자긍심이 낮은 사람들은 자신이 심리적으로 안정되지 못했기 때문에 다른 사람들이 가지고 있는 안정감마저 사라지게 한다. 자긍심이 낮은 사람들은 근심과 걱정을 이겨나갈 수 없다고 느끼며 인간 상호간의 문제들을 해결할 수 없다고 느낀다. 그들은 또한 모험에 도전하고 싶은 생각이 없다. 모험을 두려워하기 때문에 어려운 일을 만나면 실의와 좌절 속에 빠지고 만다. 그들의 삶은 더욱더 고통스러워진다. 왜냐하면, 어려운 일들을 대처할 수 있는 힘이 자기에게는 전혀 없다고 느껴지기 때문이다. 그들은 어떤 것을 변화시키려고 하는 데서 야기되는 걱정거리를 처리할 능력이 없다(McKay, 1992, 20-21). 이런 사람들이 회의에 참석하면 보통, "안됩니다!", "나는 반대요!", "그게 될 것 같습니까?", "나는 못합니다!", "하나님은 하실 수 있지만 우리는 안됩니다!", "이론은 좋지만 실제는 안됩니다!"라는 발언을 한다. 심리학자들의 연구보고에 의하면 자긍심이 잘 발달된 사람들은 다른 사람들이 반대하고 공격을 할 때에도 긍정적이며 가치 있는 행동을 하게 된다(Ellis, 1962, 270).

슐러(Schuller, 1982)는 크리스천의 삶 속에서 자긍심은 매우 중요한 위치를 차지한다고 한다. 그는 주장하기를 자긍심이 강한 크리스천은 자동적으로 적극적 사고주의자(possibility thinker)가 된다고 한다. 크리스천의 자기 확신(self-assurance)은 하나님의 부르심에 근거한다는 것이다(요 15:16).

맥케이(McKay, 1992)는 강조하기를 자긍심은 심리적인 생존을 위해서 필수적이라고 한다. 자기가 왜 생존해야 하는가에 대한 적절한 자긍심이 없으면 많은 기본적 필요조차 충족시키지 못하고 큰 아픔을 겪게 된다.

자긍심은 신학적인 측면에서나 심리학적인 측면에서나 영성발달의 중요한 부분임을 알 수 있다. 웹스터(Webster, 1987, 101)는 자긍심과 진정한 영성에 관하여 다음과 같이 말한다. "그리스도를 닮아가며 그의 영성을 공급받으려면 우리는 그리스도의 평안과 자긍심을 체험해야 한다."

그리스도는 하나님과의 교제를 통하여 영적인 대담성을 갖게 되었고, 그 담대함을 가지고 자기를 공격하는 바리새인들을 향하여 소신껏 하나님의 말씀을 전파하게 되었다. 그리스도가 소유한 자긍심은 그로 하여금 담대히 하나님의 말씀을 전할 수 있도록 하는 밑받침이 되었다.

자긍심은 부정적인 면도 있고 긍정적인 면도 있다. 종교에서는 주로 자긍심의 부정적 측면을 많이 지적하고 심리학에서는 주로 긍정적인 면을 많이 강조한다. 본 연구에서는 이 두 가지 측면을 다 수용한다. 종교적인 측면에서의 부정적인 요소는 자기중심적 자긍심과 연관되어 있다고 보고 심리학적인 측면에서의 긍정적인 요소는 타자중심적 자긍심과 연관되어 있다고 보면 된다. 물론 심리학에서는 자아를 둘로 나누어 해석하지 않지만 결국 긍정하고 실현해야할 자아는 타자중심적인 자아, 즉 성경에 나오는 새 자아 (new self) 혹은 새사람(new man)이다. 하나님을 위하고 타인들을 위하는 자아는 더욱 발전시켜야 한다. 영성발달과 새 자아의 발달은 별개의 것이 되어서는 안 된다. 하나님을 등지고 자기중심적인 삶을 살기로 결정한 아담과 하와의 범죄사건 이후에 출생한 모든 인간들은 하나님을 위하고 타인들을 위하여 자신을 희생시킨 마지막 아담 예수 그리스도 안에서 다시 태어나야 한다. 그리하여 자기중심에서 타자중심으로 살겠다는 삶의 태도의 전환이 있게 되고 그런 삶의 태도를 가지고 자아를 발전시킴으로서 하나님과 인류를 위하여 공헌하는 삶을 살게 된다.

사실 하나님께서 인간에게 십계명을 주신 것도 자기중심에서 타자중심으로 삶을 살라는 의도에서였다. 왜냐하면 십계명 전체가 타자중심적인 삶을 살라는 메시지로 되어있기 때문이다. 1-4계명은 하나님중심으로 살라는 말씀이고 5-10계명은 타인들을 위하여 살라는 말씀이다. 위로 하나님을 위하고 아래로 다른 사람을 위하여 살라는 명령, 즉 타자중심적인 삶을 살라는 명령이 십계명이다. 예수님은 바로 그 계명의 완성자로 이 땅에 오셨다. 예수님은 위로 하나님을 위하고 아래로 사람들을 위하여 이 땅에 오셔서 그것을 위해 살다가 그것을 위해 죽으셨다(막 10:45). 그러므로 예수님은 타자중심적 자긍심을 가지셨던 분이다. 예수님의 삶의 의미는 자신의 개인적인 영달이나 행복추구에 있지 않고 인류구원이라는 하나님의 뜻을 이룸으로써 하나님을 위하고 인류를 위하는 삶을 사는 데에 있었다. 그러므로 그리스도를 닮는다는 것은 타자중심적인 삶을 사는 것이다. 타자중심적인 삶을 사는 것이 영성발달이다.

그러나 여기서 주의해야 할 것은 하나님을 믿지 않는 사람은 아무리 타인을 위해 산다고 할지라도 영성발달이 되지 않는다. 왜냐하면 불신자는 최고의 타자인 하나님을 받아들이지 않기 때문이다. 나가 아닌 타자는 하나님과 인간들이다. 그러므로 영성발달의 대전제는 우선 하나님을 받아들이고 그분을 중심으로 한 세계관과 인생관을 설립해야 한다는 것이다.

자기중심적 자긍심(self-centered self-esteem)은 자신과 남을 파괴하는 부정적 힘의 원천이며, 타자중심적 자긍심(other-centered self esteem)은 자신과 남을 위하는 긍정적 힘의 원천이다. 전자의 삶은 옛 자아를 발달시키는 자아이고 후자의 삶은 새 자아를 발달시키는 삶이다. 전자는 마이너스 영성발달이고 후자는 플러스 영성발달이다.

골리앗과 다윗의 싸움에서 우리는 전자와 후자의 대립적 관계를 발견한다. 골리앗은 자신이 최고의 실력자이기 때문에 이스라엘의 신인 여호와 하나님도 자기 앞에서는 어찌할 수 없다고 보았다. 그는 자신의 영광을 위하여 하나님을 모독하고 하나님의 백성들을 조롱했다. 그의 자기중심적 자긍심은 하늘을 찌를 듯이 발달해 있었다. 한편 다윗은 모든 여건으로 볼 때에 자기는 골리앗의 적수가 되지 못하지만 하나님의 영광을 위하여 그리고 이스라엘 사람들을 살리기 위하여 헌신해야할 자아를 지니고 있었다. 자기 자신의 안전만을 생각했다면 그는 당연히 골리앗 앞에 나아갈 수 없었다. 그것은 모든 정황으로 볼 때에 자살행위일 수밖에 없었다. 그러나 그는 당당히 골리앗에게 도전하였다. 왜냐하면 그의 내면에는 타자중심적 자긍심(other-centered self-esteem)이 충만해 있었기 때문이다. 다윗은 평소에, "여호와는 나의 목자시니 내가 부족함이 없다"(시 23:1)는 삶의 철학을 가지고 살았다. 이 고백 속에서 우리는 다윗의 타자중심적 자긍심이 얼마나 많이 발달해 있었는가를 알 수 있다. 하나님이 다윗의 주어가 되는 삶이었다. 다윗은 철저한 하나님중심의 사람이었다. 이 싸움에서 승리한 사람은 다윗이었다. 그 결과 하나님께 대한 영광이 하늘을 치솟았고 수많은 생명을 구할 수가 있었다. 만약 골리앗이 이겼다면 수많은 사람들의 가슴속에 하나님께 대한 회의심을 불러일으켰을 것이며 수많은 이스라엘 사람들이 목숨을 잃었을 것이다. 다윗의 내면에 자리 잡고 있던 타자중심적 자긍심이 위대한 역사를 일으켰듯이 오늘날 우리들의 내면에 이와 같은 타자중심적 자긍심을 발달시킨다면 우리의 삶은 하나님의 영광을 드높이고 사람들에게 유익이 되는 삶을 살 수 있을 것이다.

기독교 영성신학

| 제5장 |

비정상적 영성

자기중심주의(self-centeredness)는 여러 가지 모습의 비정상적인 영성(abnormal spirituality)을 형성 발전시키는 것으로서 참된 영성의 정반대 개념이다. 자아도취증(narcissism)은 여러 가지 비정상적인 영성의 하나로서 현대인들에게 유행하는 아주 심각한 심리적 병리현상이다. 여기에서 자기중심주의와 자아도취증을 신학과 심리학의 조명하에 연구하여 보기로 한다.

제1절 자기중심주의(Self-Centeredness)

비정상적인 영성을 연구하는 방법으로서 우리는 예수님께서 바리새인들을 비판하신 것과 바리새인들이 예수님을 비판한 것을 대조하여 볼 수 있다. 이와 같은 양자 간의 신랄한 비판을 통해서 우리는 "삶을 죽이는 종교"(life-negating religion)와 "삶을 성취시키는 영성"(life-fulfilling spirituality)의 차이를 발견할 수 있을 것이다(Webster, 1987). 바리새인들은 스스로 자신들이야 말로 영적인 삶을 사는 사람들이라고 자부하고 있었다. 왜냐하면 자신들은 그 누구보다도 종교적인 사람들이기 때문이라는 것이었다. 그러나 사실상 그들이야 말로 자기중심주의에 깊숙이 빠져 있던 사람들임을 알 수 있다.

이스라엘 백성들이 그토록 기다리던 메시아가 왔을 때에 그분을 그토록 거부하고 비판한 것을 보면 그들의 신앙은 메시아에 대한 성경적인 시야를 이미 벗어나 있었음을 알 수 있다. 하나님의 안목을 조금이나마 그들이 소유하고 있었더라면 그들은 예수님을 사사건건 비판하지 않았을 것이다. 그들의 자기중심적인 삶은 자기의(self-righteousness)를 낳고 자기의는 히브리 민족주의(Hebrew nationalism)를 형성시켰던 것이다. 예수님께서 사람들에게, "너의 의가 바리새인들의 의보다 낫지 못하면 결단코 천국에 들어갈 수 없다"고 말씀하신 것은 바리새인들의 의는 아무 가치가 없는 잘못된 의라는 것을 강조하는 말씀이다. 바리새인들의 영성은 잘못된 영성임을 예수님께서 신랄하게 비판하신 것이다. 자기중심적인 의는 잘못된 영성이다. 영성은 발달한 것 같은데 자기중심으로 가득 차 있다면 그 사람의 영성은 영성이 아니라 생명을 질식시키는 종교성에 지나지 않는다. 웹스터(Webster, 1987)는 바리새인들의 자기중심주의를 다음과 같이 지적한다. "바리새인이 된다는 것은 구약의 율법을 정확하게 지키고 엄격한 행동 규범을 준수하며 히브리 국수주의에 충실해야 한다는 것을 의미했다. 그렇다면 예수님께서 그들을 왜 그렇게 혹독하게 비판하셨을까?(예를 들면, 마 23장) 그 대답은 바리새인들의 영성의 개념이 잘못되어 있었기 때문이다. 그들의 영성의 개념은 하나님과의 관계를 잘 맺음으로써 자아를 성취시키는 것이 아니라 자기의를 이루려는 것이었다. 예수님께서 바리새인들을 비판하신 것은 그들이 지니고 있었던 잘못된 영성 때문이었다. 그들 속에 뿌리박고 있던 자기중심주의가 예수님의 공격의 대상이었다"(Webster, 1987, 97).

그럼 자기중심주의란 무엇인가? 본 연구에서 정의하는 자기 중심주의는 타자를 이용해서 자기의 이익과 영광만을 추구하며 나머지 타자를 해치는 것을 말한다. 즉 다른 사람들을 해치고라도 자신의 이익만을 챙기면 된다는 이기적인 생각으로 가치관이 형성된 사람들 속에 있는 삶의 습관이다. 자기중심주의에 사로잡힌 사람들은 다른 사람들을 생각하지 않고 어떻게 하면 다른 사람을 이용해서 자기의 목적을 달성하느냐만 생각하고 행동한다.

자기 중심주의에 사로잡힌 사람들도 일시적으로는 좋은 대인관계를 맺을 수 있다. 자기의 유익을 위해서 자기에게 이용가치가 있다고 생각되는 사람에겐 호의를 베푼다. 그래서 그 사람과 좋은 관계를 유지한다. 그러나 자기의 목적이 다 달성되어 더 이상 그 사람에게 이용가치가 발견되지 않는다고 보았을 때엔 사정없이 그 사람을 배신한다. 자기의 이익만을 추구하기 위해서이다. 그들에겐 객관적인 가치관이 희박하다. 모든 가치가 자기의 이익만을 위한 것이기 때문에 말과 행동이 수시로 변한다. 결국 이런 사람들은 정상적인 인간관계를 파괴하고 사람들로부터 따돌림을 받는다.

그런데 문제는 이와 같은 자기중심주의가 모든 인간 속에 뿌리박고 있다는 것이다. 정도의 차이는 있지만 인간성의 저변 깊숙한 곳엔 자기중심주의 혹은 이기주의가 깔려있다(Carroll, 1990). 브락(Brock, 1988)은 자기중심주의를 원죄(Original Sin)라고 다음과 같이 정의한다. "원죄란 하나님에 대한 불신과 자기의 오만과 자만 때문에 자기를 속이고 하나님과의 올바른 관계를 이간시키는 것을 의미한다"(Brock, 1988, 2).

맷잿(Matzat, 1990)도 자기중심주의가 죄악에 물든 옛 성품이라고 강조한다. 자기중심주의는 우리 인류가 아담 안에서 태어났기 때문에 우리에게 붙어 다니는 죄성이다. 자기중심주의는 많은 죄악을 저지르게 만든다(Smith, 1990, 13). 우리 속에는 어떤 종류의 자기중심적인 요소가 있어서 자기 자신이 영광을 받으려 하고 다른 사람을 이용해서 자기만을 유리하게 만드는 등 세상을 온통 파손하는 요소가 있다(Lewis, 1997, 50).

원죄는 언제 저질러졌는가? 하나님과 인간 사이의 중대한 약속을 깨뜨린 죄는, "만약 네가 그 실과를 따먹으면 네가 하나님과 같이 되리라"는 뱀의 유혹을 받았을 때에 저질러졌다. 아담과 이브가 자기중심적인 상태에서 행동을 했기 때문에 저질러진 것이다. 네가 하나님과 같이 된다는 말을 받아들이고 행동한 자체가 하나님중심이 아닌 자기중심의 행동이었다. 아담과 이브가 자기중심주의라는 죄를 짓고 난 다음에 태어난 모든 인류는 정도의 차이는 있지만 모두가 자기중심주의자들이 되었다. 그러므로 영성발달이란 자기중심에서 하나님중심(God-centeredness)과 타인중심(people-centeredness)으로 변화될 때에 가능하다. 즉 자기중심에서 타자중심으로의 변화가 영성발달이다.

하나님의 선택된 백성이라고 자랑하는 이스라엘 백성들도 역시 자기중심주의에 붙잡혀 살았다. 십계명을 주신 이유 중의 하나도 자기중심으로 가득 찬 이스라엘 백성으로 하여금 타자중심으로 살도록 하기 위한 것이었다. 하나님을 사랑함으로써 자기중심에서 하나님중심으로 바뀔 수 있고, 이웃을 사랑함으로써 자기중심에서 타인중심이 될 수 있다. 하나님은 십계명을 통하여 자기 백성이 자기중심에서 벗어나 타자중심으로 살기를 원하셨다.

카텔(Cattell, 1963)은 주장하기를 자기중심주의는 자아가 하나님과 멀어질 때에 필연적으로 나타나는 현상이라고 했다. 그렇다면 자기중심의 정도는 곧 하나님과의 관계가 얼마나 잘못되어 있는가를 나타내는 척도이기도 하다. 하나님과 거리가 먼 사람들은 자기중심에 사로잡히고 하나님과 거리가 가까운 삶을 사는 사람들은 타자중심적인 삶을 산다고 볼 수 있다.

올포트(Allport, 1967)에 의하면 비본질적 신앙성향(extrinsic religious orientation)을 가진 사람들은 자기의 이기적 목적만을 위하여 종교를 이용한다고 한다. 그들은 자기들의 믿음에 따른 영적인 책임을 도외시하고 개인적인 안락만을 위하여 믿음을 사용한다. 하나님과 타인들을 위한 책임감은 없고 자신의 개인적 안락과 유익만을 추구한다. 그들은 종교를 이용하여 개인적인 안정감과 편안함과 사교성과 지위와 자기 정당화만을 추구한다. 즉 신앙이라는 미명하에 자기중심적인 삶을 사는 것이다. 이런 사람들로 가득 찬 사회는 모든 신앙 활동이 자신의 실리추구에만 집중되기 때문에 사회적 공적 유익은 도모되지 않는다. 이런 크리스천들을 보는 세상 사람들은 크리스천들을 욕심쟁이들이라고 생각한다.

자기중심적인 크리스천은 세상을 변화시키는 일에 있어서 오히려 걸림돌이다. 크리스천이 더 인색하고 더 마음이 좁다는 비판이 자기중심적인 크리스천들이 사는 사회에서 만연해지고 있다. 지금 한국교회는 자기중심적인 영성을 치유 받아 참된 영성인 타자중심적 영성을 발전시켜야 한다.

탕자의 비유에서(눅 15:11-32) 작은 아들은 다음과 같이 주장한다. "아버지, 나에게 해당되는 재물을 내게 주십시오!"(12절). 여기에서 볼 수 있는 것은 그가 대단히 자기중심적이라는 것이다. 아버지의 심정이야 어떻든 형이 어떻게 생각하든 자기만 좋으면 그만이라는 자기중심적인 마음의 태도가 그로 하여금 탕자가 되게 했던 것이다.

자기중심주의는 자기의, 자기기만, 이기심, 자만, 자기파괴 등의 심리적으로나 영적으로나 극히 위험한 것들을 생산한다(Ross, 1990, 90). 탕자는 자기중심주의에 빠져 있었기 때문에 영적으로나 정서적으로나 육신적으로 위험한 삶을 살고 있었다. 자기중심주의는 비정상적인 영성을 생산하고 하나님중심주의는 정상적인 영성을 생산한다. 둘째 아들이 자기중심주의에 빠져 있었을 때에 그는 비정상적인 영성의 소유자가 되었고, 그가 아버지께로 돌아와 아버지중심으로 살고자 했을 때에 그는 정상적인 영성의 소유자가 되었다. 맷잿(Matzat)은 자기중심주의의 심각성을 다음과 같이 설명한다. "만약 내가 문제 자체라면 해결은 어디에 있는가? 만약 당신이 나를 교육하면 나는 영리한 죄인이 될 것이다. 만약 당신이 나를 세련되게 한다면 나는 더욱 세련된 죄인이 될 것이다. 만약 당신이 나에게 더 많은 종교성을 심어준다면 나는 더욱 종교적인 죄인이 될 것이다. 당신이 나를 어떻게 하든 당신은 나 자신을 변화시킬 수 없고 바로 그 '나'가 문제이다…나는 아직도 나 자신의 보자기 안에 싸여있다. 나는 계속해서 자기중심적인 죄인으로 남아있으면서 그런 삶을 반복할 따름이다"(Matzat, 1990, 71).

쌘포드(Sanford)는 참된 인간이 되는데 있어서 가장 심각한 문제점은 자기중심주의라고 주장한다(Sanford and Paula, 1982). 많은 상담자들과 교사들과 목회자들이 이구동성으로 주장하는 바는 모든 문제의 뒤에는 반드시 자기중심주의가 깔려 있다는 것이다. 이것은 모든 인종을 초월하는 전 인류적인 공통점이라고 한다(Sanford and Paula, 1982, 375-376).

고린도교회가 그토록 나뉘어져 싸운 것도 자기중심주의 때문이라고 볼 수 있다. 그러므로 바울은 그들에게 자기중심주의를 버리고 하나가 되라고 다음과 같이 권면한다. "내 형제들아 글로에의 집 편으로서 너희에게 대한 말이 내게 들리니 곧 너희 가운데 분쟁이 있다는 것이라. 이는 다름이 아니라 너희가 각각 이르되, '나는 바울에게', '나는 아볼로에게', '나는 게바에게', '나는 그리스도에게 속한 자라' 하는 것이니, 그리스도께서 어찌 나뉘었느뇨? 바울이 너희를 위하여 십자가에 못 박혔으며…"(고전 1:11-13).

바울과 아볼로와 게바는 그리스도 안에서 함께 역사하는 하나님의 종들이었다. 그런데 성도들이 어떤 사람은 바울파라 하고 어떤 사람은 아볼로파라 하고 어떤 사람은 게바파라 하면서 자기중심적인 분리 작용을 하고 있었다. 심지어는 그리스도파까지 만들어졌다. 자기들만이 참다운 그리스도인들이라는 의미에서 그랬는지는 몰라도, 한 그리스도 안에서 하나가 되어 힘차게 복음사역을 해야 할 크리스천들이 끼리끼리 당을 지어 싸웠는데 그것은 그들 속에 있던 "자기중심주의" 때문이었다.

제2절 자아도취증(Narcissism)

자아도취증은 심리적으로나 영적으로 가장 해로운 인격의 고장(故障) 중 하나인데 이것은 자기중심주의와 깊은 연관을 가지고 있다(Evans, 1993, 231-232). 자아도취증은 영성과 반대 개념이다. 왜냐하면 참된 영성은 타자중심인데 반해서 자아도취증은 자기중심이기 때문이다. 하지만 최근에 영성운동을 하는 사람들 중 많은 사람들이 자아도취적 문화(narcissistic culture)에 맞는 쪽으로 기울어지고 있다. 영성운동을 한다고 하면서 개인의 자기중심적 욕구를 충족시켜 자기도취적 만족을 얻도록 하는 것은 인격의 질을 떨어뜨리는 행위에 불과하다. 자기중심적인 욕구를 만족시키는 영성운동은 자아도취증을 유도하는 위험한 운동이다(Leech, 1989).

자아도취증은 무엇이며 그것은 어디에 근거를 둔 것인가? 고대 헬라 신화에 나르시스(Narcissus)라는 젊은이가 나오는데, 그는 강을 주관하는 신인 세피서스(Cephisus)라고 불리우는 신의 아들이었다. 나르시스는 미남 청년으로서 자기의 미모에 대하여 매우 자부심이 큰 젊은이였다. 그래서 많은 소녀들이 그를 사랑했으나 그는 그 누구도 거들떠보지를 않았다. 나르시스를 사랑한 소녀들 중에 미모가 뛰어난 요정인 에코(Echo)가 있었는데 나르시스는 에코의 사랑마저도 거절했다. 그래서 신들이 노발대발하여 나르시스에게 벌을 주기로 결정을 내렸다. 신들은 나르시스로 하여금 연못에 비춰진 자기의 모습을 보고 거기에 미쳐버리도록 했다. 물속에 비춰진 자신의 모습이 너무 아름답기 때문에 그는 그 연못을 떠나지 못했다. 결국 그는 그 연못에 빠져 죽어 수선화(Narcissus)가 되었다. 이것은 다른 사람은 사랑할 줄 모르고 자신만을 지나치게 사랑하다가 스스로 파멸하는 현상이다. 심리학에서는 "나르시시슴"을 자기중심주의에서 기인되는 병리학적 현상이라고 정의한다(Oldham and Morris, 1990, 93). 리스만(Riesman, 1982)은 "나르시시슴"은 곧 "자기중심주의"(ego-centrism)라고 말한다(1982). 그는 자아도취증은 오늘날 현대인들이 가지고 있는 우리 사회의 크나큰 병폐라고 지적하며 자아도취증을 자기중심주의와 동일시했다(1982, 44).

 진정한 의미에서 자기를 사랑한다는 것과 자기도취증은 서로 비슷한 것 같지만 사실은 아주 다르다. 에반스(Evans)는 자아도취증과 자기사랑(self-love)은 서로 큰 차이가 있다고 강조한다(Evans, 1993, 51). 자아도취증은 다른 사람은 사랑하지 않고 자기만을 사랑하는 현상이다. 건전한 자기사랑은 타인에 대한 사랑이 포함되어 있다. 네가 네 자신을 사랑함같이 네 이웃을 사랑하라는 예수님의 말씀 속에서 우리는 건전한 자기사랑을 찾아볼 수 있다. 남에 대한 사랑이 포함된 자기사랑은 타자중심적 자아(other-centered self)와 연결되고 남에 대한 사랑이 배제된 자기사랑은 자기중심적 자아(self-centered self)와 연결된다. 전자는 우리가 날마다 발전시켜야 할 영성발달의 주체이고 후자는 우리가 날마다 죽여야 할 장애요인이다. 자아도취증은 자기중심주의에서 비롯되는 인격상의 고장이며 병이다.

 자아도취증은 심리적인 면에서뿐 아니라 영적인 면에서도 치명적인 병리현상이라고 에반스는 강조한다(Evans, 1993). 자아도취증은 우선 심리학적인 면에서 문제가 된다. 그것은 자기만을 사랑하는 병이기 때문에 타인과의 상호관계를 정상적으로 유지하지 못하게 한다. 그래서 가정적, 사회적인 문제를 야기 시킨다. 뿐만 아니라 자아도취증은 생명에너지의 사랑에 대한 자아 분리적 저항(self-separating resistance to loving life energies)을 하기 때문에 더욱 깊은 문제로 빠져든다. 자아도취증은 이것으로 끝나지 않는다. 이것은 영적인 면에까지 깊숙이 관계된다. 이것은 하나님과의 연합에 대한 자아 분리적 저항(self-separating resistance against union with God)을 하게 되어 결국 영적인 면에서까지 파국을 맞이하게 된다(Evans, 1993, 66-67). 자아도취증은 자기 외엔 아무도 사랑하지 않는 병이다. 자기 아닌 다른 사람은 물론 하나님도 사랑하지 않는다. 결국 위로 하나님과의 종적 관계(vertical relationship with God)도 깨어지고 옆으로 인간과의 횡적 관계(horizontal relationship with people)도 깨어진다. 그러다가 종국에는 자기 자신도 파멸된다. 하나님과의 수직적 관계와 인간과의 수평적 관계를 중요시하는 영성의 개념과는 반대 개념에 존재하는 것이 자기도취증이다. 이것은 오늘날 한국에서 "공주병"이라고 불리기도 한다.

그럼 자아도취증의 증상은 무엇인가? 오늘날 많은 심리학자들이 자아도취증에 대한 연구를 하고 있다(R. Raskin, C. S. Hall, J. Novacek, R. Hogan, M. H. Kernis, C. Sun, R. Shaw, H. Terry, T. Rhodewalt, C. Morf, J. Oldham, L. Morris 등등). 라스킨과 그의 동료들의 연구에 의하면 자아도취증에 걸린 사람들은 일인칭 대명사를 지나치게 사용하며(Raskin & Shaw, 1988), 착취적인 성격이 아주 강하고(Rakin & Terry, 1988), 자기를 극단적으로 과장한다고 한다(Raskin, Novacek, & Hogan, 1991). 더 구체적으로 말하자면 자기도취증에 걸린 사람들은 다음 아홉 가지 증상 중에서 적어도 다섯 가지 이상의 항목에 해당된다고 한다. (1) 자기를 비판하는 사람들에 대해 격분하거나 수치심을 갖거나 비굴해지는 등의 격한 감정을 갖게 되고, (2) 자기의 목적을 달성하기 위하여 다른 사람에게 해를 입히면서 착취하는 행동을 하고, (3) 지나치게 자기의 중요성을 내세운다. 예를 들면, 별로 잘 한 것도 없는데 자기의 재능과 성취에 대하여 크게 떠들어댐으로써 자기는 특별한 사람으로 주목을 받고 싶어 하며, (4) 자기가 어떤 문제를 만났을 때에 그 문제는 아주 독특한 문제이기 때문에 보통 사람들은 감히 이해할 수도 없다고 믿으며, (5) 자기는 무한히 성공할 수 있으며, 무한한 힘을 소유하고 있으며, 아주 뛰어나고 아름다우며, 이상적인 사랑을 소유하고 있다는 환상 속에 빠져 있고, (6) 자신은 다른 사람으로부터 특별대우를 받아야 한다고 생각한다. 예를 들어, 다른 사람들은 줄을 서 있는데 자기는 줄을 서서 기다릴 사람이 아니라는 편견을 가지고 있으며, (7) 다른 사람들이 자기에게 계속 관심을 가져주고 계속 자기를 선망의 대상으로 대해주기를 기대하며, (8) 다른 사람의 입장에서 그 사람을 이해하려는 마음이 없으며, (9) 다른 사람을 부러워하는 감정에 사로잡혀 있다(Oldham & Morris, 1990, 94-102).

위에 열거한 자아도취증의 아홉 가지 증상들은 모두 자기중심주의와 깊이 연관이 되어 있다. 그런데 영성이란 타자중심주의가 핵심적인 내용이기 때문에 자아도취증은 영성과 정반대 개념임을 알 수 있다. 자기중심에 빠져 있으면서 아무리 영적으로 큰 능력을 행한다고 해도 그것은 참된 영성이 아니다. 자칭 믿음이 좋은 사람들이라고 자부하던 어떤 사람들이 예수님을 찾아와서 자기들이 이런 저런 큰 능력을 행했다고 우쭐댈 때에 예수님께서는 그들을 도무지 알지 못하는 사람들이라고 하셨다. 즉 그들에게는 영성이 전혀 없었다는 것이다. 왜 그럴까? 그들은 예수님과의 관계(relationship) 보다는 자기들이 행한 일에 대한 지나친 자기과시에 모든 관심을 모았던 사람들이었기 때문이다. 그들은 자아도취증에 빠져 있던 사람들이었다. 우리는 좀 무능해도 겸손한 마음으로 하나님과의 관계를 아름답게 가지며 사람들과의 관계를 원만하게 가짐으로써 영성발달을 지속시킬 수 있다. 경쟁 심리에 사로잡혀 서로 자기가 크다고 주장하던 제자들의 영성은 아주 어설프고 미성숙한 영성이었다. 왜냐하면 그들은 자기중심에 사로잡혀 있었기 때문이다. 자기중심적인 신앙은 "나르시시즘"에 이르는 위험한 심리적, 영적 위기의 과정이다.

기독교 영성신학

| 제6장 |

참된 영성

    참된 영성이 무엇인가를 아는 방법 중 하나로서 먼저 영성에 대한 오해의 늪에서 빠져나오는 작업이 필요하다고 생각된다. 왜냐하면 많은 사람들이 영성에 대한 오해의 늪에 빠져서 참된 영성에 대한 인식을 갖지 못하고 있는 것으로 여겨지기 때문이다. 영성에 대한 참된 인식을 갖게 되면 대체적으로 신앙생활의 길이에 비례하여 영성이 발달할 수 있다고 본다. 그런데 오늘날 많은 사람들이 신앙생활을 오래 하면 할수록 영성이 발달하기 보다는 옛날 예수님 시대의 바리새인들처럼 엉뚱한 방향으로 나가는 모습을 발견할 수 있다. 신앙과 생활이 일치하는 방향으로 전개되지 않고 불일치하는 방향으로 가고 있는 것을 보면서 사람들은 자기 자신에게 실망하고 서로에게 실망한다. 현대인들을 보라. 옛날 바리새인들처럼 신앙과 생활이 각각 다른 방향으로 나간 나머지 예수님께로부터 위선자들이라는 책망을 듣지 않을까 염려스런 삶을 살고 있지 않는가!

제1절 영성에 대한 오해

영성(spirituality)은 "물질적인 것", "인간적인 것", 혹은 "문화적인 것"과 반대되는 개념이 아니다. 많은 사람들은 영적인 것은 물질적인 것이 아니며, 인간적인 것도 아니며, 문화적인 것은 더욱 아니라고 생각하는 경향이 있다. 문자적으로 말하자면, "영적인"(spiritual)이란 말은 "물질이 아닌"(not material), "육신이 아닌"(not bodily), "인간이 아닌"(not human), "문화가 아닌"(not cultural) 등등으로 생각할 수 있다. 그러나 그것은 피상적인 의미에 불과하다. 신앙을 전혀 갖고 있지 않은 사람들이 할 수 있는 초보적인 문자적 해석일 따름이다. 만약 "물질적인 것", "인간적인 것", "문화적인 것" 등의 개념이 "영적인 것"이 될 수 없다면 인간은 결코 영적인 존재가 될 수 없을 것이다. 왜냐하면 인간의 몸은 물질로 구성되어 있으며, 인간은 "인간적인" 범위 안에서 살고 있는 "문화적 존재"이기 때문이다. 그러므로 영적이란 개념은 절대로 물질적인 것이나 육신적인 것이나 문화적인 것을 포함해서는 안 된다는 생각은 그 자체가 모순을 지닌 개념임을 알 수 있다. 따라서 "물질적이 아니고 인간적이 아니며 문화적이 아닌 모든 것은 영적이다"라고 주장하는 것은 큰 오류를 범하는 주장임에 틀림없다.

인간이 물질로 구성된 존재이고 죄성과 나약성을 가지고 있으며 문화 속에서 산다고 할지라도 하나님과의 긍정적인 연관성을 맺고 살아갈 때에 그것은 영적인 삶이다. 영성이란 하나님과 성경적인 관계(Biblical relationship with God)를 맺는 삶을 의미한다(Sanders, 1962; Richards, 1987). 어떤 것이든 하나님과 성경적인 관계를 맺고 있다면 그것은 영적인 것이 된다. 예를 들어, 산에 있는 나무가 강단으로 만들어져 하나님의 성전에서 하나님의 말씀을 전하는 도구로 사용될 때에 그것은 성구라고 불리어지고 영적인 가치를 지닌 물질이 된다. 이스라엘 백성들이 광야에서 성막을 건축했는데, 사실상 그 재료들은 애굽에서 가지고 나온 귀금속들이었다. 금과 은과 보석이 애굽에서 하나님과 긍정적인 관계를 맺지 않고 있을 때에는 그것들이 영적인 것들이 아니었다. 그러나 그것들이 하나님께 제사하는 성막의 도구들로 사용될 때에 꼭 같은 물질이지만 "성물"이 되고 영적인 것들이 된 것처럼, 물질로 구성된 사람의 몸도 하나님과의 긍정적인 관계를 맺지 않고 살 때에는 영적인 존재가 아니지만 하나님과의 긍정적인 관계, 다시 말하면 하나님과의 성경적인 관계를 맺고 살 때에 그 몸은 그 전과 똑같이 물질로 구성된 몸이지만 영적인 존재의 몸이 되는 것이다. 바울은 크리스천의 몸이 영적인 것이라는 것을 다음과 같이 깨우쳐 준다. "너의 몸은 하나님께로부터 오셔서 네 안에 계신 성령의 전인 것을 알지 못하느냐"(고전 6:19).

마리아가 예수님께 부은 값비싼 향유는 물질이었다. 마리아가 그것을 예수님께 부었을 때에 예수님은 그것을 영적인 것이라고 말씀하셨다(요 12:7). 마리아가 향유를 예수님께 바쳤을 때에 그 물질은 영적인 것이 되었다. 왜냐하면 그것은 하나님과의 성경적 관계, 혹은 긍정적 관계를 갖게 되었기 때문이다. 우리의 몸이 하나님께 바쳐져서 하나님의 뜻을 이루는 삶이 될 때에 우리의 몸은 물질적인 의미만 있는 것이 아니라 몸 자체가 영적인 의미를 지니게 된다(롬 12:1).

영적인 것과 몸은 서로 적대관계의 개념을 갖고 있지 않다. 영적인 발전을 위해서는 육신이 쇠약해야 하고 육신이 강해지면 영적으로 쇠약하다는 생각은 비성경적인 생각이다. 바울은 데살로니가 교인들에게 영혼과 육신이 모두 함께 흠이 없고 강건해지기를 바란다고 했다(살전 5:23). 영혼과 육신은 서로 밀접한 관계를 가지고 있다. 왜냐하면 인간은 전인적인 존재(holistic being)이기 때문이다(Willard, 1988, 75).

영성(spirituality)과 인간성(humanity)도 서로 모순이 되는 개념이 아니다. 인간성이 좋다고 해서 영성이 나쁜 것이 아니다. 오히려 참으로 영성이 좋은 사람은 인간성도 좋다. 교회의 직원을 선출할 때에 "외인"에게도 칭찬을 듣는 자들이어야 한다는 것도 바로 영성과 인간성의 밀접한 관계를 지적하는 말이다. 영성발달의 극치이며 궁극적 목표인 예수 그리스도는 신성(divinity)과 인간성(humanity)을 동시에 가지신 분이다. 그리스도 안에 있는 이 두 가지 성품은 결코 서로 모순되지 않는다(Webster, 1987, 89). 그리스도는 "참으로 인간이요 참으로 하나님이시다"(vere homo et vere deus).

그렇기 때문에 그는 참된 신성을 가지셨고 참된 인간성을 가지셨다.

존슨(Johnson)은 강조하기를 영성은 자연적인 것과 초자연적인 것의 역동적 결합 이라고 했다(Johnson, 1988). 커밍스(Cummings, 1991)는 영성을 설명함에 있어서 생태학(ecology)을 결합시킨다. 그는 생태영성(eco-spirituality)이라는 제목으로 책을 썼는데, 그 책은 우리로 하여금 모든 생태계 속에 하나님의 신적인 자취가 있다는 것을 깨우쳐준다. 우리가 믿는 하나님은 구속주(Redeemer) 하나님이실 뿐만 아니라 창조주(Creator) 하나님이시기 때문에 그 하나님께로부터 오는 영성은 영적인 것과 물질적인 것이 결합된 영성이다. 앞에서 언급한 바가 있거니와 영성은 이 세상에 살고 있는 크리스천의 삶의 과정이기 때문에 물질을 완전히 배제한 영성은 있을 수 없다. 팍스(Fox, 1991, 9)는 강조하기를 모든 피조물들은 하나님으로부터 나온 것들이기 때문에 그 속에 하나님의 발자취가 있다고 한다. 그렇기 때문에 기본적으로 신성한 것으로 본다.

그럼에도 불구하고 많은 사람들은 "영성"이란 말을 들을 때에 좀 부담을 느낀다. 왜냐하면 영성은 물질생활과 반대가 된다고 생각하는 경향이 있기 때문이다. 영성을 물질과의 정반대 개념으로 생각하는 사람들이 있는데 그것은 성경과 거리가 먼 잘못된 생각이다. 물질이 영성과 반대가 된다면 예수님도 이 세상에 오실 때에 육신을 입고 오시지 말았어야 했다. 왜냐하면 육신은 물질이기 때문이다. 만약 영성과 물질이 정반대라면 영성을 발달시키기 위하여 음식을 먹지 말아야 한다. 또한 만약 영성과 물질이 반대가 된다면 하나님께서 크리스천들에게 물질을 주시지 말아야 한다. 그렇다면 "물질축복"이라는 용어도 비성경적인 말이 될 것이다. 이런 의미에서 "청빈사상"은 그 자체가 반드시 성경적인 가치가 될 수는 없다. 하나님은 풍요의 하나님으로서 물질을 가치 있는 곳에 풍성히 쓰기를 권장하신다. 좋은 집에 살고 좋은 차를 타고 다니는 사람은 영성이 발달한 사람이 아니고, 헙수룩한 집에 살면서 해어진 옷을 입고 다니며 점심값이 없어서 굶거나 남이 사주면 먹는 사람을 영성이 발달한 사람이라고는 생각할 수가 없다. 물질 자체만 가지고는 영성의 척도를 생각할 수 없다. 영성은 하나님과 사람과의 관계를 성경적으로 맺으면서 영성발달의 목표인 그리스도를 향하여 살아가는 삶의 과정이기 때문에 물질이 어떻게 벌어지고 쓰이느냐에 관계가 있다. 우리가 가진 물질이 하나님과의 관계를 잘 맺고 사람과의 관계를 잘 맺기 위한 목적으로 쓰일 때에 그것은 영적인 가치를 지닌다.

영성은 또한 문화와 반대의 개념이 아니다. 반문화 운동이 영성발달 운동이 아니다. 문화를 등지고 산속으로 들어간 사람을 영성이 발달한 사람이라고 할 수 없는 것처럼 도시에서 문화생활을 누리며 사는 사람을 향해 영성이 낮은 사람이라고 할 수 없다. 어떤 문화 형태에서 살든 그 문화 속에서 하나님과의 관계를 얼마나 잘 맺고 살며 또한 타인들과의 관계를 얼마나 잘 맺고 사는가가 영성발달의 척도를 재는 중요한 요소이다. 영성발달이 개인에 따라 다양한 형태를 이루는 것처럼 문화에 따라 독특한 모습을 지니기도 한다. 예를 들어, 목회자가 가운을 입고 설교를 해야 하나님과의 관계를 잘 맺는 사람들을 위해서는 가운을 입어야 하고, 가운을 입고 설교를 하면 너무 의식적이고 형식적이기 때문에 하나님과의 관계를 잘 맺는 예배를 드리기가 어려운 사람들을 위해서는 목회자가 가운을 입지 말아야 한다.

육신적이고 물질적이고 인간적이며 문화적인 것은 영적인 것이 아니라는 생각은 잘못된 개념이다. 모든 크리스천들의 영성발달의 최후 목표인 그리스도도 물질로 된 몸을 가지고 계셨었고, 인간성을 지니셨으며, 주어진 문화 속에 살면서 사역하셨다. 그리스도는 그 당시의 종교인들이 입던 제사장 옷 등의 성의를 입지 않고 말씀을 전파하셨어도 영성의 최고봉을 이루셨다. 왜냐하면 예수 그리스도는 주어진 문화권 속에 살면서 하나님과의 관계 및 인간과의 관계를 맺으며 삶을 사셨기 때문이다. 물질과 몸과 인간성과 문화가 하나님과의 관계를 잘 맺는 도구로 쓰일 경우엔 이 모든 것 속에 영성이 포함될 수 있다.

제2절 참된 영성

기독교의 영성은 근본적으로 성령으로부터 오는데, 성령의 문자적인 의미는 하나님으로부터 오는 "생명"(life), 혹은 "숨"(breath)이다. 히브리어로 성령은 "루아흐"(ruach)이며, 헬라어로는 "프뉴마"(pneuma)인데 이 모두가 하나님의 "생명" 혹은 "숨"이라고 번역된다(Gruber, 1995). 그래서 팍스(Fox, 1991)는 영성(spirituality)을 "생명으로 충만한 삶", 혹은 "영으로 충만한 삶의 길"이라고 정의한다. 참된 영성은 생명을 사랑하고 생명을 극대화하여 살려고 힘쓰는 사람들에게 속한다. 하나님의 은혜 안에 있는 인간성은 영성과 모순되지 않는다. 인간은 하나님을 알고 섬기도록 피조 되었다. 그러나 만약 인간이 하나님을 거부하면 우리는 우리의 인간성을 거부하는 것이다(Webster, 1987, 89). 그러므로 하나님을 거부하지 않고 받아들이는 사람의 인간성은 영성에 속한 인간성이다. 메이(May, 1992)는 "영"(spirit)을 인간으로 하여금 우주 안에 있는 모든 존재와 인간을 연결시키는 추진력으로 정의한다(p. 34). 인간으로 하여금 하나님과의 관계를 잘 맺게 하고 타인들과의 관계를 잘 맺도록 하는 하나님으로부터 오는 에너지가 바로 영성의 참된 근원이다. 튜니어(Tournier, 1986)는 영적 차원(spiritual dimension)이란 다름 아닌 관계의 차원(dimension of relationship)이라고 한다. 하나님으로부터 오는 영적인 에너지는 무질서한 힘이 아니다. 그것은 질서를 아름답게 하는 힘이다. 하나님의 창조의 과정에서 하나님의 신(루아흐=성령)이 수면에 운행함으로써 혼돈이 질서로 변했다(창 1장). 성령의 역사는 반드시 질서를 창조하는 힘이지 무질서의 세계를 만드는 힘이 아니다. 바로 이 질서를 만드는 힘이 하나님과 인간과의 수직적 관계 및 인간과 인간과의 수평적 관계를 아름답게 맺도록 하는 성령의 힘이요 이것이 영성의 근원이다. 그러므로 영성은 관계성(relationship)을 중요한 요소로 다룰 수밖에 없다.

예수님의 영성을 십자가 사건 속에서 찾는 것은 당연하고 합리적이며 현명한 방법이라고 생각된다. 왜냐하면 십자가는 예수 그리스도의 사역의 절

정으로서 그의 영성이 가장 잘 나타난 사건이었기 때문이다. 생명을 바치는 사건은 분명 그 사람에게 가장 의미 있는 사건일 것이다. 십자가 사건은 한 마디로 말하면 인간과 하나님과의 관계, 나아가서는 인간과 인간과의 관계를 회복시키기 위한 가장 위대한 사건이다. 다시 말하면 관계회복의 사건이다. 십자가의 사건 속에서 우리가 명심해야할 요소는 관계성이다. 이에 대하여 바울은 에베소 교인들에게 다음과 같이 강조했다. "그는 우리의 화평이신지라 둘로 하나를 만드사 중간에 막힌 담을 허시고 원수된 것 곧 의문에 속한 계명의 율법을 자기 육체로 폐하셨으니 이는 이 둘로 자기 안에서 한 새사람을 지어 화평하게 하시고 또 십자가로 이 둘을 한 몸으로 하나님과 화목하게 하심이라. 원수된 것을 십자가로 멸하시고 또 오셔서 먼데 있는 너희에게 평안을 전하고 가까운 데 있는 자들에게 평안을 전하셨으니 이는 저로 말미암아 우리 둘이 한 성령 안에서 아버지께 나아감을 얻게 하려 하심이라"(엡 2:14-18). 인간과 하나님의 관계가 회복되고 유대인과 이방인의 관계가 회복되도록 하기 위해서 예수님께서는 자기의 몸을 십자가 상에 제물로 드리셨다. 그러므로 십자가 사건은 관계 회복의 사건이다.

"관계"라는 개념은 영성의 척도를 재는데 있어서 아주 중요한 요소이다. 어떤 성도가 영적인 사람인가 아닌가를 분별하는 기준이 어디 있는가? 맷잿(Matzat, 1990)은 관계성(relationship)을 논하지 않고는 영성을 측정할 수 없다고 했다. 어떤 신자가 영성이 발달된 사람인가 아니면 영성이 미발달한 사람인가를 알려면 그 사람이 얼마나 하나님과의 관계를 잘 맺으며 인간과의 관계를 잘 맺는가를 보면 된다는 것이다. 하나님과의 관계는 잘 맺는데 사람과의 관계를 잘 맺지 못하는 것도 영성이 제대로 발달되지 못한 것이며, 사람과의 관계는 잘 맺는데 하나님과의 관계는 잘 못맺는 것도 영성발달에 문제가 있는 것이다. 그런데 참으로 하나님과의 관계가 잘 맺어진 사람은 사람과의 관계도 잘 맺어져야 한다는 것이 건전한 신학적 판단일 것이다. 그러므로 영성발달 문제를 논의할 때에 인간관계를 중요시할 필요가 있는 것이다.

그러면 하나님과의 관계를 잘 맺고 타인과의 관계를 잘 맺는다는 것은 어떤 의미를 내포하고 있을까? 여기에서 간과할 수 없는 요소는 타자중심주의다. 하나님과의 관계를 잘 맺기 위해서는 하나님중심주의(God-centeredness)의 삶이 필요하며 사람과의 관계를 잘 맺기 위해서는 다른 사람중심(people-centeredness)의 삶이 필요하다. 나 아닌 타자, 즉 위로 하나님을 중심으로 하여 순종하는 삶을 살고, 아래로 혹은 옆으로 다른 사람을 중심으로 하여 화목하는 삶을 살 때에 우리는 하나님과의 관계도 좋아지고 사람과의 관계도 좋아질 것이다. 자기중심주의(self-centeredness)적인 삶을 살면서 하나님과의 관계가 좋아지고 사람과의 관계가 좋아질 수는 없다.

바리새인들은 하나님과의 관계를 잘 맺고 있다고 자부하는 사람들이었으나 예수님께서 보실 때에 그들은 불의한 사람들이었다. 그들이 의롭게 산다고 자부했으나 불의한 삶을 산 것은 그들 속에 있던 자기중심주의 때문이었다. 자기중심주의는 자기의(self-righteousness)를 만들고 자기의는 타자와의 관계를 파괴하는 부정적인 힘을 생산한다. 하나님중심주의 혹은 그리스도중심주의는 영성의 심장부를 구성하고 있는 용어들이다. 고로 하나님을 중심한 삶을 살지 않는 한 그 누구도 영성발달을 이룰 수 없다. 이런 의미에서 하나님중심이 아닌 자기중심은 영성의 개념에서 멀리 떨어진 내용임을 알 수 있다.

그런데 하나님중심이라는 개념은 그리스도중심이라는 개념을 떠나서는 있을 수 없다. 왜냐하면 그리스도 안에 들어가지 않고는 그 누구도 하나님중심으로 살 수가 없기 때문이다. 그리스도 안에 계신 하나님은 그 안에서 우리를 만나신다. 구약시대의 성막이 그리스도의 모형이었고 사람들은 그 성막 안에서 하나님을 만났다. 마찬가지로 오늘날 우리는 성막의 본체이신 그리스도 안에서 하나님을 만나게 된다. 그러므로 자기중심주의에서 벗어나 그리스도중심주의로 살아가는 것이 곧 하나님중심주의로 사는 길이다(Johnson, 1988).

따라서 그리스도중심이 아닌 영성은 아무리 꾸미고 닦아도 어디까지나 세속적 인본주의(secular humanism)에 불과하다. 그래서 에반스와 같은 학자들은 영성발달을 위한 필수 과정으로서 자기(self)를 하나님께 복종시키는 삶을 강조한다(Evans, 1993). 사람이 사는 가장 중요한 목적이 하나님을 영화롭게 하고 그분을 영원히 즐거워하는 것이라고 선언한 웨스트민스터 소요리문답은 사실상 영성의 핵심을 찌르는 고백이라고 볼 수 있다 (Kwon, 1997).

라이스(Rice, 1991)는 강조하기를 기독교 영성의 참된 목적은 우리가 우리 자신을 위해서 얼마나 무엇을 하느냐에 달린 것이 아니고 우리가 얼마나 거룩한 모습으로 하나님과 사람들 앞에 나타나느냐는 것이라고 했다. 우리가 이룬 사역(doing)보다는 우리의 존재(being)가 더 중요하다는 주장이다. 아무리 위대한 업적을 남겼어도 주님과의 관계가 잘못되었다면 그것은 아무것도 아니다. 우리는 하나님과의 내적인 관계(inward relationship)에 있어서나 우리의 일상생활 속에서 사람들과의 외적인 관계에 있어서 항상 하나님께 영광을 돌리는(*Soli Deo Gloria!*) 삶, 즉 하나님중심적인 삶을 살아야한다 (Rice, 1991, 47).

영성에 있어서 타인중심주의(people-centeredness)는 실제적으로 아주 중요한 개념이다. 왜냐하면 그것이 없이는 타인과의 관계를 잘 맺을 수 없기 때문이다. 자기중심적인 사람은 타인의 사정을 별로 고려하지 않기 때문에 타인들과의 좋은 관계를 잘 맺기가 힘이 든다. 쌘더스(Sanders, 1962)에 의하면 영성이란 자기중심에서 하나님중심으로 바뀌는 과정인데, 그 사람이 얼마나 하나님중심으로 바뀌어가고 있느냐를 아는 것은 그 사람이 얼마나 타인중심으로 사느냐에서 나타난다고 했다. 그러므로 영성은 사람들을 어떤 모습으로 대하며 살아가느냐는 점이 아주 중요하다. 눈에 보이는 사람들에게 잘못하면서 어떻게 눈에 보이지 않는 하나님께 잘 할 수 있겠느냐는 요한 사도의 지적처럼, 하나님중심의 삶을 사는 사람은 타인중심의 삶을 살게 되어있다.

하버마스와 이슬러(Habermas & Issler, 1992)는 도덕발달을 측정하는 렌즈를 모델로 만들었는데 그 모델에 의하면 인격적으로 성숙한 사람일수록 더욱 타자중심적이라고 했다. 파즈미노(Pazmino, 1988)도 주장하기를 영성발달은 하나님과 타인들을 향한 성경적 책임감들을 자기 것으로 받아들이는 것이기 때문에 영성발달이란 다름 아닌 타자중심주의라고 했다.

타자중심주의란 타자(others), 즉 위로는 하나님(God)과 아래로는 사람들(people)을 삶의 영역에서 중요한 고려의 대상으로 삼고 사는 삶의 태도를 말한다. 그러므로 타자중심주의는 하나님중심과 타인중심을 다 포함하고 있다. 타인들을 고려하지 않는 하나님중심은 위선에 불과하고, 하나님을 고려하지 않는 타인중심은 세속적 인본주의에 불과하다. 그러므로 참된 영성은 하나님중심적이며 타인중심적인 삶의 과정이다. 즉 타자중심의 삶을 살아가는 과정이다.

영성의 개념에서 또 한 가지 중요한 것은 과정(process)이라는 개념이다(Leech, 1989, 5-6). 엘리슨(Ellison, 1988)도 역시 영성에서 과정이라는 개념을 아주 중요시한다. 쉐퍼(Schaeffer, 1972, 75)는 영성을 성화(sanctification)와 동일시하면서 성화란 하나의 과정이라는 점을 강조했다. 이로 보건대 쉐퍼의 영성 이해도 역시 과정적인 것임에 틀림이 없다.

본 연구는 영성을 다음과 같이 정의한다. "영성이란 하나의 자아가 하나님과의 관계 및 사람들과의 관계를 성경적으로 맺어가면서 그리스도닮음을 향하여 살아가는 삶의 과정이다"(a process of living a life of a self toward Christlikeness in a Biblical relationship with God and people). 이런 과정을 통하여 가치 있는 인격이 형성되고 능력 있는 행위의 열매가 맺힌다. 영성은 하나님과의 관계 및 인간과의 관계를 성경적으로 맺으며 살아가는 과정이기 때문에 반드시 "성경적"이어야 한다.

그러므로 영성은 일반계시는 물론 특별계시적 차원의 삶을 요구한다. 다시 말하자면 일반계시의 윤리 도덕적 인격을 갖추면서 사는 것만으로는 영성이 되지 못한다. 특별 계시적 차원의 삶, 즉 성경적 차원의 삶이 반드시 필요하다. 일반계시 안에서의 윤리 도덕과 특별계시 안에서의 영적 법칙을 하나로 통일시킨 삶이 영성이다. 그러므로 특별계시를 받아들이지 않는 불신자들의 윤리 도덕은 영성이 될 수 없다. 왜냐하면 불신자들은 하나님과의 성경적 관계가 성립되지 못했기 때문이다. 하나님을 창조주(Creator)와 구속주(Redeemer)로 동시에 받아들이는 사람들만이 영성에 관계된 삶을 살게 된다.

Theology of Christian Spirituality

| 제7장 |

영성발달을 위한 성령의 역사와 인지적 영역

지금까지는 심리학적, 신학적 차원에서 영성에 대한 논의를 하였다. 본 장에서는 좀 더 구체적으로 영성에 관한 연구를 하기 위하여 영성발달을 위한 성령의 역사가 어떻게 인지적 영역에 적용되는가를 다루기로 한다. 영성발달을 위한 성령의 역사는 신학적인 측면에서 조명되고 인지적 영역은 심리학적 차원에서 논의된다.

제1절 영성발달을 위한 성령의 역사

성령의 역사는 항상 인간을 새롭게 하여 진정한 인간성을 회복시키는데 초점이 맞춰져 있다. 세상을 창조하고 새롭게 하시는 성령은 또한 인간을 창조하시고 새롭게 하시는 하나님의 영이다. 성령은 우리의 눈을 열어 세상을 보는 눈을 새롭게 뜨도록 하신다. 어떤 과학자는 말하기를 자연의 이성적 질서를 믿는 믿음과 신적인 마음속에서 발견되는 종교적 믿음은 사실 같은 근원에서 나왔다고 한다(Jones, 1960, 39). 성령은 인간의 영혼에만 역사하는 영이 아니고 자연계 안에서 물질을 쓰며 살고 있는 인간의 영혼과 정신과 육신 전체를 하나로 연합시키는 전인적 존재로서의 인간을 새롭게 하신다. 그러므로 성령은 우리의 일상생활 속에서 우리를 변화시키는 작업을 하기 원하신다.

오순절 날 성령이 임했을 때에 성령은 거기에 관련된 사람들의 영혼만을 따로 분리해서 변화시키신 것이 아니다. 그들을 전적으로 변화시켰다. 그들의 세계관과 인생관이 달라졌다. 자기중심으로 똘똘 뭉쳐 서로 자기가 큰 사람이라고 다투던 사람들이 타자중심적인 사람들로 변화되었다. 메시아는 유대인들만을 위해 오실 것이라고 굳게 믿고 있던 사람들이 민족적 자기중심주의에서 벗어나 메시아는 온 인류를 위해 오셨다고 복음을 전했다. 성령이 오시면 힘없는 사람들이 능력을 받아 예수님이 하신 일보다 더 큰일들도 할 수 있을 것이라고 이미 예수님께서 제자들에게 말씀하신 바대로, 오순절의 성령의 역사를 통해서 온 세계를 향하여 복음을 전파할 수 있게 되었다(Wilkins, 1992).

핑크(Pink, 1975, 153-158)는 성령이 임하면 주로 다음과 같은 네 가지의 변화가 일어난다고 한다. (1) 성령이 어떤 사람을 변화시키게 되면 그 사람은 하나님의 거룩한 법을 삶의 법칙으로 받아들이게 되며, (2) 거듭난 사람은 하나님께 온전히 지속적으로 순종하는 삶을 살아야 한다는 것과 독생자를 선물로 주신 하나님의 은총에 감사하여 하나님을 섬기고 기쁘시게 하며 영화롭게 하는 것을 일생동안 해야 한다는 책임감을 가지고 있으며, (3) 순수한 인간성을 가지게 되며, (4) 하나님께서 보시기에 선한 것들을 사모하게 된다. 성령은 우리 안에 성결한 삶을 북돋아주시고, 모든 은혜를 주시며, 우리 안에 그리스도의 형상을 이루어주시고, 성삼위 하나님께 순종하도록 하시며, 교회로 하여금 믿음 안에 살면서 세상에 대한 자비를 베풀도록 붙잡아주시며, 일반적으로 교회에 그리스도의 은혜를 공급하심으로써 교회를 성화시키고 거룩한 진리를 가르치신다(Callaham, 1990, 35).

성령은 자연인으로 하여금 구원받게 만드시며 구원받은 사람으로 하여금 영적으로 자라게 하는 역할을 하신다. 구원(salvation)과 성화(sanctification)는 인간에 의해서 된 것이 아니라 성령이 역사한 결과로 생산된 것이다(Robertson, 1975, 153). 성령은 성도들로 하여금 성경적 진리를 받아들이도록 역사하신다(Carter, 1974, 223-224). 성령의 역사가 아니고서는 하나님께 영광을 돌릴 수 없다. 인간의 육정에서 나오는 힘으로는 하나님께 영광을 돌릴 수 없다. 바울은 이에 대하여 다음과 같이 절규한다. "내 속 곧 내 육신(육정)에 선한 것이 거하지 아니하는 것을 아노니 원함은 내게 있으나 선을 행하는 것은 없노라. 내가 원하는 바 선은 하지 아니하고 도리어 원치 아니하는바 악은 행하는도다"(롬 7:18-19). 인간의 힘으로는 근본적으로 하나님께 영광을 돌릴 수 없으나 성령의 능력을 통하여 하나님께 영광을 돌리는 삶을 살 수 있다(Graham, 1978, 106).

변화(change)는 학습의 정의(definition of learning)인데(Issler & Habermas, 1994, 23), 진정한 변화는 성령을 통해서 가능하다. 여기에서 "진정한 변화"란 하나님께 영광을 돌리는 삶을 말한다. 왜냐하면 인간의 최고의 목적은 하나님께 영광을 돌리는 것이기 때문이다. 이 세상에 오신 그리스도는 모든 영광을 하나님께 돌리는 삶을 사셨다. 하나님께 영광을 돌리기 위해서는 십자가의 쓴잔도 기꺼이 받으셨다. 자기중심적인 삶이 아니라 타자중심적인 삶을 살기 위하여 그리스도는 하나님과 인간을 위해 죽으셨다. 하나님께 영광을 돌리는 삶의 모델인 그리스도를 닮기 위하여 우리는 끈임없이 성령의 도움을 받아 날마다 변화하는 삶을 살아야 한다.

일반교육에서의 학습의 정의가 변화에 있는 것처럼 기독교교육에서의 학습의 정의도 변화이다. 그러나 후자가 전자와 다른 것은 전자는 인간의 교육활동만 가지고도 가능하지만 후자에 있어서의 변화는 성령의 역사를 통해서만 가능하다는 것이다(Kwon, 1997). 성령은 창조의 사역을 하셨을 뿐 아니라 재창조(recreation)의 사역도 하신다. 성령은 인간을 거듭나게 하며 거듭난 인간이 계속 성화되도록 역사하신다(Vries, 1979, 46). 성령은 거듭난 사람 안에 거하시면서 그 사람이 계속적으로 성장하고 성숙하도록 역사하신다(Komonchak, 1988).

제2절 세 가지 영역에서의 영성발달을 위한 성령과 기독교 교육의 접목

영성발달을 위해서는 성령의 역사와 기독교교육이 동시에 이루어져야 한다. 성령의 역사가 없는 기독교교육은 잎만 무성하고 열매는 없는 나무와 같으며, 기독교교육이 없이 성령의 역사를 기대하는 것은 잎과 꽃이 없는 나무에서 열매를 기대하는 것과 같다. 예수님께서는 지상에서 기독교교육을 하시다가 승천하셨고 그 후에 성령이 오셔서 기독교교육을 받은 제자들에게 역사하심으로써 제자들의 영성을 발달시키셨고, 연이어 그 제자들은 말씀을 전파하고 가르치는 기독교교육을 하면서 동시에 성령의 역사가 진행되었다. 성자 하나님과 성령 하나님께서 이루신 영성발달 사역은 오늘날 우리들을 통해서 계속되고 있다. 그러므로 기독교교육과 성령의 역사를 분리시키지 말아야 한다. 학문적으로 기독교교육은 반드시 성령론과 서로 접목되어야 한다.

성령론에서 중요한 것은 성령은 하나의 인격자로서 지식과 정서와 의지를 가지고 계신다는 사실이다. 성령이 하나의 강력한 영향력에 지나지 않는다는 것은 비성경적이고 이단적인 주장이며 성령의 하나님 되심을 모독하는 불신앙이다. 성령은 지성을 가지고 계시기 때문에 우리를 가르치시며 감성을 가지고 계시기 때문에 우리가 그 뜻대로 살 때에 기뻐하시고 우리가 잘못된 길로 갈 때에 슬퍼하신다. 그는 또한 의지를 가지고 계시기 때문에 자기의 뜻을 따라 행동하신다.

인지적 영역(cognitive domain)과 정서적 영역(affective domain)과 행위적 영역(psychomotor domain)은 교육학에서 널리 통용되고 있는 학습이론(learning theory)이다. 인간의 인격도 지(cognition), 정(emotion), 의(volition)로 구성되어 있고 성령도 그런 세 가지 영역의 인격자이기 때문에 이 세 가지 영역에서 영성발달을 논의하는 것은 매우 바람직한 연구방법이라고 여겨진다. 이제 좀 더 구체적으로 인격자이신 성령의 세 가지 영역을 논의하여보기로 한다.

1. 인격자이신 성령의 세 가지 요소

성경이 우리에게 강조하기를 그분은 지(knowledge), 정(emotion), 의(will)를 가지신 인격자(person)라는 것이다(Caulley, 1984, 523; Graham, 1978, 17). 예수님께서 성령을 언급하실 때에는 항상 성령을 한 인격체로 표현하셨다(요 14-16장). 성령은 말씀하시고(계 2:7), 중보기도를 하시며(롬 8:26), 자신의 뜻을 따라 사람을 인도하시고(행 8:29), 명령하시며(행 16:6-7), 지명하신다(행 20:28). 이와 같은 기능들은 성령이 지식과 정서와 행동을 갖춘 한 인격체시라는 것을 증명해준다.

쉬들러(Shidler, 1985)는 그의 『성령의 탐구』(In Search of the Spirit)라는 책을 쓸 때에 성령의 삼대 인격적 구성요소를 한 장씩으로 하여, 제7장은 지적인 요소를 취급했고, 제8장은 행위적 요소를 다루었으며, 제9장은 정서적 요소를 언급했다.

성령은 이처럼 지성과 감성과 의지를 가지신 영으로서의 하나님이시기 때문에 이와 같은 삼대 요소로 이루어진 인간의 인격을 변화시킬 수 있다. 성령의 인격이나 인간의 인격이나 모두가 공통적으로 지성과 감성과 의지로 구성되어 있기 때문에 성령은 인간을 인격적으로 변화시킬 수 있다. 성령의 지적인 능력이 인간의 지성을 발전시킬 수 있고, 성령의 감성적 능력이 인간의 감성을 발전시킬 수 있으며, 성령의 의지적 능력이 인간의 의지를 발전시켜, 인간으로 하여금 전인적인 영성발달을 할 수 있도록 역사하신다(Kwon, 1997).

2. 영성발달을 위한 세 가지 영역

성령과 인간이 공통적으로 지성과 감성과 의지를 갖고 있기 때문에 성령의 역사로 인간의 영성발달이 가능한 것처럼 기독교교육도 인간의 영성발달에 도움을 준다. 왜냐하면 교육학에서도 성령과 인간이 지니고 있는 세 가지 분야를 주요 영역으로 다루고 있기 때문이다. 즉 지성에 해당하는 인지적 영역(cognitive domain), 감성에 해당하는 정서적 영역(affective domain), 의지에 해당하는 행위적 영역(psychomotor domain)이 서로 일치하고 있기 때문이다(Yount, 1996, 140).

로렌스 리차드(Lawrence Richards)의 영성이론을 조사, 연구한 쌔핑튼(Sappington, 1994, 123)은 결론짓기를 영성이란 하나님을 알고(knowing) 사랑하고(loving) 경험하기(experiencing) 위한 가슴속에 있는 인간의 원천적 동기이며 열정적 추구라고 했다. 여기에서 안다는 것(knowing)은 인지적 영역(cognitive domain)이고, 사랑한다는 것(loving)은 정서적 영역(affective domain)이며, 체험한다는 것은 행위적 영역(psychomotor domain)에 해당된다. 핑크(Pink, 1977)도 영성의 차원을 하나님을 알고 사랑하며 하나님과의 관계성 안에서 삶을 살아가는 것이라는 데에 초점을 맞추었다.

학습이론의 세 가지 영역은 인격의 삼대 요소와 직접적인 관계를 가지고 있다. 그러므로 기독교교육이 성령의 역사하심에 의존하여 전인적인 인격발달을 목표로 삼는다면 기독교교육을 통하여 영성발달을 도모할 수가 있을 것이다. 다시 말해서 아래로부터의 기독교교육과 위로부터의 성령의 역사가 동반된다면 놀라운 영성발달을 기대할 수 있을 것이다.

3. 세 영역 안에서의 성령의 역사와 기독교교육의 접목

영성발달을 위해서는 성령의 역사와 기독교교육의 접목이 필연적이다. 우리는 사복음서에서의 예수님의 사역과 사도행전에서의 성령의 사역을 통해서 가장 좋은 모델을 발견할 수 있다. 예수님의 지상사역은 기독교교육에 초점이 맞추어져 있다. 예수님은 제자들을 교육하는 데 많은 시간을 투자하셨다. 예수님은 많은 구약성경을 인용하기도 하며 비유를 통하여 효과적인 교육사역을 하셨다. 그는 십자가의 죽음을 통하여 자신이 가르치신 교육의 내용을 실천하셨다. 그는 알고 느끼고 행하심으로써 자신이 친히 진리의 실천자가 되셨으며 제자들로 하여금 진리를 알고(cognitive domain), 믿어서 느끼고(affective domain), 행하라고(psychomotor domain) 강조하셨다.

그것이 사복음서의 요약이다.

　예수님께서 부활하시고 승천하신 후에 성령이 오셔서 역사하심으로 말미암아 제자들의 영성은 놀랍게 발전하였다. 우리는 사도행전에서 그 모습을 발견할 수 있다. 자기중심적으로 살던 제자들이 완전히 하나님중심적인 삶을 살고 타인중심적인 삶을 살았다. 이처럼 기독교교육과 성령의 역사가 접목될 때에 인간의 영성은 놀랍게 발달한다. 예수님의 제자들의 영성발달에 대한 기사를 누가는 다음과 같이 기록하였다. "저희가 사도의 가르침을 받아(기독교교육) 서로 교제하며 떡을 떼며 기도하기를 전혀 힘쓰니라. 사람마다 두려워하는데(하나님중심주의) 사도들로 인하여 기사와 표적이 많이 나타나니 믿는 사람이 다 함께 있어 모든 물건을 서로 통용하고 또 재산과 소유를 팔아 각 사람의 필요를 따라 나눠주고"(타인중심주의)(행 2:42-45).

　"저희가 사도의 가르침을 받았다"는 것은 초대교회의 성도들이 기독교교육을 받았다는 것을 말해주며, 오순절의 성령의 역사가 진행되는 중에 받은 기독교교육은 성령의 역사와 기독교교육의 이상적인 접목의 모습이다. 이렇게 기독교교육과 성령의 역사가 동시에 이루어짐으로 말미암아 초대교회의 성도들은 자기중심에서 타자중심으로 변화를 받게 되었다. "사람마다 두려워했다"는 것은 그들이 공포증에 걸렸다는 표현이 아니고, 그들의 심령이 하나님을 향해 있었기 때문에 "하나님을 향한 경외심"(fear of God)으로 가득 차 있었다는 것을 말해주고 있다. 다시 말하자면 그들의 삶이 하나님중심주의로 변했다는 것이다. 그 결과 나타난 행동은 다른 사람들을 돕는 삶이었다. "재산과 소유를 팔아 각 사람의 필요를 따라 나누어주었다"는 것은 그들의 삶이 온전히 타인중심적이었다는 것을 설명하는 표현이다. 그들은 성령의 역사를 체험하기 이전에는 서로 누가 더 큰 사람인가를 놓고 논쟁을 하던 사람들이 아닌가! 자기의 출세를 위해서 예수님을 따라다니던 사람들이 아닌가! 심지어는 예수님께서 승천하시기 직전까지에도, "…주께서 이스라엘 나라를 회복하심이 이때니이까?"(행 1:6)라고 집요하게 자기들의 세상적 목적을 달성하기 위한 질문을 하지 아니했던가!

　예수님께서 공생애 동안에 행하신 기독교교육 사역에 오순절의 성령의 역사가 임함으로 말미암아 이와 같은 신앙의 질적 변화가 나타난 것이다. 그런데 우리가 알아두어야 할 사실은 오순절 이후엔 성령이 이 땅에 오셔서 성도 안에 내주하시기 때문에 기독교교육과 동시에 성령의 역사가 일어나야 한다. 예수님의 공생애 동안에는 보혜사 성령이 아직 오시지 않았기 때문에 예수님께서 성경을 가르치셨어도 제자들은 제대로 그 뜻을 깨닫지 못했다. 그래서 예수님께서는, "보혜사 곧 아버지께서 내 이름으로 보내실 성령 그가 너희에게 모든 것을 가르치시고 내가 너희에게 말한 모든 것을 생각나게 하시리라"(요 14:16)고 말씀하셨다. 그 말씀대로 성령이 오셔서 예수님께서 삼년 여 동안에 행하신 기독교교육의 기반 위에 놀라운 변화의 역사를 이룩하셨다. 그러므로 오순절 이후에 행하는 기독교교육은 교육의 현장에서 성령의 역사를 체험할 수 있고 또 체험해야 이상적인 교육이 이루어졌다고 볼 수 있다. 초대교회의 성도들은 예수님을 통한 기독교교육과 성령의 역사를 통해서 진리를 깨닫게 되었다. 즉 지적 영역이 발달했다. 그들은 또한 정서적 영역이 발달하게 되었다. 서로 돌아보는 뜨거운 사랑의 소유자들이 되었다. 그들은 또한 행위적 영역의 발달을 체험하였다. 자기의 재산을 팔아 다른 사람들에게 나누어주는 위대한 삶을 살게 되었다.

이처럼 기독교교육과 성령의 역사는 분리될 수가 없다. 이 양자가 서로 통합될 때에 인간의 지식(knowledge)과 정서(emotion)와 행위(action/behavior)는 자기중심에서 타자중심으로 변화될 수 있다. 이것이 그리스도를 닮는 것이다. 뒤에서 언급되겠지만, 그리스도를 닮는다는 것은 자기중심에서 하나님중심과 타인중심, 즉 타자중심으로 변화되는 것을 의미한다.

제3절 인지적 영역에 있어서의 영성발달을 위한 성령의 역사

본 장에서는 인지적 영역에 있어서의 영성발달을 논의하고자 한다. 영성과 지성은 서로 분리된 것이 아니다. 우리가 "지성", "감성", "영성" 등의 용어를 구분하여 사용하지만 사실은 지성을 떠난 영성이 있을 수 없고 감성을 떠난 영성도 있을 수 없다. 성령의 역사는 인간의 지성과 감성에 영향을 주어 행동을 변화시키기 때문에 영성은 지성과 감성과 행동을 통해서 나타난다. 여기에서는 영성이 어떻게 지성을 통하여 나타나는가를 연구해 보기로 한다.

1. 정의(Definition)

옥스포드 영어사전에 의하면 "인지"(cognition)란 말은 "앎의 과정"(the process of knowing)을 의미하는 단어로서 인간의 이성(reason)과 관계가 깊은 말이다. 시카고대학의 교수였던 벤자민 블룸(Benjamin Bloom)은 일찍이 1956년도에 학습의 인지적 영역(cognitive domain)을 여섯 가지 단계로 분류했다. 그만큼 인지적 영역의 단계가 깊은 것을 알 수 있다. 렌너(Renner)와 그 동료 연구원들은 "인지"(cognition)란 사람과 그 환경과의 계속적인 상호작용의 과정이라고 했다(Renner, Stafford, Lawson, McKimmon, Friot, & Kellog, 1976, 22). 그러므로 "인지"라는 것은 발전적인 것이다. 왜냐하면 그것은 하나의 지속적인 상호작용의 과정이기 때문이다. 크리스천의 인지적 작용이 기독교교육과 성령의 역사를 통해서 발전함으로써 우리의 지성 안에서도 영성이 발달하게 된다.

2. 인간발달을 위한 인지적 발달

인지적 발달은 영성발달에서나 인간발달에서 매우 중요한 위치를 차지하고 있다. 본 장에서는 인지심리학(cognitive psychology)과 학습의 인지적 스타일(cognitive style of learning) 그리고 인지학습(cognitive learning)을 소개함으로써 인간발달을 위한 인지적 발달을 이해하고자 한다.

(1) 인지심리학(Cognitive Psychology)

인지심리학이란 인간의 행동을 이해하기 위하여 인간의 지적인 과정과 기억구조를 과학적으로 분석하는 학문이다(Mayer, 1990, 1). 인지심리학은 인간의 기관들(organisms)이 어떻게 세계를 인식하며, 그 기관들이 어떻게 이 지식을 이용하여 적절한 결정을 내려 효과적인 행동을 할 것인가에 연관된 것들을 연구하는 학문이다(Bower & Hilgard, 1981, 421). 인지심리학은 효과적인 행동을 하기 위한 인간의 행동을 과학적으로 연구하는 학문이다(Mayer, 1990).

"효과적인 행동을 한다"는 것은 기독교교육에서 아주 중요한 관심사가 아닐 수 없다. 왜냐하면 기독교교육은 인간 행동의 변화에 큰 비중을 주고 있기 때문이다. 일반교육학에서도 학습이란 변화(change)라고 정의하고 있지만(Leypoldt, 1978) 특히 기독교교육에서는 "변화"가 매우 중요한 관심사이다. 왜냐하면 행함이 없는 믿음은 그 자체가 죽은 것이라고 선언하기 때문이다.

인지심리학의 역사를 살펴보면 대개 세 개의 학파가 나타난다. 분트(Wilhelm Wundt)는 과학적 심리학의 창시자라고 불린다. 그는 1879년에 라이프치 대학에 심리 실험실을 설립하였을 때에 구조주의(structuralism)라고 불리는 접근방법을 채택하였다. 그가 구조주의라고 이름을 붙인 것은 그 목표가 모든 분야의 인간 의식을 연구하고 분석하는 것이기 때문이었다. 그의 주장은 심리학이라고 하는 새로운 과학은 과학적 방법론을 채택하여야 한다는 것이었다(Mayer, 1990, 5).

1900년대 초까지 미국에서 왓슨(John Watson)의 지도하에 행동주의(behaviorism)라고 하는 새로운 심리학 운동이 일어났는데 이것이 심리학계에 지배적인 영향을 미치게 되었다. 행동주의의 주장에 의하면 심리학이 강하고도 존경받는 과학이 되려면 심리학의 방법과 주제가 바뀌어져야 한다는 것이다.

분트는 비록 그가 과학적 방법론을 강조했지만 그의 방법론은 내적 통찰(introspection)에 불과했기 때문에 행동주의의 입장에서는 적합하지 못한 것으로 취급되었다. 그래서 더욱 엄격하고 주의 깊은 실험실적 연구를 선호하게 되었다(Mayer, 1990, 6). 의식(consciousness)이라고 하는 주제는 빛을 잃게 되었다. 왜냐하면 모호하기 때문이었다. 밖으로 나타난 행동만이 심리학의 주제로서 적합한 것이라고 여겨지게 되었는데 이는 관찰할 수 있는 것은 오직 행동뿐이라고 여겨졌기 때문이었다.

행동주의가 미국에서 심리학계를 지배하고 있을 무렵 유럽에서는 구조주의에 반대하여 형태심리학(gestalt psychology)이 탄생되었다. 형태심리학은 행동주의와는 달리 심리학의 주제로서 정신적 과정과 구조를 중요시하였다. 하지만 행동주의처럼 형태심리학도 아주 엄격한 과학적 방법론을 채택하였는데 그 이유는 내적 통찰(introspection) 보다는 엄격한 과학적 방법이 더 신빙성이 있다고 보았기 때문이다. 그리하여 형태심리학은 인지심리학의 첨단을 걷게 되었다(Mayer, 1990).

연상학습(association learning)과 인지적 학습(cognitive learning)은 학습심리학의 이대 학파가 되었다(Sprinthal & Sprinthal). 연상이론은 학습을 자극(stimuli)과 반응(responses) 사이(S-R)를 연결하는 결과에서 이루어지는 것으로 보았다. 또한 쏜다이크(Thorndike)는 학습이란 자극과 반응이 계속 연결되는 과정으로 보았고 파브로프(Pavlov)는 학습을 신경작용에 연관시켜 설명했다.

베르트하이머(Wertheimer)나 콜러(Kohler) 같은 인지심리학자들은 학습(learning)을 여러 개념을 인식하는 것(recognition)으로 보았다. 이와 같은 인식을 통하여 학습자는 새로운 관계를 맺게 되고 그리하여 새로운 문제도 풀 수 있는 단계로 발전하게 된다고 보았다. 이와 같은 학습에 대한 두 가지 입장 때문에 행동주의학자들(behaviorists)은 연상학자들(associationists)이 되었고 형태심리자들(gestaltists)은 인지심리학자들(cognitive theorists)이 되었다.

1960년도에 밀러(Miller) 등의 학자들이 『계획과 행동의 구조』(Plans and the Structure of Behavior)라는 책을 썼는데 그 책에서 그들은 자극과 반응(S-R, Stimulus-Response)을 강조하는 행동주의보다는 인지주의 심리학을 선호하는 쪽으로 입장을 표명하게 되었다. 1967에 와서는 많은 문헌을 연구한 나이서(Neisser)에 의하여 『인지심리학』(Cognitive Psychology)이라는 책이 나왔는데 이 책은 통합이 잘된 교과서적인 책이었다.

1970년대에 와서는 더 많은 인지심리학적 조사연구가 있게 되어 「인지심리학」이라는 이름으로 정기 간행물(journal)이 나와서 인지심리학이 크게 발전되었고 인지심리학이 심리학의 모든 분야에 큰 영향을 미치게 되었으며 그 영향은 오늘날까지 계속되고 있다(Mayer, 1990).

이처럼 심리학의 인지적 영역(cognitive domain)은 심리학에서도 큰 관심사이며, 이것은 또한 영성신학에서도 중요한 위치를 차지한다고 볼 수 있다. 인간이 인지적 능력을 상실하거나 왜곡하면 인격과 신앙의 기본적인 틀이 무너지기 때문이다. 유다서에는 이성을 잃은 사람을 짐승으로 비유하고 있는데 그것은 인간의 인지적 작용이 인격 및 영성에도 매우 중요한 것임을 말해주는 것이다.

(2) 학습의 인지적 형태들: FID/FD

학습에 있어서의 인지적 형태들(cognitive styles)에 대한 조사는 초기의 철학자들에 의해서 시작되었다고 볼 수 있다. 그러나 이런 주제에 대하여 본격적으로 흥미를 가지고 연구를 하게 된 것은 위트킨(Witkin)과 그의 연구팀에 의해서였다(Davis, 1991). 인지적 형태들은 정보를 조직하고 제공하는 방법에 있어서 사람마다 차이가 있다는 것이다.

위트킨과 그의 동료들은 1940년대 후반에 실험을 시작하여 두 가지 형태의 인지적 학습 방법을 발견했는데 그 중의 하나는 "장 의존"(field dependence: FD)의 학습 형태이고 다른 하나는 "장 비의존"(field independence: FID)의 학습형태이다(Witkin, 1978). "장 비의존"(FID)의 학습형태란 어떤 지각적 장(a perceptual field) 안에서 발견되는 자극들을 장에서 분리시키려 하는 경향을 의미한다. 사실적인 정보나 문제들을 요구하는 일들을 취급하기 좋아하는 경향은 분석적 과정에 기반을 두고 있다. 그러므로 "장 비의존"의 학습형태에 속하는 학생들은 교사를 볼 때에 한 사람으로 보기보다는 정보의 제공자라는 관점에서 보게 된다(Cohen, 1968).

"장 의존"(field dependence: FD)의 학습형태란 어떤 정보 자체보다도 그 정보를 제공하는 사람에 관심을 두는 경향이다. 그러므로 여기에 속하는 학생들은 교사를 볼 때에 정보 제공자로 보기 보다는 한 인간으로 보게 된다(Davis, 1991). 장 비의존적인 사람들은 분석을 좋아하며 장 의존적인 사람들은 관계를 중요시한다.

(3) 기독교교육에 대한 인지학습적 접근

피아제(Jean Piaget), 브루너(Jerome Bruner), 오슈벨(David Ausubel) 등의 학자들은 인지적 발견학습 이론을 대표할 수 있는 사람들이다 (Barlow, 1985). 피아제는 주장하기를 아이들의 마음속에는 배우고자 하는 의욕(desire)이 자리 잡고 있다고 한다. 그러므로 배운다는 것 자체가 그들의 상급이 된다. 다시 말하자면 배우고자 하는 의욕이 내부에 자라잡고 있기 때문에 그들에게 적절한 여건만 마련해주면 그들은 배우는 데에서 만족을 얻기 때문에 배움 자체가 이미 보상으로 그들에게 주어진다는 것이다. 어떤 아이가 자기의 환경 안에서 어떤 자극에 대하여 적극적으로 반응을 하여 무엇을 배웠다면 그들은 이미 보상을 받은 것이다. 왜냐하면 이미 그 아이는 배우고자 하는 의욕이 충족되었기 때문이다(Barlow, 1985).

브루너는 인지적 발견학습의 대변자로서 자극과 반응(S-R)이론을 호되게 비판하면서 계획된 학습(programmed learning)에 대한 대안으로서 발견학습(discovery learning)이론을 제시하였다. 브루너는 강조하기를 학생들은 교사들의 도움을 받아 주어진 학습의 장에 대한 전체적 구조를 파악할 수 있도록 해야 한다고 했다. 만약 교사가 학생으로 하여금 학습의 장에 대한 전체적 구조를 파악하도록 도움을 준다면, 학생의 학습효과가 더욱 높아지며 미래에 있을 여러 가지 상황 속에서 사용될 수 있는 원리들을 잘 배울 수 있으며, 더욱 어려운 지식을 습득할 수 있는 기초가 놓이게 된다(Barlow, 1985).

오슈벨은 주장하기를 의미 있는 학습(meaningful learning)은 그 사람의 현재의 지식의 체제에 새로운 정보가 잘 합쳐질 수 있다고 주장하였다. 그 전의 학습을 통하여 그 사람 속에는 인지적 구조(cognitive structure)가 형성되었고, 새로운 지식이 그 구조 속으로 스며들게 된다. 내부에 배우고자 하는 의욕(desire)이 있다는 피아제의 이론이나 배움의 기쁨(joy of learning)을 강조한 브루너의 이론이나 학습의 의미(meaningfulness)를 강조한 오슈벨의 이론을 통해서 우리가 알 수 있는 것은 인지 혹은 지성(cognition)과 감성(emotion)은 서로 밀접한 관계가 있다는 것이다. 왜냐하면 의욕이나 기쁨이나 의미(meaningfulness)라는 용어들은 감성적인 단어들이기 때문이다.

피아제의 주장에 의하면, 학생들이 주어진 환경과 상호작용을 잘 할 수 있도록 기회가 제공되어야 한다는 것이다. 학생들은 자기들 스스로가 진리를 발견할 때에 가장 효과적으로 학습하게 된다. 그러므로 교사는 학생들로 하여금 자기의 주변에 있는 사람들과 장소들과 물건들과 견해들과의 상호작용이 잘 될 수 있도록 격려함으로써 교수-학습과정(teaching-learning process)을 설정하여야 한다(Barlow, 1985, 168).

브루너의 경우, 교사는 문제해결과 발견학습을 위한 자극이 될 수 있는 재료들을 공급해주는 사람이 되어야 한다는 것이다. 학생들에게 질문을 하여 그들로 하여금 분석하고, 평가하고, 엄밀히 조사하고, 종합하며, 논리적인 판단을 함으로써 해결점을 발견할 수 있도록 해야 한다는 것이다.

오슈벨의 경우에 교사는 학생으로 하여금 의미 있는 학습을 할 수 있도록 적절한 자료를 제공해야 한다는 것이다. 교사는 강의(instruction)를 잘하는 것 외에 학생들에게 적절한 자료를 분명하게 제공해야 한다. 교사는 학생들로 하여금 강의 내용에 대한 전체적 그림을 그릴 수 있도록 해야 한다.

모든 인지 이론가들에게서 발견할 수 있는 공통점은 교사는 적극적이며 자발적인 정보제공자라는 점이다. 학생은 자신이 처한 상황 속에서 의미를 발견할 수 있도록 하기 위하여 사고하고 판단해야 한다. 인지적 발견학습에서 중요한 것은 학생으로 하여금 만족할 만한 해답을 탐구하고 발견할 수 있도록 도와주는 것이다.

그러나 이 이론도 비판을 받는데 그 이유는 모든 아이들이 스스로 배우고자하는 강한 동기를 가지고 있는 것이 아니라는 것이다. 어떤 아이들 속에는 배우고자 하는 강한 의욕이 있지만 많은 경우의 아이들은 배우고자 하는 열망보다는 놀고자하는 열망이 더 많기도 하다.

발견학습의 경우에도 비판의 여지가 크다. 오늘날은 고도의 기술과 정보를 필요로 하는 사회이다. 그런데 아이들로 하여금 발견학습만을 하게 한다면 알아야할 정보를 제공받지 못하기 때문에 뒤떨어질 수밖에 없다. 이미 지금까지 많은 사람들이 발견한 진리를 가르치는 것은 매우 중요한 일이다. 그런데 학생들로 하여금 스스로의 힘으로 진리를 발견하도록 한다면 역사를 통하여 쌓아온 지식의 체계가 계속 계승발전 될 수가 없는 것이다. 사실 참된 발견은 드물다는 것이다(Barlow, 1985). 발견학습을 모든 학습에 적용시키기 보다는 여러 가지 학습방법 중의 하나로 경우에 따라 적절하게 사용하여야 할 것이다.

그리스도와 성경 안에서의 하나님의 계시는 인지적 추론을 위한 기준을 제공해준다. 이와 같이 인간에게 주어진 하나님의 특별계시는 기독교교육에 종사하는 사람들로 하여금 그것을 교육의 제 일차적인 내용으로 삼고 교육을 해야 한다. 다시 말하면 그리스도 안에서 성경을 텍스트북 중의 텍스트북으로 사용하여 교육을 해야 한다는 것이다. 하지만 피아제의 경우엔 인간발달을 위한 제 일차적인 관심사를 내적발달(internal development) 혹은 인지적 구조(cognitive structure)에 두고 있다. 피아제는 사람의 지각들(perceptions)의 재구성이라는 용어로 성장(growth)을 해석한다. 새로운 인지적 구조가 첨가되면서 자기 자신의 실재가 형성된다는 것이다. 그러나 이와는 대조적으로 성장(growth)이나 성숙(maturation)에 대한 기독교적 이해는 성령의 역사와 인간의 노력을 통하여 진리를 인격 속에 접목시키는 것을 포함하고 있다(Pazmino, 1988, 184).

피아제는 과학적 자연주의자(scientific naturalist) 및 인본주의자(humanist)의 입장에 있기 때문에 그의 세계관은 기독교적 세계관과 차이가 있다. 그렇기 때문에 피아제는 크리스천들이 주장하는 신학적, 도덕적 절대성을 인정하지 않을 것이다(Pazmino, 1988). 크리스천들은 문화를 초월하여 객관적이고 모든 사람들에게 공통적인 실재가 있다고 믿고 있다. 즉 초월적으로 존재하면서 모든 개인과 모든 사회의 인지적 구조를 심판하시는 하나님이 계신다는 것을 믿는다(Richards, 1983, 170).

기독교인들은 피아제가 전제하는 인간성의 궁극적인 선(the fundamental

goodness of humanity)에 대한 개념을 비판할 수 있다. 인간은 본래적으로 선한 존재가 아니며 오히려 원죄 이후에 타락한 존재들이기 때문에 그 타락성이 다른 기능들은 물론 이성적 사고의 기능에까지 영향을 미치기 때문이다(Pazmino, 1988, 183).

기독교교육에서 절대적 내용은 성경이며, 절대적 교사는 성령이시다. 그러나 기독교교육은 눈에 보이는 인간들을 교사로 삼아 성령의 인도하심에 따라서 학생들을 도울 수 있도록 문을 열어야 한다. 성령은 인간을 통해서 역사하시기 때문이다. 성령이 역사하는 강의는 지성적인 면에서나 감성적인 면에서 더욱 큰 효과를 낸다. 또한 기독교교육의 메시지(message)는 절대적이지만, 방법(method)은 다양해야 한다. 비기독교교육 이론가들이 제시한 교육방법 일지라도 진리를 전달하는 방법으로서 적합하다면 그 방법을 사용하는 것이 바람직하다.

3. 영성발달을 위한 인지적 발달

인지적 발달(cognitive development)은 영성발달(spirituality development)과 분리되어있지 않다. 왜냐하면 우리는 하나님께서 우리 안에 성령으로 오셔서 존재하신다는 것을 이해하는(understanding) 인지적(cognitive) 기능을 필요로 하기 때문이다. 이해는 교육학적 이론에서 인지적 발달의 제2단계에 해당하는 지적발달의 차원으로서 이것이 기초가 되어 성령의 역사가 이루어진다(Graham, 1978, 110). 성경은 영성발달의 원천적 자료로서 성경을 통해서 인간이 하나님을 알려면 일단 이성(reason)과 지성(intellect)을 사용해야 한다. 한글 성경을 이해하려면 일단 한글을 이해할 수 있는 지성이 필요하며, 원어로 성경을 알려면 히브리어와 헬라어를 이해해야 한다. 성경은 지각을 사용해야 한다고 다음과 같이 강조한다. "대저 젖을 먹는 자마다 어린아이니 의의 말씀을 경험하지 못한 자요 단단한 식물은 장성한 자의 것이니 저희는 지각을 사용하므로 연단을 받아 선악을 분변하는 자들이니라"(히 5:13-14). 지각이나 이성(reason)은 하나님께서 인간에게 부여하신 중요한 기능으로서 인간이 진리를 찾을 때에 항상 사용해야할 좋은 기능이다. 이성을 잃고 느낌으로만 행한다면 인간은 짐승의 차원으로 전락될 것이다. 하나님께서는 유다서를 통하여 이성의 중요성에 관하여 다음과 같이 강조하신다. "이 사람들은 무엇이든지 그 알지 못하는 것을 훼방하는도다. 또 저희는 이성없는 짐승같이 본능으로 아는 그것으로 멸망하느니라"(유 1:10). 그러므로 이성을 통하여 진리를 아는 것은 일반 계시적 지식이나 특별 계시적 지식에서 모두 중요한 것이다.

쉘튼(Shelton, 1990)은 영성발달에서 감정이입(empathy)이 매우 중요하다는 것을 언급하면서 동시에 분별력(discernment), 지각(awareness), 혹은 자기이해 등의 중요성을 강조하였다. "분별력"이나 "지각"이나 "자기이해" 등의 용어는 모두 인지적 영역에 속하는 말로서 영성발달에 있어서 인지적 발달이 매우 중요하다는 것을 말해주고 있다.

크리스천이 자기를 알고 타인을 알며 하나님을 아는 것은 영성발달을 위해서 매우 중요한 것이다. 자기와 타인과 하나님께 대한 올바른 인식이 있을 때에 우리의 영성은 올바른 방향으로 발전할 수 있다. 왜냐하면 영성은 자기와 하나님과의 수직적 관계(a vertical relationship with God) 및 자기와 타인과의 수평적 관계(a horizontal relationship with people) 속에서 발전하기 때문이다(Kwon, 1997).

로버슨(Robertson, 1975)은 지적하기를 성령 충만한 신자의 3대 특징 중의 하나는 구원에 대한 확고한 지식(a know-so salvation)을 가진 사람이라는 것이다. 이는 "아마도 구원받았을 것이다"(a maybe-so salvation) 정도의 구원에 대한 인식만 가지고 있다면 성령 충만한 사람이 아니라는 것이다. 그러므로 진리에 대한 확실한 지식 혹은 인식(cognition)은 영성발달과 깊은 관계가 있다고 볼 수 있다(Webster, 1987, 89).

카터(Carter, 1974)도 영성발달에서 인지적 영역이 매우 중요하다고 강조했다. 그는 하나님의 시각에서 자신을 알고 남을 알고 세계를 아는 것을 영성발달의 7단계 중의 하나라고 주장했다. 또한 윌호이트(Wilhoit)는 "지식의 현명한 사용"(wise use of knowledge)을 영적 성숙의 4대 특징 중 하나라고 주장했다(1986, 56-60).

바울도 영적인 삶에서 인지적 기능이 중요하다고 강조하여 다음과 같이 전한다. "그러므로 형제들아 내가 하나님의 모든 자비하심으로 너희를 권하노니 너희 몸을 하나님이 기뻐하시는 거룩한 산 제사로 드리라. 이는 너희의 드릴 영적 예배니라"(롬 12:1). 여기에서 "영적 예배"라고 할 때에 사용된 "영적"(spiritual)이란 용어는 헬라어로 "로기코스"(λογικος)인데, 그 뜻은 "이성적인"(rational), "합리적인"(reasonable), "논리적인"(logical), "영적인"(spiritual)이라는 의미를 가지고 있으며 풀어서 설명하자면, "정신과 영혼에 적합한"(pertaining to the mind and soul)이라고 할 수 있다(Burrows, 1980, 392). 정신과 영혼에 적합한 예배가 영적인 예배다. 그러므로 영성에서 정신적 기능, 곧 인지적 영역은 매우 중요한 위치에 있다. 하나님께 대한 거룩한 예배는 정상적인 정신작용 안에서 드려져야 한다. 왜냐하면 그분은 전지하신(omniscient) 분으로서 완전한 지적 기능을 가지신 분이기 때문이다. 그러므로 지적발달은 영성발달에서 빼놓을 수 없는 필수 요소라고 볼 수 있다.

영성발달의 모델이신 예수님의 성장 과정에서 우리는 지적발달을 찾아볼 수 있다. 이에 대하여 하나님께서는 누가를 통하여 다음과 같이 말씀하신다. "예수는 그 지혜와 그 키가 자라가며 하나님과 사람에게 더 사랑스러워 가시더라"(눅 2:52). 예수님의 지적 발달을 묘사하고 있다. 이처럼 인지적 학습(cognitive learning)은 영성발달에서 아주 중요한 위치를 차지하고 있다.

인간은 하나님의 형상대로 창조함을 받았기 때문에 인간이 "이성적"(rational)이라는 것은 자연스러운 이치이다. 하나님의 속성 중의 하나가 "전지하심"(omniscience)이기 때문에 그의 걸작품인 인간은 "지적인"(cognitive) 존재이며 "이성적인"(rational) 존재이다. 그래서 인간은 깊은 통찰력을 가지고 사고함으로써 진리를 탐구하여 지성을 갖춘 인격자로 성장할 수 있다. 원죄로 말미암아 지적인 능력이 감소되었다고 할지라도 인간은 다른 피조물에 비하여 가장 탁월한 이성적 기능을 가지고 있는데 이것이 영성발달에 도움이 되는 것이다.

다만 이성이 영적인 세계에 대한 믿음을 수용하는 조건하에서의 이성이어야 한다. 다시 말하자면 거듭난 이성, 즉 초이성적인 세계에 대한 성경적 진리를 받아들이는 구속받은 이성(redeemed reason)이어야 한다. 이것이 바울이 로마서 12장 1절에서 말한 "로기코스"라고 할 수 있다. 거듭나서 성령의 인도함을 받는 이성은 영적인 세계를 거부하지 않으며, 그런 이성은 하나님의 특별계시를 이해함에 있어서 필수적인 도구가 된다.

최고의 이성의 소유자이신 하나님은 범죄한 인간들을 향하여 "오라, 우리가 서로 변론하자!"(사 1:18)라고 하신다. 여기에서 "변론하자"는 말은 영어로 "reason together"라고 되어있다. "함께 논리적으로 깊이 생각해보자"는 뜻이다. 하나님께서 인간들에게 지성을 사용하여 토론하자고 제의하신다(Knight, 1989).

(1) 성령과 인지적 영역과 영성발달

인지적 영역의 학습이론은 성령의 역사와는 물론 영성발달과도 깊은 관계가 있다. 이에 대하여 티센(Thiessen)은 조직신학 책에서 다음과 같이 논의하고 있다. "하나님은 영이시고 인간의 영혼도 영이다. 영의 중요한 속성들은 이성(reason)과 의식(conscience)과 의지(will)이다. 영은 이성적이며 도덕적인데, 하나님은 인간에게 자기의 속성에 속하는 요소들을 부여하셨다"(1952, 219-220).

위에서 언급한 바와 같이 이성(reason)은 인지적 영역에 속하는 것으로서 영의 중요한 속성 중의 하나인 것이다. 이성이 없는 영, 다시 말하면 비이성적인 영(unreasonable spirit)은 하나님께 속한 영이 아니다. 왜냐하면 하나님은 전지하신 능력으로 우주를 창조하시고 운행하시고 계시기 때문이다. 전지하신 능력 속에 위대한 이성적 능력이 내포되어 있다.

그리스도는 모범인간(a model Man)으로서 그의 성품은 성령에 의하여 조성되었다(Morgan, 1985). 몰갠은 강조하기를 그리스도는 물질로 된 육신(material body)과 이성적인 영혼(reasonable soul)을 가졌으며 지적이며 도덕적인 인격을 갖추었다고 했다(Morgan, 1985, 51). 예수 그리스도는 성령의 역사하심 안에서 자기에게 주어진 인지적 기능(cognitive function)을 최대로 활용하셨다. 그는 성령의 사람으로서 위대한 교사의 직분을 감당하셨다. 인지적 기능이 예수 그리스도 안에 충만해 있었다는 것은 인지적 기능이 그만큼 영성과 깊은 관계를 맺고 있다는 것을 증명해주고 있다.

초대교회가 일곱 집사들을 선택할 때에 사도들은 성도들에게 성령과 지혜가 충만한 사람들을 택하라고 했다(행 6:3). "지혜"가 충만한 사람을 선택하라는 말 속에는 영성과 지적 기능은 대립적인 관계가 아니고 상호보완적인 관계임을 알 수 있다.

어떤 사람들은 성령의 은사를 받았지만 자신이 그런 은사를 받았다는 사실을 모르는 수도 있다. 다시 말하자면 영적인 세계에 대한 지적 기능이 결핍되어 있다. 이런 경우, 그 사람은 영적 은사에 대한 무지 때문에 받은 은사를 충분히 활용하지 못하게 된다. 만약 자기가 받은 성령의 은사에 대한 인식을 잘하고 있으면 그는 그 은사를 더욱 효과적으로 사용할 수 있다. 영적인 것을 위해서 쓰임 받는 지성은 영성에 속한 지성으로서 영성발달에 필수적인 요소가 된다. 욘(Yohn, 1975)은 영적인 은사를 받은 사실을 모르는 사람에 대하여 다음과 같이 혹평한다. "대부분의 교회의 비극은 성도들이 영적인 은사를 받은 줄을 모른다는 사실이다. 성경에 의하면 모든 신자들이 성령으로부터 은사를 받았다(벧전 4:10). 그럼에도 불구하고 통계적으로 말하자면, 자기들이 받은 은사를 충분히 사용하는 사람들은 20%도 안 된다"(Yohn, 1975, 143).

깨닫는 것, 혹은 안다는 것은 매우 중요하다. 자기가 영적인 은사를 받았다는 것을 알지 못하기 때문에 그 은사들을 사용하지 못한다는 것은 비극이 아닐 수 없다. "앎" 혹은 "인식"(awareness)은 벤자민 블룸(Bloom)의 6단계의 지적 영역의 분류에서 제1단계에 해당한다. 바울은 성도들이 영적인 은사를 받았다는 것을 알아야 한다고 다음과 같이 강조한다. "형제들아, 신령한 것(spiritual gifts)에 대하여는 내가 너희의 알지 못하기를 원치 아니하노니"(고전 12:1).

기독교교육은 아주 특별한 영역의 교육이다. 그 주제가 하나님의 특별계시인 성경이며, 그 목표는 영적 변화이며, 성령의 역사를 통한 특별한 능력이 동반되는 교육이다. 죽(Zuck, 1988)은 기독교교육에서의 성령의 역할에 대한 이유를 두 가지로 제시한다. 그 중의 하나는 기독교교육의 교사들은 하나님의 거룩하신 능력의 도우심을 받아야 한다는 것이다. 성령을 통해서만이 교사는 성경을 가르치도록 인도를 받고 능력을 받는 것이다. 기독교육에서 성령이 함께 해야 할 두 번째의 이유는 성령의 역사를 통해서만이 하나님의 말씀이 학생들의 삶 속에 변화를 일으킨다는 것이다. 성령의 역사를 통하여 영적 무지 상태에서 깨어나 자신이 받은 은사에 대한 깨달음이 있어야 한다(Zuck, 1988, 33-34).

(2) 하나님의 말씀과 인지적 발달

하나님의 말씀과 인지적 발달은 아주 깊은 관계를 가지고 있다. 하나님께서 그의 백성들에게 영성발달의 근원이 되는 말씀, 즉 성경말씀을 주시고 하나님의 종들로 하여금 백성들에게 그 말씀을 가르치라고 명령하신 사실을 보건대(신 6:1-3; 마 28:18-20), 성도들의 인지적 발달이 성경을 통해서 이루어짐을 짐작할 수 있다. 가르친다는 것(to teach)과 배운다는 것(to learn)은 인지적 기능을 사용하지 않고는 불가능하기 때문에, 성경을 가르치고 배우라는 말씀 속에는 인지적 발달이 성경을 통해서 이루어짐을 알 수 있고, 성경을 통해서 이루어지는 인지적 발달은 영성발달에서 매우 중요한 영역임을 짐작할 수 있다. 성경은 우리에게 우리의 인지적 능력이 성령 안에서 작동되어 하나님의 말씀을 배우라고 요구한다. 하나님께서 인간에게 주신 이성(reason)을 통하여 하나님의 말씀을 배움으로써 영성발달을 위한 인지적 발달이 가능해진다. 그러므로 우리의 지각을 사용하여 성경을 공부하지 않으면 영적으로 어린아이 상태에 머물러 있을 수밖에 없다고 히브리서 기자를 통하여 하나님께서 다음과 같이 깨우치신다. "대저 젖을 먹는 자마다 어린아이니 의의 말씀을 경험하지 못한 자요, 단단한 식물은 장성한 자의 것이니, 저희는 지각을 사용하므로 연단을 받아 선악을 분변하는 자들이니라"(히 5:13-14).

지적 발달은 하나님의 말씀을 해석하는데 필수적인 것이다. 왜냐하면 성경이 번역될 때에 지적 기능이 포함되어 있기 때문이다. 지적인 기능이 없이는 성경이 번역될 수 없다(Wood, 1988, 95). 하나님의 말씀이 글로 쓰이는 과정 자체가 지적인 것이며 번역하고 해석하는 자체가 지적 기능을 가지고 있기 때문에 하나님의 말씀은 지적인 요소를 담고 있다고 볼 수 있다.

하나님의 말씀과 더불어 성령이 함께 역사하실 때에 영성발달이 효과적으로 이루어진다. 예수님은 제자들의 영성이 발달하도록 다음과 같이 기도하셨다. "저희를 진리로 거룩하게 하옵소서, 아버지의 말씀은 진리니이다"(요 17:17). 성령의 역사하심을 따라 하나님의 말씀을 공부하여(지적인 기능을 사용하여) 진리를 깨달아 앎으로써 영성이 발달된다는 원리를 예수님의 기도에서 찾아볼 수 있다. 바울도 성도들의 영적 성숙을 위하여 다음과 같이 말한다.

"지금 내가 너희를 주와 및 그 은혜의 말씀께 부탁하노니 그 말씀이 너희를 능히 든든히 세우사 거룩하게 하심을 입은 모든 자 가운데 기업이 있게 하시리라"(행 20:32).

바울은 또한 하나님의 말씀이 우리를 깨끗하게 씻어 거룩하게 한다고 깨우쳐준다(엡 5:26). 이와 같이 우리가 하나님의 말씀을 공부할 때에 사용되는 지적 기능이 성령의 역사로 말미암아 우리의 영성발달을 도모하게 한다는 사실을 알 수 있다. 삶의 변화는 성경말씀(Holy Scripture)과 성령(Holy Spirit)을 동시에 요구한다. 성경에 보면 영성발달을 위하여 지적인 기능이 매우 중요하다는 실례를 많이 찾아볼 수 있다.

솔로몬 왕은 영성이 매우 발달한 사람으로 여겨지는 인물이다. 그가 그런 훌륭한 인격자가 되고 영성이 발달한 사람이 된 중요한 이유는 그가 하나님께 지식과 지혜를 간구했다는 것이다(대하 1:10-12). 그가 하나님께로부터 지식과 지혜를 얻어 하나님의 말씀을 기록할 때에 그 기록 목적을 다음과 같이 밝힌다. "지혜 있는 자는 듣고 학식이 더할 것이요 명철한 자는 모략을 얻을 것이라. 잠언과 비유와 지혜 있는 자의 말과 그 오묘한 말을 깨달으리라"(잠 1:4-5). 하나님께서는 솔로몬을 통하여 지식을 등한시하고 미워하는 자는 어리석은 자라고 말씀하신다(잠 1:22). 또한 지식을 순금보다 더 귀하다고 강조하신다(잠 8:10). 훈계를 잘 받는 사람은 지식을 좋아하는 사람이라고 하심으로써 지식의 중요성을 강조하신다(잠 12:1). 더불어 하나님께서 지식의 중요성을 강조하시기를 지식 없이 열정만 있는 것은 좋지 않다고 하신다(잠 19:2). 바울도 강조하기를 하나님에 관한 지식이 없는 가운데 하나님께 대한 열정만 있는 사람은 하나님의 의를 이루지 못하고 자기 자신의 의를 이룰 뿐이라고 다음과 같이 강조한다. "내가 증거하노니 저희가 하나님께 열심이 있으나 지식을 좇은 것이 아니라 하나님의 의를 모르고 자기 의를 세우려고 힘써 하나님의 의를 복종치 아니 하였느니라"(롬 10:2-3). 바울은 성경지식이 풍부한 사람들을 높게 평가하였기 때문에(롬 15:14; 고전 1:5; 엡 3:18) 성도들로 하여금 성경지식이 뛰어나기를 원했던 것이다(고후 8:7). 그는 빌립보에 있는 성도들에게 그들의 사랑을 지식과 모든 총명으로 더욱더 풍성하게 하기를 원한다고 함으로써 지식의 중요성을 강조했다(빌 1:9).

　바울은 골로새에 있는 성도들에게 보내는 편지에서 영적 성장에서 지식적 기능의 중요성을 다음과 같이 강조하였다. "이로써 우리도 듣던 날부터 너희를 위하여 기도하기를 그치지 아니하고 구하노니 너희로 하여금 모든 신령한 지혜와 총명에 하나님의 뜻을 아는 것으로 채우게 하시고"(골 1:9). 여기에서 바울은 우리에게 지적인 것과 관련하여 영적 성장의 세 가지 요소를 제시하고 있다. "신령한 지혜", "총명", "아는 것" 등의 용어는 인지적 영역과 관계있는 말들로서 영적 성장에 깊이 관련된 개념들이다.

　베드로도 영적 성장을 위해 지적인 요소가 중요하다는 것을 강조하여 이르기를 믿음에 덕을 덕에 지식을 공급하라고 하였다(벧후 1:5). 베드로는 그의 서신 마지막 부분에서 강조하기를 그리스도를 아는 지식에서 자라가라고 함으로써(벧후 3:18) 영성발달을 위한 지적 영역의 중요성을 보여주고 있다.

　예레미야도 하나님의 마음에 합하는 좋은 종이 되기 위해서는 지적 영역의 발달이 중요하다는 것을 다음과 같이 역설하고 있다. "내가 또 내 마음에 합하는 목자를 너희에게 주리니 그들이 지식과 명철로 너희를 양육하리라"(렘 3:15). 하나님의 마음에 합하는 목자는 양떼들을 지식과 명철(knowledge and understanding)로 양육하는 사람이어야 한다는 것은 영적 지도자의 자격 중에서 지적 능력이 중요한 위치를 차지하고 있다는 논리이다.

지식은 영적 성장에 있어서 중요한 요소가 된다는 것을 솔로몬은 다음과 같이 가르친다. "곧 지혜가 네 마음에 들어가며 지식이 네 영혼에 즐겁게 될 것이요"(잠 2:10). 이 말씀은 지식과 영혼의 유기적 관계를 나타내 주는 말씀이다. 지식(knowledge)과 마음(mind)과 영혼(soul)은 서로 밀접한 관계를 가지고 있다. 성령이 역사하는 사람의 지식(knowledge)은 곧 정신작용(mind)을 통하여 영혼(soul)에 까지 영향이 미쳐지기 때문에 영적인(spiritual) 것을 지식이나 정신과 분리시킬 필요가 없다.

다윗도 믿음을 위한 지식의 중요성을 다음과 같이 피력하고 있다. "여호와여 주의 이름을 아는 자는 주를 의지 하오리니…"(시 9:10). 주의 이름을 아는 지식은 곧 주를 의지하는 믿음과 연결된다. 물론 구약에서의 앎이란 체험적인 지식을 의미한다. 머리의 지식(head knowledge)이 가슴의 지식(heart knowledge)으로 연결되어 삶의 정황 속에서 체험적으로 아는 지식을 의미한다. 거듭난 사람에게 성령이 역사할 때에는 머리의 지식이 가슴을 거쳐 삶의 현장으로 연결된다.

교육학에 나오는 학습의 세 영역, 즉 인지적 영역(cognitive domain)과 정서적 영역(affective domain)과 행위적 영역(psychomotor domain)도 같은 맥락이다. 학습(learning)이란 알고(knowing) 느끼고(feeling) 행함(doing)으로써 완전한 학습이 되는 것이다.

하나님께서는 이사야를 통하여 아는 것과 믿는 것에 관하여 다음과 같이 깨우쳐 주신다. "나 여호와가 말하노라. 너희는 나의 증인, 나의 종으로 택함을 입었나니 이는 너희로 나를 알고 믿으며 내가 그인 줄 깨닫게 하려 함이라…"(사 43:10). "알고 믿으며"라는 문맥 속에는 아는 것과 믿는 것이 분리되어서는 안 된다는 것을 말해주고 있다. 모르는 분을 믿을 수 없는 것이다. 성경이 우리에게 주어진 것에는 하나님을 믿기 위하여 우리는 성경을 알아야 한다는 대전제가 포함되어 있다.

그러므로 영성발달을 위하여 인지적 작용이 매우 중요하며, 하나님의 말씀은 우리의 인지적 능력을 통하여 영성을 발전시키는 영적인 자원(spiritual resource)이 됨을 알 수 있다. 성령의 역사하심을 의지하고 하나님께서 인간에게 주신 인지적 능력을 동원하여 성경을 배운다면 우리의 영성이 발달하게 된다. 그러나 만약 진리를 알지 못하고 그냥 믿기만 한다든지 하나님을 믿지 않고 알려고만 한다면 영성발달은 불가능하게 된다. 아는 것과 믿는 것이 합일되어야 한다. 이에 대하여 바울도 이사야가 주장한 것처럼 다음과 같이 강조한다. "우리가 다 하나님의 아들을 믿는 것과 아는 일에 하나가 되어 온전한 사람을 이루어 그리스도의 장성한 분량이 충만한 데까지 이르리니"(엡 4:13). 여기에서 "온전한 사람을 이루어 그리스도의 장성한 분량이 충만한 데까지 이른다"는 말은 영성발달을 그대로 묘사하는 말이다. 영성이 발달하기 위해서는 "믿는 것과 아는 일"이 하나가 되어야 한다. 영성발달에 있어서 지적 영역이 그만큼 중요하다는 것을 증명하는 말씀이다. 영성이 정상적으로 발전하려면 하나님을 아는 지식은 물론 자신과 남을 아는 지식도 필수적이다. 영성발달은 하나님과의 관계는 물론 다른 사람과의 관계를 잘 맺는 과정에서 증진되기 때문에 자신에 대한 성경적 인식은 물론 하나님을 알고 타인을 알아야 한다. 모르면서 좋은 관계를 맺을 수는 없기 때문이다. 영성이 발달된 사람은 또한 다른 사람의 필요를 아는 사람이다(고후 9:2). 바울은 디모데를 빌립보에 보내어 그들의 필요를 알 수 있도록 하였다(빌 2:19).

 크리스천들은 하나님과 타인과 자신을 아는 것은 물론 세상에 대하여 알아야 한다. 왜냐하면 이 세상은 하나님께서 창조하셨고 운행하시는 역사의 현장이기 때문이다. 바울은 하나님께서는 자연계 안에 자신을 계시하여 주신다는 사실을 우리에게 깨우쳐주고 있다(롬 1:18-20). 바울은 또한 세상에 대하여 우리에게 깨우쳐 주기를 말세에 고통스러운 일들이 있을 것이라고 함으로써(딤후 3:1-5) 우리가 이 세상이 어떤 상태로 되어갈 것이라는 것을 알기를 원하는 것이다. 이런 세상에 대한 지식을 통하여 우리의 영성은 발달하게 되는 것이다.

 크리스천들은 성부 하나님, 성자 하나님, 성령 하나님에 대하여 아는 것은 물론 자신과 타인과 세상에 대한 것을 알아야 그들의 영성이 정상적으로 발달할 수 있다. 지식은 영성발달에서 배제될 수 없는 필수적 요소이다.

기독교 영성신학

| 제8장 |

영성발달을 위한 성령의 역사와 정서적 영역

　앞에서는 영성발달을 위한 성령의 역사와 인지적 영역에 대하여 논의 하였다. 본 장에서는 영성발달을 위한 성령의 역사와 정서적 영역에 대하여 논의하기로 한다. 앞 장에서는 하나님의 말씀을 통한 인지적 발달을 언급하였는데, 본 장에서는 기도와의 관련성 속에서의 정서적 발달을 언급하기로 한다. 기도는 정적인 요소를 많이 내포하기 때문이다
　기도를 드릴 때에 위로부터 아래로 성령의 역사가 일어나서 정서적 영역에서의 영성발달이 이루어진다고 본다. 근심과 걱정에 얽매여 있던 사람이 기도를 함으로써 위로부터 임하는 성령의 역사를 체험한다면 그는 더 이상 근심과 걱정에 사로잡힌 사람이 아니다. 그의 마음은 평안과 확신으로 가득 차서 정서적 안정을 찾게 되어 영성발달을 경험하게 된다.
　그렇다면, 정서적 영역(affective domain)이란 무엇인가? 옥스포드 영어 사전(1991)에 의하면 affective의 명사형인 affect는 가슴(heart)과 연관된 말로서 감정(emotion) 혹은 정서를 의미한다. 이것은 주관적인 느낌으로서 신체와 연결되기 때문에 다른 사람들에게 알려질 수 있다. 그것은 심리학적이며 생물학적인 요소를 가지고 있다(Goleman, 1995, 289). 골맨(Goleman)은 "정서"(emotion)란 용어의 어원은 라틴어 동사인 "motere"

(to move)라는 말과 "e"(away)라는 접두어가 합해져서 된 말로서 "move away"(움직여 나간다)라는 의미를 가지고 있다고 설명한다(1995, 6). 그러므로 "정서"란 인지적인 영역(cognitive domain)과 행위적인 영역(psychomotor domain)을 포함하는 단어이다. 따라서 생각이 행동으로 변하려면 정서를 거쳐야 한다. 아무리 좋은 생각이라도 그것이 실천으로 옮겨지자면 마음이 움직여져야 한다. 가슴에 닿는 설교가 성도들의 생활을 바꿀 수 있는 것도 이 때문이다.

정서 혹은 감정(emotion)이라는 단어의 형용사 형태인 "emotional"(감정적인)이란 단어는 정서적으로 잘못된 상태의 용어로 쓰이기도 하는데, 본 연구에서 의미하는 "emotional"은 "정서적인"이라고 번역되어야 한다. "감정적인" 사람은 영적으로나 인격적으로 성숙한 사람이 아니다. 감정적인 사람은 자기통제(self-control)를 잘 못하는 사람으로서 정서발달이 잘 안된 사람을 의미한다. 크리스천들은 "감정적인" 삶이 아니라 "정서적인" 삶을 발달시킴으로써 하나님의 뜻을 이루는 삶을 살아야 한다(Benner, 1990, 352-353).

제1절 정서적 영역과 유사한 개념들

정서적 영역(affective domain)에 속하는 중요한 개념들을 든다면 긍휼(compassion)과 감정이입(empathy)이라고 할 수 있다. 긍휼은 성경적으로 많이 쓰이는 용어이고 감정이입은 심리학적인 용어이다.

1. 긍휼(Compassion)

긍휼(Compassion)은 영성에서 중심이 되는 성경적인 용어로써(Fox, 1979, 26), 정서적 영역에 속하는 중요한 개념이다. 팍스(Fox, 1990)는 긍휼을 영성과 동일시한다. 그 이유인즉 예수님께서는 긍휼을 신자의 삶의 중요한 방법으로 가르쳤기 때문이라고 한다. 이에 해당하는 대표적인 성경구

절들은 다음과 같다. 마태복음 5:7; 9:27; 15:22; 마가복음 9:22; 17:15; 18:33; 20:30-34; 누가복음 6:36; 18:38 등등.

예수 그리스도는 긍휼을 가장 잘 실천하신 역할 모델(role model)로서 사람들에게 깊은 관심을 가지시고 그들을 돌보아주셨으며, 특별히 아픈 사람들이나 가난한 사람들이나 집이 없는 사람들이나 홀로 사는 사람들을 잘 돌보아주셨다. 이에 대하여 마태는 다음과 같이 전한다. "예수께서 모든 성과 촌에 두루 다니사 저희 회당에서 가르치시며 천국복음을 전파하시며 모든 병과 모든 약한 것을 고치시니라. 무리를 보시고 민망히 여기시니…"(마 9:35-36). 여기에서 "무리를 보시고 민망히 여기시니"(He felt compassion for them…)라는 말씀은 영어 성경에 표현된 것처럼, 불쌍한 사람들에 대하여 긍휼(compassion)을 가지고 사역하셨다는 것이다. 마가도 이에 대하여 다음과 같이 전한다. "한 문둥병자가 예수께 꿇어 엎드려 간구하여 가로되 원하시면 저를 깨끗케 하실 수 있나이다. 예수께서 민망히 여기사…"(And moved with compassion…)(막 1:40-41). 예수님께서 위대한 삶을 사시고 불쌍한 사람들을 그토록 많이 도와주신 것은 예수님의 마음 깊은 곳에 긍휼(compassion)이 충만해 있었기 때문이다(Jones & Phillips-Jones, 1988, 73-74).

2. 감정이입(Empathy)

감정이입(empathy)이라는 단어는 "em"과 "pathy"로 구성되어 있는데 "em"은 "안으로"(into)라는 뜻이고 "pathy"는 "느낀다"(feeling)는 뜻으로서 이 말을 합하면 안으로 느끼는 감정이다. 즉 다른 사람 안에 들어가서 그 사람의 입장에서 함께 느끼는 마음의 상태를 말한다(Shelton, 1990). 그런 느낌은 다른 사람을 돌보아주는 행동의 원천적 힘이 되는 것이다. 다른 사람의 고통을 자기의 고통으로 받아들이는 사람은 다른 사람을 돕고자하는 마음이 생기게 된다.

쉘튼(Shelton)은 예수 그리스도께서 소유하신 긍휼이 바로 심리학에서 말하는 감정이입이라고 하면서 크리스천의 감정이입을 다음과 같이 설명한다. "심리학적인 연구에 의하면 다른 사람들의 고난과 고통을 자기의 것으로 받아들인 경험이 있는 사람들은 다른 사람들의 불행과 아픔을 크게 생각한다"(Shelton, 1990, 103). 인간이 고통을 받을 때에 그는 예수 그리스도 안에서 위로를 받게 되는데 그 이유는 예수 그리스도는 어떤 사람보다도 더 큰 고통을 경험하신 분이라는 것을 성령께서 깨우쳐주시기 때문이다. 다른 사람의 고통을 자기의 고통으로 느끼는 사람은 그 느낌을 통해서 다른 사람을 위로하고 도와주는 삶을 살게 되고, 그 과정을 통하여 영성이 발전하게 된다. 왜냐하면 영성은 자기중심이 아니라 타자중심의 삶을 의미하기 때문이다. 긍휼은 성경적인 용어이고 감정이입은 심리학적 용어이지만 결국 같은 내용의 용어들이며 예수 그리스도 안에서 찾아볼 수 있는 참된 영성의 중요한 요소들이라고 할 수 있다.

제2절 감성발달의 중요성

감성 발달은 영성발달에서 매우 중요한 역할을 하고 있다. 왜냐하면 기독교인의 신앙은 정서적 영역을 통해서 나타나기 때문이다. 그리스도인이 그리스도의 정서를 닮지 않았다면 그는 그리스도인이 아니며, 그리스도인이라 할지라도 미성숙한 그리스도인이다.

쌘더스(Sanders, 1962)는 그리스도인을 세 가지 모습으로 분류한다. 영적으로 성숙한 그리스도인과 영적으로 미성숙한 그리스도인과 퇴폐적인 그리스도인이다. 그는 주장하기를 이 세 부류의 그리스도인의 분류는 그들의 지식 정도에 있는 것이라기보다는 그들의 감성과 관계가 깊다는 것이다. 이로 보건대 영적 성숙을 위해서는 인지적 영역의 발달도 중요하지만 정서적 영역의 발달이 더 중요하다는 것이다.

이것은 영성발달의 차원에서 뿐만이 아니고 일반적인 삶의 영역에서도 마찬가지이다. 오늘날 많은 사람들이 지능지수(IQ)도 중요하지만 감성지수

(EQ)가 사실상 더 중요하다고 하는 것도 이를 뒷받침해주고 있다. 버클리(Buckley)는 주장하기를 감성과 영적 발달은 아주 깊은 관계가 있기 때문에 그리스도인들은 하나님의 사랑을 받아들이고 그 사랑을 먼저 가정에서 실천해야 한다는 점을 강조한다(1987, 40-52). 카메론(Cameron, 1988)은 그의 책 『참된 영성의 탐험: 그리스도인들은 인간인가?』(*An Exploration of True Spirituality: Are Christians Human?*)에서 영성발달을 위해서는 정서적 발달이 매우 중요하다는 것을 강조한다.

프랭크(Frank)가 제시한 헌신적 모델(commitment model)에 의하면 비합리적인(irrational) 것도 어떤 사람이 어떤 헌신적인 행위를 함에 있어서 아주 효과적인 경우가 있는데 그것은 그의 정서가 합리성 이상의 힘을 발휘하고 있기 때문이다(1988, 11-12). 예를 들어, 어떤 신자가 십일조 헌금을 하기로 작정하여 십일조를 떼어 놓았다. 그러나 계산을 해보니 십일조 헌금을 하면 매달 생활비가 모자란다는 사실을 발견하였다. 그럼에도 불구하고 그 사람은 십일조 헌금을 기쁨으로 하게 되었다. 그에게 있어서 십일조 헌금은 불합리한 일이었으나 그가 기꺼이 그것을 행동에 옮길 수 있었던 것은 그의 믿음이 생산한 정서가 그런 결단을 내려 행동으로 옮길 수 있게 한 것이다. 다윗이 골리앗 앞에서 뒤로 물러가지 않고 전진할 수 있었던 것도 그의 정서가 합리성을 지배했기 때문이다. 건전한 정서는 합리성을 지배하여 헌신적인 삶을 살도록 도움을 준다.

울프(Wolff, 1973)는 주장하기를 히브리 성경인류학에 나오는 가장 중요한 낱말은 "가슴" 혹은 "마음"(heart)이라는 말로서 "애정", "긍휼" 등으로 번역되는데, 이것은 정서적 영역(affective domain)에 속하는 개념이다. 히브리 성경에는 이 단어가 858번 나오는데 여러 가지 다양한 의미를 지니고 있다. 그것은 사람의 마음 깊은 곳에 있는 의욕들(desires)을 나타내기도 하고 느낌의 근원이 되기도 하며 윤리적 결단의 원천이 되기도 하고 그 사람 자신을 설명해주기도 한다(Wolff, 1973, 40-44). 드라이어(Dreyer)는 정서적 영역의 중요성을 "가슴"(heart)과 관련시켜 다음과 같이 언급한다. "현대 서구 세계에 대한 가장 큰 도전 중의 하나는 정서발달의 중요성을 깨달는 것이다. 특히 현대 신학과 영성의 분야에서 그렇다. 우리가 정서발달과 '가슴'(the heart)이라는 분야에 큰 관심을 갖게 된 것은 이성을 과도하게 강조한 문화 속에서 온 심리적 굶주림을 반영하는 것이다."

란(Ron, 1991)의 보고에 의하면 미국에는 수백만의 "성인아이들"(adult children)이 존재하는데 그 이유는 그들의 정서적 발달이 미진하기 때문이라는 것이다. 다시 말하면 몸은 어른이 되었지만 그들 속에 들어있는 정서는 어린 아이들의 정서에 불과한 사람들이 수없이 많다는 것이다. 많은 사람들의 연구에 의하면 인격과 정서는 서로 밀접한 관계가 있다(Watson & Clark, 1992). 하버드 대학의 교수인 아블론(Ablon)은 정서가 인간됨의 기초이며 필수적인 요소라고 강조했다. 유아기부터 시작하여 정서는 인간발달의 모든 분야에 중심적인 위치를 차지하고 있다.

하버드 대학의 심리학 교수였던 골맨(Goleman, 1995)은 정서의 역할을 중요시하는 책을 썼다. 그의 주장에 의하면 정서적인 마음(emotional mind)은 이성적인 마음(rational mind)보다 더 빠른 속도로 생각을 행동으로 옮긴다는 것이다(1995, 292-293). 즉 중요한 일을 결정하여 행동으로 옮길 때에 정서의 역할이 가장 중요하다는 것이다.

예수님은 바로 이런 마음을 가지고 사셨다. 그는 가슴으로 살았다. 사람들의 절실하고 진정한 필요를 채워주기 위해서 마음을 주었고 정서적 마음의 움직임에 따라서 위대한 삶을 살았다. 예수님은 친구 나사로가 죽었을 때에 나사로가 천국에 간 것이 분명하다고 해서 "하나님을 찬양하라, 나의 친구가 천국에 갔도다!"라고 외치는 대신에 친구의 주검을 보고 눈물을 흘리셨다(Yount, 1996, 13). 이론적인 면에서는 예수님께서 눈물을 흘리는 대신 그와 같이 외치셔도 타당했다. 그러나 예수님은 우셨다. 이처럼 예수님의 이성은 감성의 통로를 거쳐 행동으로 옮겨졌다. 예수님은 정서발달의 모델이며 목표이다(Yount, 1996).

제3절 감성발달의 필요성

　어떤 이론가들은 출생 직후부터 정서적 표현이 눈에 띄기 때문에 감성은 타고난다고 주장한다.(Izard, 1977; Demos, 1982). 반면 어떤 이론가들은 감성은 막연하고 추상적인 정서발달 단계로부터 정상적인 단계를 향하여 지속적인 발전이 이루어진다고 한다(Greenspan & Lourie, 1981; Emde, 1983). 전자는 선천성을 강조했고 후자는 후천성을 강조했다. 필자는 브라운(Brown, 1993, 6)처럼 선천적인 요소와 후천적인 요소를 모두 받아들인다. 한 인간의 정서적 특성은 타고나지만 성장함에 따라서 정서적 발달을 도모하게 된다고 본다.

　사회과학 분야에서 인간의 정서에 대하여 많은 흥미를 가지고 연구하고 있다는 사실은 기독교교육에 종사하는 사람들에게 큰 자극을 주고 있다. 기독교교육가들은 정서발달 연구에 초점을 맞추어야 한다. 왜냐하면 그것이 없이는 영성발달에 대한 연구가 불가능하기 때문이며, 또한 사회적 필요를 외면하는 경우가 되기 때문이다(Kwon, 1997). 랜돌프(Randolph, 1975)에 의하면 대부분의 사람들이 가지고 있는 삶 속에서의 깊은 문제들은 무엇을 생각하느냐가 아니고 어떻게 느끼느냐이다. 즉 현대인들이 안고 있는 큰 문제점들은 지성적인 면이 아니고 감성적인 면이라는 것이다.

　감성발달은 출생 시부터 죽을 때까지 계속되어야 하는 인간적 과제이다. 어린아이들은 사랑과 보호와 지도를 받아 성숙한 감성을 지닌 성인으로 성장할 수 있도록 해야 한다. 만약 어린아이들이 제 시기에 감성발달이 이루어지지 않으면 신체는 어른으로 성장해도 감성발달이 지체되어 어른아이들(adult children)이 되며, 이들은 가정과 사회와 교회에서 많은 문제를 일으키게 된다(Ron, 1991, 33).

　20세기 후반기에 와서 심리학자들은 인간의 감성발달에 지대한 관심을 갖게 되었다. 앨버트 엘리스(Albert Ellis)는 이성적 감성적 치료법(Rational Emotive Therapy: RET)을 창안하였다. 정신 치료에 있어서 이성적(rational) 혹은 지적인 면만 다룰 것이 아니고 정서적 혹은 감성적

(emotive)인 면을 함께 다루어야 한다는 것이다. 그의 영향은 획기적인 것이었다. 미국심리학협회(American Psychological Association)의 임상심리학자들 및 상담심리학자들의 조사에 의하면 엘리스가 끼친 영향은 칼 로저스(Carl Rogers) 다음이며 프로이드 보다는 더 많은 것으로 나타났다(Smith, 1982, 802-809; Dryden, 1994, 83-99).

엘리스는 1955년에 이성적 치료법(Rational Therapy: RT)을 개발하였다. 그는 상담을 할 때에 감성(emotion)보다는 이성(reason)을 토대로 하였으나 그것은 큰 효과가 없었다. 그래서 엘리스는 RT를 RET로 바꾸었다. 상담에 있어서 이성적인 요소 이상으로 중요한 것은 감성적인 요소라는 것을 인식한 엘리스는 이성적 치료법(RT)에 E(emotion)를 더하여 이성적, 감성적 치료법(Rational-Emotive Therapy: RET)을 계발한 것이다(Franks, 1995, 91-95). 엘리스는 계속적으로 강조하기를 인간의 심리적 과정은 인지적 영역과 정서적 영역과 행위적 영역이 서로 밀접한 관계를 맺고 있기 때문에 한 인간을 치료함에 있어서 이 세 가지 영역을 다 고려해야 한다고 했다. 즉 지정의를 총망라하는 전인적인 접근이 필요하다는 것이다(Dryden, 1994).

이상에서 밝힌 것처럼 예수님께서도 인간의 감성적인 면을 매우 중요하게 다루셨고 심리학자들도 역시 그리했다. 이 사실은 감성적 영역이 건전한 인격발달과 영성발달을 위해서 아주 중요한 위치를 차지하고 있음을 알려준다.

제4절 정서적 영역에서의 영성발달과 기도

기도는 정서적 영역에서의 영성발달을 도모하는데 큰 역할을 한다. 왜냐하면 기도를 통하여 기도하는 사람과 그 기도의 대상자이신 하나님과의 영적인 관계가 형성되기 때문이다(Foster, 1988, 33-46). 본 절에서는 기도의 정의와 성격 및 기도와 성령의 역사 그리고 기도와 영성발달 및 기도와 정서적 영역을 다루고자 한다.

1. 기도의 정의(Definition)와 성격(Nature)

기도란 하나님과의 친교(communion)다. 우주를 창조하시고 우주의 모든 피조물들을 보존하시고 다스리시는 하나님께서는 우리 인간의 소리를 들으실 능력이 있으며 듣고자 하는 마음을 가지고 계신다는 것을 의미한다. 기도를 통하여 사람과 하나님과의 영적인 관계가 형성되고 발전된다(Gehman, 1944, 490). 또한 인간은 기도를 통하여 하나님과 긴밀한 관계를 맺음으로써 친밀감(intimacy)이 증진된다(Sappington, 1994, 28). 성경적인 기도는 가슴으로부터 흘러나오는 열정(passion)을 가지고 하나님께 간구하는 것이다(Bloesch, 1984). 이것은 기도란 정서적 영역(affective domain)에 속한다는 것을 입증하는 말이다.

블로쉬(Bloesch, 1984)는 기도의 기능을 다음과 같이 설명한다. "기도를 통하여 우리는 우리의 필요와 소원을 하나님과 나눔으로써 하나님의 궁극적인 뜻과 목적을 깨달을 수 있게 된다." 하나님과의 대화를 통하여 인간의 필요와 소원을 전달함으로써 인간은 감성적 변화를 체험하게 된다. 자식을 낳지 못하여 서러움을 많이 받은 나머지 수심에 차서 식음을 전폐하던 한나가(삼상 1장) 기도를 마치고 난 뒤에는 희색이 만연하고 기쁨이 충만하여 하나님을 찬양하였다(삼상 2장). 즉 한나는 기도를 통하여 정서적 변화를 체험하게 된 것이다. 근심과 걱정에 얽매여 정서가 메마른 중에 기쁨을 잃어가는 성도들을 향하여 바울은 외친다. "아무것도 염려하지 말고 오직 모든 일에 기도와 간구로 너희 구할 것을 감사함으로 하나님께 아뢰라. 그리하면 모든 지각에 뛰어난 하나님의 평강이 그리스도 예수 안에서 너희 마음과 생각을 지키시리라"(빌 4:6-7). 이 말씀이 의미하는 바는 기도를 통하여(6절) 기도자의 정서가 안정된다(7절)는 것이다. 기도는 정서적 안정감을 주고 감성을 건전하게 발전시킨다. 18세기에 아메리카 대륙으로 선교하기 위하여 배를 타고 가던 모라비안들이 풍랑 속에서도 불안에 떨지 않고 평안할 수 있었던 것은 그들이 기도했기 때문이다.

성경에서 찾아볼 수 있는 기도의 다섯 가지 요소들은 경배(adoration), 감사(thanksgiving), 고백(confession), 청원(petition), 중보(intercession)이다. 그런데 이들은 모두 정서적 영역에 속하는 용어들로서 가슴을 열 때에만 정상적으로 작동될 수 있다. 그러므로 기도는 정서적 영역에서의 영성발달에 지대한 영향을 미친다고 볼 수 있다.

2. 기도와 성령의 역사

성도로 하여금 기도하도록 도와주시는 성령님은 성도의 기도를 통하여 역사하신다(Marshall, 1978, 123-133). 기도를 통하여 사람은 하나님께 이를 수 있고 하나님은 성령을 통하여 기도에 응답하신다. 쉬들어(Shidler, 1985)는 『성령의 탐구』(*In Search of the Spirit*)라고 하는 그의 책에서 기도와 성령의 역사와의 관계를 강조하고 있다. 우리가 기도할 때에도 그 기도가 하나님께 도달할 수 있도록 하는 일은 성령의 역사를 통해서라는 것을 그는 강조한다.

성령은 기도를 통하여 우리의 마음속 깊은 곳에 있는 것들을 드러내시고 하나님과 정상적인 관계를 맺을 수 있도록 역사하신다. 우리가 동일한 죄를 계속 짓는 경우가 있는데 그 이유는 우리의 깊은 곳에 있는 죄를 드러내시는 성령의 역사를 체험하지 못하기 때문이다. 자신을 하나님 앞에 솔직히 내어놓고 성령의 역사를 간구하며 기도하면 그 기도 속에 성령이 역사하여 진정한 회개를 하게 되고, 그런 회개는 행동을 변화시키게 된다. 성령은 우리 자신의 상태를 바로 깨닫도록 도와주시며(Koenig, 1992, 59) 이런 과정을 통하여 진정한 영성발달이 이루어진다.

욘트(Yount, 1996)는 기독교교육에 종사하는 사람들에게 권면하기를 강의안을 준비할 때에 기도하라고 한다. 왜냐하면 기도를 통하여 성령이 역사하시기 때문이다.

교사는 강의안을 준비할 때에도 강의 도중 어떤 활동을 해야 할 것인가를 위해서 기도하는 것이 좋다. 이렇게 함으로써 자신이 인도하는 성경공부는 성령과 교사의 합작이 된다. 다운즈(Downs, 1994, 55)도 강조하기를 교육사역에 종사하는 사람들에게 있어서 기도는 선택과목이 아니라 필수과목이라는 것이다. 왜냐하면 우리가 기도하지 않고 행하는 교육사역엔 하나님의 영의 역사가 보장되지 않기 때문이다.

3. 기도와 영성발달

기도는 하나님과의 대화로서 이는 영성발달의 초점이 된다(Roberts, 1973; Hull, 1990). 기도는 인생의 최대 목적인 하나님께 영광을 돌리기 위하여 필수적인 영적 행위이며(MacArthur, 1976), 이 세상의 모든 크리스천들을 하나로 묶는 영적인 힘을 가지고 있다(Vandervelde, 1989, 136). 포셋(Faucett, 1987, 110)은 합심기도의 위력을 강조하면서 기도는 영적 발전을 증진시킨다고 했다. 기도는 종교적 본능을 표현하는 가장 고전적이고 보편적인 행위이다(Sanders, 1980, 121).

블로쉬(Bloesch, 1984)는 기도란 인간의 필요와 소원을 하나님과 나누는 과정을 통하여 인간이 하나님의 궁극적인 뜻과 목적에 일치되는 삶을 살 수 있도록 하는 것이라고 했다. 기도를 통하여 인간은 하나님의 뜻을 체험적으로 알 수 있다. 기도가 응답되면 응답의 체험을 통하여 하나님의 뜻을 알 수 있고 응답되지 않으면 기도 내용의 수정을 거쳐서 하나님의 뜻을 알게 된다. 기도는 인간을 하나님의 뜻에 맞추는 훈련을 하게 만든다. 그러므로 기도는 하나님중심의 삶을 핵심으로 삼는 영성발달을 위한 중요한 요소가 된다.

기도는 하나님과 인간과의 영적인 관계를 맺게 한다. 이런 하나님과의 수직적 관계를 통하여 다른 사람과의 수평적 관계를 올바로 가질 수 있도록 하기 때문에 기도는 영성발달의 중요한 수단이 되기도 한다. 기도는 하나님과의 관계를 더욱 친밀하게 만든다. 예수님은 기도를 통하여 하나님을 "아빠"(abba)라고 불렀다. 웰스(Wells, 1984, 43)는 이런 호칭이 공관복음 전체에 나타난다고 하면서(마 6:9; 막 14:36; 눅 10:21) 기도를 통하여 하나님과의 친밀한 관계가 형성된다는 것을 강조했다. 그러므로 진실한 기도를 많이 하면 하나님과의 관계가 좋아진다.

웹스터(Webster)는 주장하기를 그리스도의 영성은 인간의 영성발달의 목표인데 그것은 기도와 밀접한 관계를 가지고 있다고 했다(Webster, 1987, 79). 쌘더스(Sanders)는 영성이 발달한 사람이 진정한 의미에서의 영적 지도자인데, 그런 영적 지도자가 자기의 역할을 감당하려면 기도를 많이 해야 한다고 주장했다. 기도는 영적 지도자가 되는 필수 요소임과 동시에 영적 지도력을 잘 유지해나가는 힘이 되기도 한다(Sanders, 1980, 121). 또한 러스티거(Lustiger, 1988)는 강조하기를 기도는 예수 그리스도의 제자가 되는 필수 요소라고 했다.

(1) 인격발달

인격발달과 영성발달은 서로 분리된 것이 아니다. 인격발달이 안 된 사람을 영성이 발달했다고 할 수 없다. 불신자의 인격발달은 영성발달과 관계가 없다. 왜냐하면 불신자는 하나님과의 영적인 관계를 맺지 않고 있기 때문이다. 그러나 신자의 인격발달은 영성발달에 포함되어있다. 신자는 하나님과의 영적인 관계를 맺고 있기 때문이다. 일반적으로 하나님과의 수직적 관계만을 영성이라고 생각하고 사람과의 수평적 관계는 인성이라고 생각한다. 그러나 하나님과의 수직적 관계를 맺은 사람은 사람과의 수평적 관계를 맺을 때에 이미 그 속에 하나님과의 수직적 관계를 포함하고 있다. 그러므로 엄격한 의미에서의 영성발달은 인격발달을 배제할 수가 없는 것이다.

자기중심은 인격의 미성숙을 의미하고 타자중심은 인격의 성숙을 의미한다. 미성숙한 사람일수록 자신만을 먼저 생각하고 성숙한 사람일수록 다른 사람의 입장을 생각한다. 여기에서 타자중심이란 하나님중심과 타인중심을 의미한다. 자기 이외의 타자는 하나님과 다른 사람들이기 때문이다. 불신자들의 타자는 다른 사람밖에 없으나 신자들의 타자는 하나님과 다른 사람들이다.

신자들은 자신(self) 이외의 존재들에 대한 관심과 배려를 하기로 되어있는 사람들이다. 위로는 하나님과의 종적 관계(vertical relationship with God)를 잘 맺고 옆으로는 다른 사람들과의 횡적 관계(horizontal relationship with people)를 잘 맺고 살아가야 한다. 인격의 성숙은 이와 같은 상하좌우의 관계를 잘 맺는 가운데에서 가능하다.

기도는 우리로 하여금 자기중심에서 하나님중심의 인격으로 변화시켜주며 다른 사람들을 위하는 타인중심적인 인격자로 변화시켜준다. 기도를 통한 성령의 역사는 자기중심에서 타자중심으로 우리의 생각과 정서와 행동을 변화시켜주는 힘을 발휘한다(Rice, 1970, 281-313).

특히 중보기도는 타인을 위해 기도하는 것이기 때문에 자기중심에서 타인중심적인 인격자로 우리를 변화시켜준다. 자신이 필요로 하는 것을 달라고 요구하는 기도와 자신을 바로 알 수 있도록 깨우쳐달라고 간구하는 기도는 모두 성경적이긴 하지만 큰 차이가 있다. 전자는 일반적인 기도이며 후자는 인격발달에 큰 영향을 준다. 전자의 기도는 무엇인가를 얻기 위함이며(to get something) 후자의 기도는 어떤 존재가 되기 위한 것이다(to become something)(Rice, 1991, 74). 전자는 소유에 속하고 후자는 존재에 속한다. 우리는 기도를 통해서 하나님께로부터 무엇인가 가치 있는 것들을 소유해야 하지만, 우리 자신의 존재가 그리스도를 닮은 인격자로 변화되는 것이 더욱 중요한 일이다. 기도는 일방적인 요청의 차원을 넘어서 하나님과의 진실한 대화의 단계로 들어가야 하고 이런 기도는 하나님과의 좋은 관계를 맺어주기 때문에 기도하는 과정을 통해서도 인격이 발달된다.

예수님은 주기도문을 통하여 제자들에게 타자중심적인 삶을 살아야 할 것을 가르쳐주셨다. 다시 말하면 하나님중심적인 삶과 타인중심적인 삶을 살아야 한다는 교훈을 주셨다(Laymon, 1968, 56-57). 주기도문의 첫머리에 나오는 세 가지의 간구는 하나님을 위한 간구이다. 하나님을 위한 간구라는 말에 좀 어패가 있는 것 같으나 사실이다. "이름이 거룩히 여기심을 받으시오며", "주님의 나라가 임하옵시며", "뜻(하나님의 뜻)이 하늘에서 이루어진 것같이 땅에서도 이루어지이다!"라는 세 가지 간구는 모두 하나님을 위한 간구이다. 예수님은 제자들로 하여금 하나님중심적인(God-centered) 기도를 하도록 교육하셨다. 마지막 부분도 다음과 같이 하나님중심의 기원으로 끝난다. "나라와 권세와 영광이 아버지께 영원히 있사옵나이다." 이처럼 주기도문은 하나님중심의 기도문이다(MacArthur, 1981, 93). 따라서 우리의 기도도 하나님중심으로 엮어져야 한다.

"우리가 우리에게 죄 지은 자를 사하여 준 것같이 우리의 죄를 사하여 주옵소서"라는 내용은 하나님께 기도하는 사람들은 다른 사람의 죄를 용서한 상태에서 기도해야 한다는 것을 말해주고 있다. 즉 타인중심적인 교훈이 충만해있다. 다른 사람을 위하지 않는 사람은 하나님께 기도할 자격이 없음을 시사하고 있다. 그리고 하나님께 달라고 요청하는 모든 형식도 "나에게"라고 되어있지 않고 "우리에게"로 되어있다. 일용할 양식도 "나에게만" 주시는 것이 아니라 "우리에게"라고 했으며, 악에서 구출하는 것도 "나만"이 아니라 "우리를"로 되어있다. 이런 표현들 속에서 우리는 타자중심적인 삶을 살아야 한다는 것을 알 수 있다. 우리의 기도가 타자중심적일 때에 우리의 인격은 날로 발달할 것이다. 진정한 기도는 기도자의 영성을 발달시킨다.

브리쥐(Bridge)는 독실함(godliness)을 하나님중심주의라고 정의하면서, 경건은 저절로 쉽게 계발되는 것이 아니라 기도를 통하여 자기중심주의에서 하나님중심주의로 변화를 받아야 한다고 강조했다(1983, 158).

기도의 주된 목적은 기도를 통한 하나님과의 연합으로서 자기 자신을 추구하는 것이라기보다는 하나님께 대한 자기헌신이다(Finney & Malony, 1985, 172-181). 이것은 참된 기도야말로 그 기도자를 하나님중심주의로 변화시키는 힘을 가지고 있다는 뜻이다. 참된 기도는 인간의 뜻을 하나님께 알려서 기도자의 뜻을 관철시키는 절차가 아니고 하나님의 뜻이 기도자의 삶 속에 이루어지도록 자신을 하나님께 복종시키는 하나님중심적인 영적 행위이다(Rice, 1991, 74).

기도는 예수님의 삶과 사역에서 중심이 되었다. 주님은 제자들을 선택하여 자신의 사역을 맡기기 전에 먼저 그들을 위하여 기도하셨다(Wilkins, 1992, 147). 예수님은 그 당시에 다른 사람들을 위해 기도하시는 삶을 사셨고 지금도 은혜의 보좌 앞에서 우리를 위하여 기도하신다(히 7:25).

다른 사람을 위한 기도의 중요성에 대하여 코에니그(Koenig, 1992, 93)는 다음과 같이 강조하였다. "믿음을 통하여 우리는 그의(예수님의) 천국사역에 합류하게 된다. 이것은 너무나 귀한 소명이기 때문에 우리가 다 깨달아 알 수 없는 것이다…우리가 예수님의 이름으로 다른 사람들을 위해서 기도할 때에 우리는 우주에서 가장 위대하고 가장 강력한 선을 위한 힘에 이끌리는 것이다." 다른 사람들을 위한 기도는 타자중심주의를 예비하고 만들어가며 완성시키는 힘을 가지고 있는데, 이 타자중심주의는 예수님의 인격의 중심부를 이루고 있고 성경의 모든 가치가 요약되어 있다. 중보기도는 어떤 다른 종류의 기도보다도 더 기도자의 영성을 발달시키는데 도움을 준다(Cully, 1984; Richards, 1987; Koenig, 1992).

성령은 우리로 하여금 서로 짐을 나눠지고 서로를 위하여 기도하라고 가르치신다. 이런 과정을 통하여 성령은 우리의 영성을 발달시킨다(Koenig, 1992, 94). 중보기도는 다른 사람과 깊은 관계를 맺어주며 서로가 서로를 돌아봄으로써 하나님의 사역을 활기 있게 하는 힘을 가지고 있다. 다른 사람을 위해서 기도할 때에 우리는 다른 사람에 대한 긍휼을 가질 뿐 아니라 그 사람들에게 필요한 양식을 주고 집을 주는 경지에까지 도달할 수 있게 된다(Koenig, 1992). 기도는 특히 다른 사람들을 위해서 하는 기도는, 하나님께서 그 기도에 응답하시어 다른 사람에게 유익을 주실 뿐 아니라 기도자의 내부에서 그의 영성이 발달하도록 역사하는 힘이 있다.

(2) 행동발달

여기에서 행동발달(behavioral development)은 영적인 성장(spiritual growth)을 의미하는 용어로서 신앙의 양적발달(quantitative growth)을 가리킨다. 이에 대칭되는 말로 인격발달(character development)이라는 말을 사용하였는데 이것은 영적 성숙(spiritual maturation)을 의미하는 것으로서 질적 성장(qualitative growth)을 가리킨다. 행동발달은 행동(action)내지 행위(doing)에 관계되는 말로서 힘을 필요로 하는 개념이다. 바리새인들의 교훈엔 힘이 없었지만 예수님께서 말씀을 가르치실 때엔 능력이 동반되었다. 그리고 그의 가르치심(teaching)과 설교(preaching)에는 치유(healing)가 나타났다. 그러므로 그리스도를 닮는 것이 영성발달의 목표라면 크리스천에겐 그리스도가 행하셨던 능력의 일부가 나타나는 것이 정상적이다.

20세기에 와서 일어난 은사운동(charismatic movement)은 영성의 행위적 영역에 중점을 두고 일어난 운동이라고 볼 수 있다. 크리스천의 인격은 타자중심적이어야 하고, 크리스천의 행위는 능력이 동반되어야 한다. 여기서 말하는 능력이란 어떤 마술적인 힘이 아니고 하나님의 뜻을 이루는데 동원되는 긍정적인 의미에서의 능력이다. 경건의 모양은 있으나 경건의 능력을 부인하는 자들에게서 돌아서라는 바울을 통한 하나님의 가르침 속에서 우리는 크리스천의 영적 능력발달을 간과해서는 안 된다는 것을 알 수 있다.

기도는 크리스천들을 성숙하게 만들 뿐 아니라 성령의 역사를 통하여 능력 있는 삶을 살게 만든다. 이에 대하여는 예수님께서 승천하시기 전에 제자들에게 약속하셨다. "오직 성령이 너희에게 임하시면 너희가 권능을 받고 예루살렘과 온 유대와 사마리아와 땅 끝까지 이르러 내 증인이 되리라"(행 1:8). 예수님은 제자들에게 예루살렘을 떠나지 말고 성령을 기다리라고 명하셨고(행 1:4). 제자들은 한 곳에 모여 전혀 기도에 힘쓴(행 1:14) 결과 약속하신 성령이 임하여서 오순절의 능력을 체험했던 것이다(행 2:1-41). 이로 인해 자기중심적인 사람들이 온전히 타자중심적인 사람들로 변화했다(행 2:42-47). 기도운동을 통하여 임한 성령님의 역사로 말미암아, 서로 자기가 더 크다고 다투며 이스라엘 나라가 회복되면 서로 높은 자리에 앉으려고 유치한 경쟁을 벌이던 제자들, 다시 말하면 자기중심에 사로잡혀 있던 제자들이 온전히 타자중심의 삶을 살게 되었고, 겁에 질려 예수님을 부인하고 도망갔던 제자들이 목숨을 걸고 당당히 전도하는 사람들이 된 것이다. 그들에게 임한 성령의 능력으로 말미암아 그들은 예루살렘으로부터 시작하여(행 2:1-8:3), 유대와 사마리아까지 이르고(행 8:4-12:25), 결국 땅 끝까지 복음을 전하게 되었다(행 13:1-28:31). 그들의 인격은 타자중심적 인격이 되었고 그들의 행동은 능력이 동반되었다.

라이스(Rice, 1970, 41)는 강조하기를 기도는 하나님의 사역을 위한 성령의 능력을 불러들이는 유일한 길이라고 하였다. 예수님께서는 그의 제자들에게 기도와 능력의 관계를 다음과 같이 강조하셨다. "집에 들어가시매 제자들이 종용히 묻자오되 우리는 어찌하여 능히 그 귀신을 쫓아내지 못하였나이까? 이르시되 기도 외에 다른 것으로는 이런 유가 나갈 수 없느니라 하시니라"(막 9:28-29). 귀신들린 아이를 위해 온갖 힘을 다 써보았지만 어찌할 수 없었던 제자들을 향하여 예수님은 기도만이 귀신을 추방하는 능력을 동원할 수 있다고 하심으로써 기도와 성령의 능력의 관계를 설명하셨다. 슈메이커(Shoemaker, 1974, 79)는 기도와 능력의 관계를 강조하기를, 예수님은 영적인 능력을 확신하고 사신 분으로서 그의 하나님중심적 인격 속에서 솟아나오는 기도는 어떤 힘보다 강한 것이었다고 했다. 또한 제자들에게 강조하시기를 믿음의 기도는 산을 옮기는 능력을 가지고 있다고 가르치셨다(마 21:18-22). 웬저(Wenger, 1977)는 말하기를 기도는 가장 강력한 무기인데 사람들이 가장 사용을 적게 하고 있다고 했다. 성령은 우리의 기도를 통하여 하나님의 뜻을 성취시키는 힘을 생산하신다(Wenger, 1977, 59). 기도는 기도자로 하여금 자기가 받은 영적인 은사를 깨우쳐주고 영적인 열매를 맺을 수 있는 에너지를 생산한다(Yohn, 1981, 126-127).

4. 기도와 정서발달

기도는 정서적 발달과 깊은 관계를 가지고 있다. 바꾸어 말해 정서적 치유(emotional healing), 친밀감(intimacy), 감사하는 마음(gratitude), 소망(hope) 등의 정서는 기도와 깊은 관계를 가지고 있다. 왜냐하면 기도는 아버지이신 하나님과의 영적인 대화이기 때문에 그 대화를 통해서 아버지로부터 오는 정서적 변화를 경험하게 되기 때문이다. 아버지 하나님은 사랑이시기 때문에 자기의 자녀들의 정서에 큰 관심을 갖고 계신다. 그러므로 그런 아버지와의 대화를 많이 나누는 사람은 그만큼 아버지로부터 정서적인 면에서의 발달을 경험하게 되는 것이다.

(1) 감정의 치유

성령의 역사로 이루어지는 감정의 치유는 기도를 통하여 이루어지는 것으로서 정서적 발달에 있어서 아주 중요한 위치를 차지하고 있다. 기도할 때에 마음속에 있던 죄가 사라지고 영적인 가치가 창조되기 때문에 기도하면 정서가 순화되고 새로운 가치를 소유하게 된다. 기도는 우리로 하여금 하나님의 사랑을 체험하게 하는데 그 사랑의 체험은 곧 정서적 치유를 가져온다(Hilton, 1979, 93).

슐러(Schuller, 1982)는 인간 속에 다음과 같은 여섯 가지의 부정적 감정이 있다고 지적했다. 열등감(inferiority), 무의미(meaninglessness), 걱정(anxiety), 죄책감(guilt), 후회(resentment), 공포(fear) 등이다. 그는 주기도문을 감정의 치유를 위한 하나님의 처방전이라고 한다. 주기도문을 통하여 이상에 열거한 여섯 가지의 부정적인 감정을 치유할 수 있다는 것이다(Schuller, 1982, 91-93).

일반적으로 기도는 찬양(adoration/praise)과 감사(thanksgiving)와 고백(confession)과 요청(petition)과 중보(intercession)로 구성되어 있다(Bloesch, 1984, 867). 이 중에서 찬양과 감정의 치유와의 관계를 생각해보자. 워들(Wardle, 1988, 90)은 감정의 치유를 위한 찬양의 역할을 다음과 같이 설명한다. "찬양을 많이 하면 영감이 떠오른다. 찬양 속에 들어 있는 긍정적인 말들은 예배하는 자로 하여금 하나님은 인간의 고난 속에 개입하시고 적극적으로 역사하신다는 것을 상기시켜준다…어떤 사람이 다른 사람의 치유를 인하여 하나님을 찬양할 때에 다른 사람의 마음의 상처가 나을 수 있도록 영적인 힘을 고무시킨다. 찬양은 기도의 일부분에 속하는 것으로서 성령의 역사를 통한 치유의 능력을 생산케 한다. 왜냐하면 기도는 하나님중심적 활동(God-centered activity)으로서 이를 통하여 우리는 하나님의 영광과 권능을 선포하기 때문이다(시 149: 1-9).

웹스터(Webster, 1987, 79)는 지적하기를 기도하는 삶은 예수 그리스도의 영성에 깊이 뿌리박고 있으며 우리들의 영성발달의 근거가 된다고 했다. 쌘더스(Sanders, 1962, 121-123)는 강조하기를 기도는 영적인 지도자로 하여금 영적으로 성장하게 하여주며 사람들의 정서적 아픔을 치유하도록 한다고 했다. 러스티거(Lustiger, 1988, 13)는 기도를 통하여 상한 심령을 치유할 수 있다는 성경적이고 합리적인 근거가 기도는 치료자(healer)이신 예수 그리스도와 하나가 되는 과정이라는 사실에 있다고 했다.

(2) 친밀감(Intimacy)

심리학적 정의에 의하면 친밀감(intimacy)이란 자기의 정체성(identity)을 잃을 염려가 없는 가운데 개방적이고 협조적이며 부드러운 인간관계를 맺는 체험을 할 수 있는 능력이다(Newman & Newman, 1991). 친밀감은 심리학적 측면에서 중요할 뿐 아니라 신학적인 측면에서도 매우 중요하다. 왜냐하면 친밀감이 없으면 하나님과의 관계나 다른 사람과의 관계가 생명력과 사랑을 상실한 채 하나의 기계적 관계밖에 되지 않기 때문이다.

그런데 기도는 친밀감과 깊은 관계가 있다(Clarke, 1988, 240). 기도를 통하여 하나님과의 친밀감이 증진되는 것은 물론, 다른 사람과 함께 기도할 때에 혹은 다른 사람을 위해서 기도할 때에 성령 안에서 사람과 사람과의 친밀감이 증진된다. 기도할 때에 정서적 기능이 활발하게 작동된다(Hinson, 1988, 183). 친밀감은 인간발달적인 측면에서도 중요하고 영성발달적인 측면에서도 매우 중요한 것으로서 사람으로 하여금 하나님과 인간과의 관계 및 인간과 인간과의 관계를 잘 맺도록 하는 데 도움을 주는 성령의 역사로 기도를 통하여 발달하게 된다(Newman & Newman, 1991, 494). 바울은 로마서 8장에서 크리스천은 아들의 영을 받았기 때문에 하나님을 부를 때에 "아빠"(abba)라고 부른다는 점을 부각시켰다. 하나님을 아버지(Father)라고 부르지만 아빠라고 부르면 더욱 친밀감을 갖게 된다(Maddocks, 1981, 26). 우리가 기도할 때에 성령은 하나님과 인간과의 친밀감을 증진시킨다.

(3) 감사(Gratitude)

감사는 인간과 인간과의 관계뿐 아니라 인간과 하나님과의 관계를 증진시키는 데 중요한 역할을 한다. 반면에 감사가 없는 삶은 인간관계를 깨뜨리는 것은 물론 하나님과의 관계를 손상시킨다. 열 명의 문둥병자가 예수님께로부터 모두 고침을 받았지만 오직 한 명만 예수님께 와서 감사를 표했다. 그것을 통해서 예수님과 그 사람의 관계는 더욱 좋아지게 되었지만 감사하지 않은 아홉은 예수님의 마음을 섭섭하게 하여, "열 사람이 고침을 받지 않았느냐, 나머지 아홉은 어디 있느냐?"는 책망을 받았다(눅 17:17).

그런데 감사는 기도와 밀접한 관계를 가지고 있다. 블로쉬(Bloesch, 1984, 867)는 이 양자의 밀접성을 설명하기를 기도는 하나님께서 인간을 용서해주신 것에 대한 감사에 뿌리를 박고 있다고 했다. 기도와 감사가 서로 밀접한 관계가 있음을 바울에게서도 찾아볼 수 있다. "쉬지 말고 기도하라, 범사에 감사하라…"(살전 5:17-18). 범사에 감사하는 것과 쉬지 말고 기도하는 것은 서로 묶여있는 개념이다. 열심히 기도하면 감사가 나오고 감사하는 사람은 기도하게 된다.

(4) 소망(Hope)

소망은 인지적 영역에 속한다기 보다는 정서적 영역에 속한다고 볼 수 있다. 왜냐하면 소망은 가슴(heart)과 연결되어 있고 정서(emotion)와 연결되어 있기 때문이다. 인간에게 여러 가지 소망이 있겠지만 인간의 궁극적인 소망은 그리스도에게만 있다. 왜냐하면 인간의 최대의 적은 죄인데, 그래서 죄 문제를 해결하지 못하는 한 절망적인 존재인데, 예수 그리스도께서 인간에게 절망을 주는 죄 문제를 해결해주셨기 때문이다. 예수 그리스도는 우리의 죄를 대신하여 죽으심으로써 절망적인 인류의 미래에 소망의 빛을 비추어 주셨고, 그뿐 아니라 죽음에서 부활하심으로써 영원한 생명길을 열어놓으셨기 때문에 그는 인류의 궁극적 소망이다. 그리고 그는 다시 이 세상에 오실 것을 약속하심으로써 우리의 소망이 되신다. 크리스천들은 그리스도의 죽음과 부활과 재림을 통해서 영원한 소망을 갖게 된다. 하크네스(Harkness)는 강조하기를 진정한 소망은 그리스도 안에 나타난 하나님의 사랑에서 시작된다고 했다(1964, 9).

우리가 기도할 때에 성령은 우리로 하여금 그리스도와 좋은 관계를 맺도록 하여 참된 소망을 소유하게 한다. 기도는 하나님과 사무적인 관계를 맺는 과정이 아니고, 아버지와 자녀들 사이에 부자간의 정이 맺어지도록 하며, 신랑과 신부사이에 사랑의 정이 맺어지도록 하는 과정이다.

그리스도를 향한 소망은 크리스천으로 하여금 영성을 발달시키는 힘을 가지고 있다. 마틴 루터(Martin Luther)가 비텐베르그(Wittenberg) 성문에 95개 조항을 붙여놓기 전에 그는 그의 기도 속에 교회의 개혁에 대한 소망이 불타고 있었는데, 이것은 사실상 중세 암흑기의 교회들의 영성발달을 의미하는 것이었다. 또한 조지 팍스(George Fox)가 성령 충만한 설교를 함으로써 영국을 각성시키기 이전에 그는 그의 기도 속에서 영국인들의 영적 쇄신에 대한 간절한 소망이 있었다(Mylander, 1979, 4). 기도할 때에 그 기도자는 성령의 역사를 통한 새로운 소망을 갖게 된다(Koenig, 1992, 90-91). 그러므로 소망을 잃고 방황하는 사람은 기도해야 한다. 기도할 때에 성령이 역사하셔서 기도자의 가슴속에 새로운 소망을 줌으로써 정서적 영역에서의 영성발달이 이루어지기 때문이다.

한나의 마음속에 모든 소망이 다 떠나가고 괴로움만 남았을 때에 기도함으로써 하나님께서 주시는 새로운 소망을 가지고 일어나 하나님을 찬양하고 기쁨으로 사는 과정에서 위대한 영적 지도자였던 사무엘을 낳은 것처럼, 우리의 삶이 아무리 고달프고 절망적이라고 할지라도 기도하는 사람에게 역사하는 성령의 도우심을 입어 힘차게 삶을 살아감으로써 절망을 통하여 오히려 영성이 발달하는 축복을 받아야할 것이다.

본 장에서 다룬 내용은 성령의 역사가 정서적 영역에서의 기독교교육과 깊은 관계를 맺고 있다는 것이었다. 기도의 사역이 병행되는 기독교교육은 정서적 영역에서의 영성발달이 이루어지도록 성령이 역사하신다. 하나님의 말씀이 그 말씀을 공부하는 사람의 인지적 영역에서의 영성발달을 도모하듯이, 기도는 그 기도자의 정서적 영역에서의 영성발달을 촉진시킨다. 기도는 인간의 정서를 치유하며 북돋우며 영적 가치를 생산할 수 있는 힘을 공급한다. 특별히 중보기도는 다른 사람을 위한 기도이기 때문에 타자중심적인 삶을 살 수 있도록 함으로써 자기중심주의라고 하는 근본적인 죄에서 벗어나게 하는 힘을 가지고 있다.

기독교교육은 하나님의 말씀을 강조함으로써 인지적 영역에서의 영성발달을 도모해야 하고, 기도를 강조함으로써 정서적 영역에서의 영성발달을 도모해야 한다. 성령은 최고의 지성과 최고의 감성을 가지신 하나님의 영이기 때문에 그 분과 연합된 말씀사역과 기도사역은 사람의 지성과 감성을 가장 효과적으로 발달시키는 것이다(Kwon, 1997).

| 제9장 |

영성발달을 위한
성령의 역사와 영적행위 영역

전 장에서는 기독교교육이 성령의 역사와 병행됨으로써 정서적 영역에서의 영성발달이 이루어진다는 것을 논의하면서 기도를 통한 성령의 역사를 강조하였다. 본 장에서는 기독교교육이 성령의 역사와 병행되면서 어떻게 행위적 영역(psychomotor domain)에서의 영성발달이 이루어지는가를 논의하고자 한다. 행위적 영역을 전도(evangelism)와 제자도(discipleship) 및 지도력(leadership) 등의 세 가지 분야에 초점을 맞추어 논의하기로 한다. 왜냐하면 이 세 가지는 모든 그리스도인들이 실천해야 할 중요한 요소들이며 순종(obedience)과 봉사(service)를 요구하는 것들로서 행위적인 영역에 속하는 것들이기 때문이다. 순종과 봉사는 타자중심적인 내용들이기 때문에 영성발달의 핵심적 내용들이다.

제1절 정의(Definition)

옥스퍼드 영어사전(Oxford English Dictionary, 1991)에 의하면 "행위"

(psychomotor)라는 용어를 "정신작용에 의해서 운동을 일으키는 것"이라고 정의한다. 이 정의 속에는 "작용"과 "운동"이 "정신"과 연결되어 있다. 즉 정신적 작용이 행위로 연결되는 것을 의미한다. 이 정신적 작용은 인지적인 면과 정서적인 면을 다 포함하고 있다. 아는 것(knowing)과 느끼는 것(feeling)이 행함(doing)으로 연결되는 것이다.

행위적 영역은 1972년에 일리노이 대학의 엘리자베스 심슨(Elizabeth Simpson) 교수에 의하여 지각, 태도, 인도된 반응, 심리과정, 복합적 혹은 명백한 반응들, 적응, 조직 등의 7단계로 분류되었다(Yount, 1996, 149). 이에 대한 본 연구의 정의는 "인지적인 것과 정서적인 것에 기반을 둔 정신작용이 행동으로 연결되는 과정"(Kwon, 1997)이다. 알고 느끼는 정신적 작용이 그 상태에서 머무르지 않고 행동으로 옮겨지는 과정을 의미하기 때문에 행위적 영역은 크리스천의 삶에서 아주 중요한 것이다. 믿음대로 행하는 것이 참된 신앙인 이상 기독교교육에서 혹은 크리스천의 삶에서 행위적 영역이 등한시 된다면 열매 없는 나무와 같고 영혼 없는 육신과 같다고 볼 수 있다. 예수님께서 바리새인들을 꾸짖으신 가장 핵심적인 이유가 바로 이 부분이 아닌가!

1. 영적행위 영역(Spirichomotor Domain)

본 연구는 "행위적 영역"(psychomotor domain)이라는 용어에 영적인 작용을 첨가시켜 "영적행위 영역"(spirichomotor domian)이라는 용어를 만들어 사용한다. 이 용어는 "psychomotor"에 "spirit"이 더해진 말이다. 영성발달은 성령의 역사가 없이는 이루어지지 않기 때문에 "psychomotor"라는 일반적 개념으로는 설명이 안 되므로 만들어진 새 용어다(Kwon, 1997).

벤너(Benner, 1988, 115)는 심리학(psychology)과 영성(spirituality)이라는 용어들을 합하여 "심리영성"(psychospirituality)이라는 새로운 용어를 만들었다. 그는 강조하기를 크리스천들이 다른 사람과의 인간관계를 맺는 것이나 하나님과의 관계를 맺는 것은 동일한 인격적 구조를 갖는다고 했다. 크리스천들의 심리적 구조는 영적 구조와 연결되어 있기 때문에 심리와 영성을 분리할 수 없다는 것이다.

이것을 두뇌 과학적으로 설명한다면, 인간의 영적 기능과 심리적 기능은 그 사람의 한 두뇌 안에서 일어나기 때문에 영성과 심리를 분리시킬 수 없다는 것이다. 다시 말해 비록 심리를 주관하는 부위와 영성을 주관하는 부위가 다르다고 할지라도 그 부위들은 한 두뇌 안에 있으며 각 부위들은 서로 유기적으로 작용하기 때문에 영적 기능과 심리적 기능을 종합적으로 보아야 한다는 것이다. 본 연구에서 "영적행위"(spirichomotor)라는 용어를 만들어 쓴 것은 바로 이 때문이다. 크리스천의 행위는 영성과 불가분의 관계에 있다.

2. 영적행위 영역의 중요성

영적행위 영역은 성령의 역사가 한 인간의 사고와 정서에 영향을 미쳐서 행동으로 옮겨지는 것으로서 영성발달에서 매우 중요한 위치에 있다. 예수 그리스도는 그의 지상생활과 사역을 통하여 영적행위 영역의 중요성을 모델로 우리에게 보여주고 있다. 누가는 예수 그리스도의 생애와 사역을 다음과 같이 요약하였다. "데오빌로여 내가 먼저 쓴 글에는 무릇 예수의 행하시며 가르치기를 시작하심부터…"(행 1:1). 예수 그리스도는 자기가 알고 있는 것을 행하시며 가르치셨다. 즉 그는 영적행위 영역의 삶을 살면서 사역을 하셨다.

요한은 영적행위 영역을 떠나서 하나님을 믿는다고 하는 사람들에 대하여 다음과 같이 경고한다. "저를 아노라 하고 그의 계명을 지키지 아니하는 자(행함이 없는 자)는 거짓말하는 자요 진리가 그 속에 있지 아니하되…"(요일 2:4). 야고보도 믿는다고 하면서 행함이 없는 사람들을 향하여 다음과 같이 엄중히 경고한다. "영혼 없는 몸이 죽은 것같이 행함이 없는 믿음은 죽은 것이라"(약 2:26).

알기는 알아도 행함이 없는 어떤 율법사가 예수님을 시험 하러 왔을 때에 예수님은 그에게 이렇게 말씀하셨다. "…네 대답이 옳도다. 이를 행하라(영적행위 영역), 그러면 살리라…"(눅 10:28). 그 사람은 율법을 잘 아는 율법의 전문가였으나 아는 것을 행동으로 옮기지 않았다. 그의 해박한 지식과 올바른 답변이 예수님께 인정받지 못한 것은 영적행위 영역이 잘못되었기 때문이었다. 그는 자신을 정당화하기 위하여, "내 이웃이 누구오니이까?"(눅 10:29)라고 예수님께 질문했는데 이에 대하여 예수님은 선한 사마리아인의 이야기를 들려주셨다. 강도를 만나 죽어가는 사람을 보고 한 제사장이 그냥 지나갔다. 한 레위인도 그냥 지나갔다. 강도를 만난 사람이 죽어가고 있음을 알았지만 그를 돕는 일을 행동으로 옮기지 않았다. 즉 영적행위 영역에서 아무 일도 하지 않은 것이다. 그러나 어떤 사마리아인은 강도를 만나 죽어가는 사람을 보고(알고) 그를 불쌍히 여겨(느껴서) 그 사람을 도와주었다(행함). 영적행위 영역이 잘 작동된 것이다. 우리는 누가복음 10장에서 선한 사마리아 사람의 영적행위(spirichomotor)의 모습을 여러 가지 단어들을 통하여 찾아볼 수 있다. "어떤 사마리아인은 여행 중 거기 이르러 그를 보고 불쌍히 여겨 <u>가까이 가서 기름과 포도주를 그 상처에 붓고 싸매고 자기 짐승에 태워 주막으로 데리고 가서 돌보아주고</u> 이튿날에 <u>데나리온 둘을 내어 주막 주인에게 주며</u> 가로되 <u>이 사람을 돌보아 주라. 부비가 더 들면 내가 돌아올 때에 갚으리라</u> 하였으니…"(눅 10:33-35).

위의 인용문에서 밑줄 친 말은 모두 행동을 나타내는 말들이다. 선한 사마리아 사람은 예수님을 상징하는 인물로서 예수님은 알고 느낀 바를 행동으로 옮기는 삶을 통하여 우리들에게 진정한 영성의 역할모델(role model)이 되셨다.

진리를 알기는 했지만 실천에 옮기지 않던 어떤 부자 청년이 있었다. 그를 향하여 예수님은 다음과 같이 권면하셨다. "…만약 네가 온전하여지기를 원한다면 가서 네 재물을 팔아 가난한 사람들에게 나누어주라"(마 19:21). 여기에서 "온전해진다"(to be perfect)는 말은 영성과 같은 개념이다. 만약 우리가 영성이 발달하기를 원한다면 행함이 있어야 한다. 타자중심적인 행동은 영성발달을 촉진시킨다. 이것이 영적행위 영역이다.

제2절 세 영역의 성격

1. 관계성(Relatedness)

인지적 영역(cognitive domain)과 정서적 영역(affective domain)과 행위적 영역(psychomotor domain)들은 서로 밀접한 관계가 있다(Klein, 1967; Stern, 1985; Palmer, 1993). 왜냐하면 인간의 행동은 지성과 감성에 기초를 두고 있기 때문이다. 인간 행동의 동기는 지식과 감정에 기인한다(Klein, 1967, 76).

인간을 육신과 정신으로 분리하려는 노력은 현대문화의 소산인데 이것은 성경적 개념에서 거리가 멀다(Bell, 1993, 203). 인간에 대한 성경적 개념은 인간을 전인적인 존재로 보는 것이다. 물론 인간을 영혼과 육신으로 분류하기도 하고 영혼과 정신과 육신으로 분류하기도 하지만 이것은 전인적인 존재로서의 한 인간 속에 통합된 개념으로 보아야 한다. 인간의 정신과 육신은 서로 긴밀하게 연결되어 있다. 정신적 자극은 곧 육신적 반응으로 나타나는데 이런 원리를 정신과 육체의 반응(psychosomatic reaction)이라고 한다. 정신적 스트레스를 받으면 육신의 면역체계를 약화시켜서 육신이 병든다는 원리는 정신과 육신이 서로 밀접한 관계를 맺고 있다는 것을 증명해준다(Kwon, 1985, 18-25). 이처럼 육신과 정신이 밀접한 관계를 맺고 있다는 원리에 첨가적으로 적용시킬 수 있는 원리는 육신과 정신뿐 아니라 혼(soul) 내지 영(spirit)까지 밀접한 관계를 맺고 있다는 것이다(Bell, 1993, 203).

전인적인 축복을 기원하면서 바울은 데살로니가 교인들에게 온 영(spirit)과 정신(psyche)과 육신(body)이 흠 없게 보전되기를 원한다고 하였다(살전 5:23). 인간의 행동은 영혼과 정신과 육신의 결합 속에서 이루어진다. 예수님은 인간을 육신과 정신과 영혼을 가진 전인적인 존재로 보았다. 그가 행한 구원 사역은 이 세 가지 영역이 통합된 전인적인 존재로서의 인간구원이었다. 예수님께서 병든 사람들을 치료하셨을 때에 사용된 "치유"(healing=sozo, 막 5:23; 눅 8:36)라는 단어는 "구원의 행동"(act of salvation)이라는 말로 번역될 수 있다. 예수 그리스도는 인간을 전인적 존재(holistic being)로 취급하셨다(Bell, 1993, 203-204).

티센(Thiessen, 1952, 228)은 주장하기를 인간은 지성과 감성과 의지가 결합되어 도덕적 행위를 창출한다고 했고, 루이스(Lewis, 1977, 125)는 강조하기를 지성과 감성이 결합하여 영적인 열매를 맺는다고 했으며, 피어설(Pearsall, 1988, 140)은 아는 것(knowing)과 느끼는 것(feeling)과 행하는 것(doing)은 영적 발달의 필수 요소라고 했다. 이와 같이 영성발달은 인지적 영역과 정서적 영역과 행위적 영역이 서로 밀접한 관계를 맺는 가운데 가능하다는 것을 알 수 있다. 지성과 감성과 행위는 영성발달의 통로이다.

감정이입(empathy)은 다른 사람의 고난 속에 동참하여 함께 고난을 나누는 현상인데, 이것은 정서적 영역에만 속한 것 같지만 사실은 인지적 영역에도 속해있다는 것이다. 왜냐하면 다른 사람에 대하여 불쌍한 감정을 갖기 위해서는 먼저 그 사람에 대하여 알아야 하기 때문이다(Hoffman, 1981, 51). 그 사람의 딱한 사정을 알고 난 다음에 그 사람에 대한 고통을 함께 나누는 단계로 들어가게 된다. 예루살렘에서 여리고로 가다가 강도를 만난 사람에 대하여 선한 사마리아 사람의 마음속에 불쌍한 생각이 들게 된 것은 먼저 강도를 만난 사람의 비참한 모습을 관찰하여 알았기 때문이다. 그러므로 아는 것(인지적 영역)과 느끼는 것(정서적 영역)이 하나로 결합되어 행하는 것(행위적 영역)으로 발전하게 된다.

엘리스(Ellis, 1979)의 이감성요법(RET=Rational-Emotive Therapy)은 행동의 변화(행위적 영역)가 있으려면 이성(인지적 영역)과 감성(정서적 영역)이 함께 다루어져야 한다는 것을 강조하는 좋은 예가 된다. 상담을 받으러 온 사람의 문제를 해결함에 있어서 그 사람의 지성에만 호소하면 된다고 믿어서 계발된 상담법이 이성요법(RT=Rational Therapy)인데 이것이 큰 효과를 거두지 못하자 엘리스는 감성의 중요성을 인식하여 그의 상담 치료법에 감성을 첨가하여 이감성요법을 계발한 것이다. 그러다가 후에 엘리스는 행동(behavior)의 중요성을 절감하고 이감성행동요법(RETB=Rational-Emotive-Behavior Therapy)을 계발하게 되었다(Ellis, 1995). 엘리스가 이처럼 인간의 문제해결을 위한 치료법을 RT에서 RET로 바꾸고 RET에서 REBT로 바꾸었다는 것은 인간을 이해하고 치료하기 위해서는 지성과 감성과 행위 전체를 고려해야 한다는 것을 말해주고 있다. 이는 인지적 영역과 정서적 영역과 행위적 영역은 서로 밀접한 관련성 속에 있다는 것을 강조하는 실례가 된다. 크라이틀러(Kreitler, 1976)나 드라이덴(Dryden, 1994)이나 라자루스(Lazarus, 1995)같은 이론가들도 세 영역을 결합한 차원에서 인간을 이해하고 치료해야 한다고 강조했다.

2. 기독교적 가르침의 활기찬 상승작용

욘트(Yount, 1996)는 예수님이 그의 사역에서 이성적인(rational) 요소와 감성적인(emotional) 요소와 행위적인(behavioral) 요소를 보여주고 있다고 주장한다(Yount, 1996, 256). 예수님은 선지자(prophet)로서(마 13:57), 하나님의 나라를 사람들에게 선포하셨다. 선지자의 역할은 하나님을 대신해서 사람들에게 하나님의 뜻을 선포하는 일이다. 예수님은 또한 제사장(priest)으로서(히 3:1) 사람들을 사랑하셔서 그들을 위해 하나님께 기도하셨고, 마침내는 그들의 죄를 짊어지시고 십자가에서 제물로 돌아가셨다. 제사장의 역할은 인간 편에 서서 하나님께 간구하며 봉사하는 일이다. 예수님은 또한 왕(king)으로서(막 15:2) 제자들을 뽑아서 훈련시키시고(마 10장) 악령을 추방하며 소경의 눈을 뜨게 하시고 벙어리를 고치시며 죽은 자를 살리심으로써 하나님의 나라에 속한 통치권을 보여주셨다. 그러나 그의 왕으로서의 본격적인 통치는 재림 이후에 될 것으로 예언되었다(계 22:1-5). 예수님은 선지자로서 사람들로 하여금 생각하게 하셨고(인지적 영역), 제사장으로서 사람들로 하여금 올바른 가치관을 갖도록 일깨워주셨으며(정서적 영역), 왕으로서 사람들로 하여금 알고 믿을 뿐 아니라 행하라고 명령하셨다.

욘트는 인지적 영역(cognitive domain)과 정서적 영역(affective domain)과 행위적 영역(psychomotor domain)이라는 교육심리학적 모델과 예수님의 세 가지 직책이 서로 같은 영역에서 일치된다는 점을 지적하며 크리스천 모델과 세속적 모델을 접목시켰는데, 차이점은 크리스천 모델의 중심점은 그리스도인 반면 세속적 모델의 중심점은 자아(ego)에 있다는 것이다. 크리스천 모델은 예수 그리스도에게 초점을 맞추고 있는데, 그리스도는 크리스천들의 생각과 느낌과 행동의 중심이 되고, 세속적 모델의 중심은 개인의 자아로서 그것은 크리스천이 아닌 사람들의 생각과 느낌과 행동의 중심이 된다. 이 사람들의 인생은 자기중심적으로 이루어진다. "나는 무엇을 생각하는가?", "나는 어디에 가치를 두는가?", "나는 무엇을 선택하여 행동할 것인가?"라는 질문 속에 인생을 산다.

제3절 영적행위 영역에서의 성령과 기독교교육의 접목

성령의 역사가 지성과 감성에 영향을 미쳐 영적인 행위를 함에 있어서 기독교교육은 매우 중요한 위치에 있다. 기독교교육은 영감으로 기록된 성경말씀을 교재로 하고 성령을 거룩한 교사(Divine Teacher)로 믿기 때문에 기독교교육과 성령의 역사는 항상 접목이 되어야 한다. 교육의 목적이 변화인 이상(Leypoldt, 1978; Issler & Habermas, 1994) 참된 변화를 위해서는 성경말씀을 기반으로 하고(Bible-based) 성령의 역사를 주된 능력으로 삼는(Holy Spirit-empowered) 교육이 이루어져야 한다.

교육이나 학습은 지적 영역이나 정서적 영역에 머물러 있어서는 안 되는 성질의 것이다. 그것은 변화된 행동을 목표로 하고 있기 때문에 기독교교육에서 교육의 효과를 기대하려면 영적 행위 영역에 초점을 맞추어야 한다.

제4절 영적행위 영역의 세 가지 분야

본 연구에서 전도(evangelism)와 제자도(discipleship)와 지도력(leadership)을 영적 행위 능력의 삼대분야로 설정하였다. 전도하는 것과 제자로서의 삶을 사는 것과 훌륭한 지도력을 발휘하는 것은 영적 행위의 중요한 요소들이기 때문이다. 이 세 분야의 공통적인 특징은 순종(obedience)과 봉사(service)인데, 순종과 봉사는 영성발달에서 가장 중요한 개념 중의 하나인 타자중심적인 삶을 사는 구체적인 행위와 직결된다.

1. 영적행위 영역에서의 전도(Evangelism)

전도는 그리스도의 지상명령으로서(마 28:18-20) 구원의 진리를 알고 느껴서 믿는 사람이 행하는 인간구원의 행위이다. 교회성장학자들은 전도를 현장에 가는 일(presence)과 복음을 선포하는 일(proclamation)과 설득시키는 일(persuasion)로 설명하고 있다(Orjala, 1978). 현장으로 가는 일(presence)이란 크리스천이 구원받지 못한 사람들을 찾아가는 일로서 그 발걸음은 위대한 생명구원의 사명을 수행하는 선행의 발걸음이며 그리스도닮음의 중요한 특징인 타자중심적 행위이다. 전도자가 피전도자에게 가는 데에는 복음과 함께 물질도 동반된다. 물질이 동반될 뿐 아니라 전도자 자신의 몸과 생명도 같이 간다. 영혼을 구원하기 위하여 자신을 주고 물질도 주는 것은 가장 큰 선행이다. 그러므로 전도는 그 첫 단계부터 선한 행위로 시작된다.

말씀선포(proclamation)는 복음을 말로 표현하는 영적 행위로서 죽은 영혼을 살리기 위하여 약을 주는 행위이며 굶주린 영혼에게 영의 양식을 공급하는 위대한 영적 행위이다.

또한 설득시키는 일(persuasion)은 복음 전파자와 성령이 합동으로 행하는 위대한 영적 행위이다. 전문가들은 이 세 가지 요소로 이루어진 전도를 3-P 전도(3-P Evangelism)라고 한다(Orjala, 1978, 57).

전도는 영혼을 구원하기 위해서 필요한 것들을 가지고 가는 행위와 생명의 복음을 전하는 행위와 생명을 하나님께 인도하여 멸망 길로 가는 영혼을 죽음에서 삶으로 인도하는 행위로서 하나님께서도 기뻐하시고 전도를 받는 당사자에게도 가장 귀한 일이며 그리스도의 지상명령을 실천하는 전도자에게도 큰 상급이 약속된 위대한 선행이다. 그러므로 전도는 영적 행위 영역에 속한다.

전도와 제자도와 지도력은 순종과 봉사라고 하는 영적 행위를 공통점으로 하고 있다. 이제 이 세 가지 행위 영역에서의 순종과 봉사의 의미를 논의하고자 한다.

(1) 순종

전도는 하나님중심의 행동(God-centered action)이다. 왜냐하면 전도는 하나님의 명령에 순종하는 행위이기 때문이다(마 28:18-20; 행 1:8). 하디디안(Hadidian, 1987, 22-23)은 강조하기를 전도는 하나님의 세 가지 소원 중에서 첫째가는 것이라고 했다.

다운즈(Downs, 1994, 41)는 강조하기를 효과적인 기독교교육은 사람들로 하여금 성경공부가 영적 성장을 위한 도구가 되어야 한다고 했다. 성경을 공부하는 자체에 목적이 있는 것이 아니라 공부한 것이 영적 성장을 촉진시켜 아는 것을 행하는 사람이 되도록 하는 것이 중요하다는 것이다. 알고 행하는 것, 즉 순종이 문제이다. 순종은 전도에 있어서 성령의 인도를 받는 아홉 가지 특징 중의 하나이며(Anfuso & Beasley, 1986), 전도하는 사람은 성령의 인도함을 받는 사람이다. 왜냐하면 주님의 지상명령을 실천하고 있기 때문이다.

호돈(Hawthorne, 1983)은 빌립보서 2:8-11을 해석함에 있어서 그리스도의 순종과 겸손에 초점을 맞추고 있다. 그리스도의 십자가의 죽으심은 곧 하나님께 대한 온전한 순종이라는 것이다. 주님은 자신을 낮추어 사람의 모습으로 이 땅에 오셔서 십자가에 못 박혀 죽기까지 순종하셨다. 예수님의 성육신(incarnation)과 사역(ministry)과 죽으심(death)은 모두 하나님께 대한 순종에서 나온 행위였다. 그 결과 주님은 부활하시고 승천하셔서 높임을 받고 계신다. 이 모델을 통하여 우리는 하나님께 대한 순종은 영성발달을 도모한다는 것을 알 수 있다. 예수님은 100%의 순종을 통하여 100%의 영성을 보여주신다. 하나님께 대하여 불순종하면서 영성발달을 도모하려는 것은 있을 수 없는 일이다. 왜냐하면 성령은 하나님께 불순종하는 사람을 위하여 역사하시지 않기 때문이다. 하나님께 순종하는 사람들은 성령께서 역사하시기 때문에 영성이 발달하게 된다. 십자가를 지심으로 예수님께서 하나님께 순종하셨다는 것은 기독론에서 열쇠가 되는 내용이다. 브리쥐(Bridge, 1983, 151-159)는 영성발달에 있어서 순종은 중요한 열쇠가 된다고 강조하였다.

(2) 봉사(Service)

전도는 가장 전형적인 봉사의 형태이다. 왜냐하면 그것은 주님의 지상명령(마 28:18-20)에 순종하는 행위이며 멸망으로 향하는 사람에게 영원한 생명을 공급해주는 최대의 선행이기 때문이다. 그러므로 봉사(service)는 전도 안에 포함된 중요한 내용임을 알 수 있다.

쎄글러(Segler, 1960, 95)는 목사는 그리스도를 위하여 헌신된 사람이기 때문에 다른 사람을 섬기는 봉사의 삶을 사는 것이 매우 중요한 삶의 요소라고 강조했다. 스티픈스(Stephens)는 크리스천이 주님과 사람들을 섬기는 것은 성령 충만한 삶의 자연스런 결과라고 했다. 그 예를 들자면 초대교회의 성도들이 성령 충만을 받은 결과 그들은 주님과 사람들을 섬기는 일에 분주하게 되었던 것이다(Stephens, 1978, 114-115). 씽클러(Sinkler)는 모든 영적인 활동 속에는 하나님께 대한 봉사와 사람들에 대한 봉사가 포함되어 있다고 강조했다(1991, 39).

우리는 "예배를 본다"라는 표현을 쓰기도 하는데 그것은 잘못된 표현이다. "예배를 드린다"고 해야 옳을 것이다. 서양 사람들은 예배를 "예배 봉사"(worship service)라고 하는데 그것이 적합한 예배의 정신을 표현하는 말일 것이다. 예배는 마음과 뜻과 정성과 물질과 영혼과 온 몸을 동원하여 하나님께 드리며 하나님을 높이는 행위이기 때문이다. 위로 하나님께 봉사하는 것은 물론 옆으로 다른 사람들에게 봉사하는 것은 영성발달에서 매우 중요한 내용을 차지한다. 하나님을 섬기는 사람들끼리 서로가 서로를 섬기는 삶은 인간적인 관계만을 맺는 것이 아니고 하나님과 맺어진 관계가 연속되는 것이기 때문에 영적인 행위에 속한다. 믿음 안에서 갖는 인간관계는 영적 성장에서 매우 중요한 역할을 한다고 브리스코(Briscoe, 1988, 156)는 다음과 같이 주장한다. "성도들이 서로 연합하여 사는 삶은, 주님께 순복하는 사람들은 성도들끼리도 서로 순복한다는 것을 보여 준다."

영적 성장은 허공 속에서 되는 것이 아니라 사람들과의 관계성 속에서 이루어진다(Fritz, 1952, 11). 한 인간의 진정한 자아는 사회적인 관계 속에서 해석되어져야 한다(LeVine, 1982, 295). 크리스천은 하나님과의 관계성 속에서 자아를 찾아야 하며 또한 다른 크리스천들 속에서 자아를 찾아야 한다. 하나님께 대한 봉사(God-centeredness)와 다른 사람들에 대한 봉사(people-centeredness)는 모두 타자중심주의로서 자기중심주의에 반대되는 개념이며 그리스도닮음(Christlikeness)의 중요한 속성이요 영성의 핵심적 요소이다.

기독교는 그리스도 안에 있는 것(being in Christ)과 하나님과 사람들에 대한 봉사(doing service to God and people)로 구성되어 있는데, 전자를 통해서는 구원이 이루어지고 후자를 통해서는 성화가 이루어진다(Ryan, 1993). 거듭난 사람의 제일의 과제는 성장과 성숙인데, 봉사를 통해서 이것이 가능하다. 왜냐하면 믿음으로 하는 봉사는 성령으로부터 영적인 에너지를 공급받을 수 있도록 해주기 때문이다(Chaffer, 1967, 51). 영적 성장을 위하여 영적인 양식인 말씀을 공급받는 것은 말할 것 없이 중요한 요소이며 그에 따라 병행해야 하는 것이 믿음으로 하는 봉사이다. 이것은 영적인 운동이 되며 영적인 에너지를 생산하는 과정이기도 하다. 그러므로 크리스천들은 영적인 은사를 더 많이 받으려고 노력하는 대신에 이미 받은 은사를 활용하여 하나님과 다른 사람들에게 봉사하는 삶을 살아야 한다(Bright, 1980, 233; Montague, 1976, 183).

하나님께 순종하고 다른 사람들을 위하여 봉사하는 것은 영성발달의 요소들이다. 왜냐하면 순종과 봉사는 타자중심적인 행동이기 때문인데, 타자중심은 그리스도다움의 중요한 특징이며 영성발달의 목표이기도 하다. 포스터(Foster)는 지적하기를 순종과 봉사는 영적 성숙을 위한 외적 훈련이라고 했다(1988, 77-140). 그는 십자가를 순종의 표라고 하며 제자들의 발을 닦아주신 수건을 봉사의 표라고 했다. 순종과 봉사는 전도에 포함된 두 개의 열쇠가 된다.

2. 영적 행위 영역에 있어서의 제자도

거룩과 성숙을 추구하며 하나님께 대한 순종과 사람들에 대한 봉사에 초점을 맞춘 제자도(discipleship)는 영적 행위 영역에 속한 부분으로서 매우 중요한 위치에 있다(Bridge, 1983; Hull, 1990). 왜냐하면 영적 행위 영역(spirichomotor domain)은 성령의 역사를 통해 일어나는 행위이기 때문이다. 이제 제자도의 이론 속에 포함된 순종과 봉사의 속성들을 찾아보기로 한다.

(1) 순종

제자(disciple)란 낱말은 헬라어로 μαθητής이며 라틴어로는 disciplus로서 이는 배우는 사람(leaner) 혹은 학생(pupil)을 의미하는 말로서 스승으로부터 주어진 원리를 받아들이고 따르는 사람을 의미한다(Harrison, 1960; Buttrick, 1962). 그러므로 제자도란 개념 속에는 스승에 대한 순종이 포함되어 있다. 킷텔(Kittel, 1967)은 제자의 정의를 내림에 있어서 학생이 스승에게 애착을 가지고 가까이 접근하는 것(attachment)을 강조한다. 예수님께서 가르치신 제자도는 예수님을 따르는 사람들이 예수님께 대하여 가까이 접근하는 것을 핵심으로 하고 있다(Kittel, 1967, 441). 그런데 자신을 부인하고(눅 9:23) 예수님께 가까이 접근한다는 것은 제자들이 스승에게 순종해야 한다는 의미를 내포하고 있다.

성경적인 제자도는 하나님의 부르심(the calling of God)이라는 비옥한 땅에 뿌리를 박고 있는데, 그 하나님은 자신과 제자들 간의 관계를 잘 맺도록 하기 위하여 순종을 요구하는 분이다(Wilkins, 1992, 53-54). 하나님과의 좋은 관계를 맺는다는 것은 앞에서 정의한 영성의 핵심적 요소이다. 제자도의 핵심도 하나님과의 관계이며 영성의 핵심도 하나님과의 관계이기 때문에 양자는 서로 깊은 관계를 맺고 있음을 알 수 있다.

예수님께서 제자들을 거느렸듯이 고대 헬라 철학자들이나 유대교의 랍비들도 제자들을 거느리고 있었다(Mills, 1990). 그러나 예수님께서 초점을 맞추셨던 제자도는 고대 희랍 철학자들이나 유대교의 랍비들의 제자도와는 다른 성질을 가지고 있었다. 고대 헬라 철학자들이나 유대교 랍비들의 제자도에 대한 초점은 학생들의 배움(learning)에만 모아졌던 반면에 예수님의 제자도의 초점은 따르는 것(following)과 순종하는 것(obeying)에 있었다(Mills, 1990, 215). 성경적 제자도가 지식을 강조하는 것이 아니고 행함과 순종을 강조한다는 사실은 영적 행위 영역은 제자도 속에 포함된 중요한 요소라는 것을 말해주고 있다(Kwon, 1997).

"제자"(disciple)라는 낱말은 신약성경에 269번 등장하며 "크리스천"(Christian)이라는 용어는 신약성경에 3번 등장하는데 그것은 바로 주님의 제자들을 가리키는 말이었다(Willard, 1988, 258). 다시 말하자면 주님을 따르는 제자들을 크리스천이라고 불렀던 것이다. 첫째로, 제자란 말은 어떤 특정한 학파나 전통을 따르는 사람들을 의미했다(마 22:16; 막 2:18; 눅 5:33). 둘째로, 주님께서 선택하시사 자기와 함께 지내며 자기로부터 배우고 순종하도록 하신 열두 명을 제자라고 불렀다. 셋째는, 주님을 따르던 모든 사람들을 지칭하는 말로서 제자라는 단어가 동일하게 사용되었다(Kwon, 1997, 183). 신약성경에 사용된 제자라는 용어의 90% 정도는 열두 사람에 제한을 받지 않고 있다. 주님의 열두 제자만이 제자가 아니고 주님을 따르던 모든 사람들을 제자라고 부른 것이다(Buttrick, 1962; Horton, 1976; Wilkins, 1992).

제자도란 그리스도닮음(Christlikeness)을 향하여 성장하고 성숙하는 과정으로서 순종을 요구하는 개념이다(Kwon, 1997, 183). 교회성장 운동의 지도자들도 마태복음 28장에 나오는 바대로 제자라는 개념을 사용하고 있다. 주님과의 관계를 지속적으로 맺으며 주님께 순종하는 삶을 살 것이 요청되는 사람들을 가리키는 말이다(Mylander, 1979; Lechman, 1987). 리차드(Rchards, 1987, 222-223)도 순종을 제자도의 핵심적인 요소라고 다음과 같이 강조한다. "예수님께서 제자라는 용어를 정의함에 있어서 그는 그리스도나 교회에 붙어있는 사람, 즉 순종의 사람일 뿐이라는 개념을 사용하셨다. 주님께서 제자들에게 강조하신 바는 예수님께서 명하신 모든 명령에 순종하는 것을 배우는 일이었다(마 28:20). 오늘날도 마찬가지다. 제자도란 주님께 헌신하고 순종하기를 배우는 사람들이다." 예수님의 사역은 그 시초부터 마지막까지 순종이 강조되는 사역이었다(Elwell, 1984, 216). 홀(Hull, 1990, 31)은 지적하기를 오늘날 교회들의 지도력이 약화되고 교회가 힘이 없게 된 것은 순종이라는 제자도의 핵심적 요소를 적용하지 않았기 때문이라고 했다. 제자도(discipleship)는 크리스천 개인의 영적 성장이나 성숙은 물론 교회 전체의 영적 성장과 성숙을 위해 필수적인 것으로서 주님께서 명하신 것을 지키라는 의미에서의 순종을 그 핵심으로 하고 있다. 그러므로 제자도는 영적 행위 영역에 속하는 개념이라고 할 수 있다. 예수님의 말씀에 대한 순종은 바로 영적 행위이기 때문이다(Kwon, 1997, 184).

(2) 봉사

하나님께 대한 순종과 더불어 사람들에 대한 봉사는 제자도나 영성발달의 영역에서 매우 중요한 요소이다. 왜냐하면 하나님께 대한 순종과 사람들에 대한 봉사는 영성발달과 제자도의 핵심적 요소인 타자중심주의를 증진시키기 때문이다. 하나님께 대한 순종은 하나님중심주의를 증진시키고, 사람들에 대한 봉사는 타인중심주의를 증진시킨다.

예수님께서는 가르치시기를 참 제자는 자기 가족보다도 그리스도를 더 사랑하는 사람이라고 하셨다(마 10:34-37). 예수 그리스도의 제자들은 다른 사람들을 위한 봉사의 삶을 살기 위하여 자신이나 가족들 이상으로 그리스도에 대한 충성이 있어야 한다(MacArthur, 1988, 196-198). 예수님께서는 제자들에게 요구하시기를 다른 사람들을 섬기는 일에 있어서 제자는 자신을 철저히 부인해야 한다(total self-denial)고 하셨다. 심지어는 죽는데까지 자신을 내어주는 봉사의 정신이 있어야 한다는 것이다(MacArtuhr, 1988, 199-202).

마가가 우리에게 전해주는 것처럼 예수님 자신은 이 세상에 오신 목적이 다른 사람들을 섬기기 위함이라는 것이다. "인자의 온 것은 섬김을 받으려함이 아니라 도리어 섬기려 하고 자기 목숨을 많은 사람의 대속물로 주려 함이니라"(막 10:45). 예수님은 영성발달의 궁극적인 목표인데, 바로 그 예수님께서 강조하시기를 자신의 성육신의 목적이 다름 아닌 타인들을 섬기는 일이라는 사실이다. 그러므로 어떤 사람도 타인들을 섬기는 일을 하지 않고는 영성발달을 기대할 수 없다.

3. 영적행위 영역에 있어서의 지도력(Leadership)

지도력은 행위적 영역에 속한다. 왜냐하면 그것은 목표를 향한 변화를 위한 방향을 설정하고 안내를 하는 일련의 행위에 속하기 때문이다(Barnhart, 1992). 그러므로 영적 지도력은 영적행위 영역에 속하는 개념이다.

옥스포드 영어사전에 의하면 "지도자"(leader)란 낱말이 영어로 표기된 것은 주후 1300년대라고 한다. 그러나 "지도력"(leadership)이란 말은 주후 1800년대에 와서야 사전에 나타났다. 이때부터 지도력에 대한 정의가 여러 가지 개념으로 등장하게 되었다(Johnson & Johnson, 1982, 36). 초기의 지도력 연구에서는 소위 위대한 지도자들이라는 사람들의 특징을 조사하는 일이었다(Ford, 1991).

몇 년이 지나자 지도력을 연구하던 학자들은 어떤 특질들(traits)이 과연 훌륭한 지도자를 만들어내느냐는 문제에 대한 연구에 회의를 느낀 나머지 방향설정을 바꾸게 되었다. 그들의 관심은 상황 쪽으로 쏠리기 시작했다. 그 지도자가 처한 상황을 바꾸기 위하여 그가 무엇을 해야 하느냐는 물음을 던지며 거기에 대한 대답을 찾으려고 노력하였다(Ford, 1991, 25).

지도자는 만들어지는 것이 아니라 태어난다는 등의 생각은 구시대적인 발상이다. 어떻게 하면 주어진 상황 속에서 어떤 지도자가 사람들을 변화시켜 어떻게 효과적으로 목표를 달성하느냐는 것에 관심을 모으게 되었다. 지도력에 있어서 변화(change)는 아주 중요한 요소인데, 학습의 성격이기도 하다(Leypoldt, 1978, 27; Habermas & Issler, 1992, 108).

여기에서 우리는 지도력을 순종과 봉사에 관련시켜 논의하고 있다. 지도자는 자기의 상급자에 대한 순종과 자기의 지도를 받아야 하는 사람들에 대한 봉사의 정신이 있어야 효과적인 지도력을 발휘할 수 있다. 영적 지도자에게는 주님께 대한 순종과 자기를 따르는 자들에 대한 봉사가 필수적인 요소가 된다. 영적 지도력에서 최고의 상급자인 예수 그리스도에 대한 순종은 물론 눈에 보이는 자기의 상급자에게 순종하는 정신이 아주 중요한 요소가 된다. 눈에 보이지 않는 주님께 대한 순종은 눈에 보이는 자기의 지도자에 대한 순종에서 나타나기 때문이다.

(1) 순종

세계 역사상 가장 위대한 지도자인 나사렛 예수(Ford, 1991, 11)는 하나님께 완전히 순종하는 나머지 하나님의 뜻을 따르기 위하여 십자가에 못 박혀 죽으셨다. 바울은 이에 대하여 다음과 같이 보도한다. ''너희 안에 이 마음을 품으라 곧 그리스도 예수의 마음이니 그는 근본 하나님의 본체시나 하나님과 동등 됨을 취할 것으로 여기지 아니하시고 오히려 자기를 비어 종의 형체를 가져 사람들과 같이 되었고 사람의 모양으로 나타나셨으매 자기를 낮추시고 죽기까지 복종하셨으니 곧 십자가에 죽으심이라"(빌 2:5-8).

만즈(Manz, 1991, 15)는 따르는 자들(followers)이 좋은 지도자들(leaders)이 되는 조건으로 순종을 제시한다. 예수님께서 하나님께 순종하심으로써 훌륭한 지도자가 된 것처럼 바울도 예수님께 순종함으로써 훌륭한 지도자가 되었다. 같은 원리로 우리는 우리의 지도자에게 순종함으로써 우리도 훌륭한 지도자가 될 수 있다.

그래서 리쥐(Ridge, 1989, 19-33)는 피지도력(followership)과 지도력(leadership)을 동일시했다. 지도력이란 상대적 관계의 개념이다. 따르는 자들이 없으면 지도력은 아무 의미가 없다. 지도력은 반드시 다른 사람들과의 관계성 속에서 이루어지기 때문에 인간관계가 매우 중요시된다(Locke et al, 1991, 2-3). 지도력은 정해진 목표를 향하여 가기 위해 따르는 사람들을 설득해야 하는 과제를 필수 요건으로 한다. 따르는 자가 좋은 지도자가 되기 위해서는 현재의 자기의 지도자를 따르는 것을 원칙으로 한다

(Ford, 1991, 35). 영적 지도력은 따르는 정신을 필요로 하는데, 이 따르는 정신 속에는 순종이 핵심적 요소를 이루고 있다. 좋은 지도자가 되기 위해서는 순종의 사람이 되어야 한다(Kwon, 1997, 187).

(2) 봉사

순종과 봉사는 지도력의 양면이다. 왜냐하면 지도력은 따르는 자들의 지도자에 대한 순종과 지도자의 따르는 자들에 대한 봉사로 이루어지기 때문이다. 봉사하는 자로 이 땅에 오셨다고 강조하신 주님은 제자들(따르는 자들)에게 순종을 요구하셨다(Foster, 1988, 110-140).

오늘날 미국에서는 조직적 지도력(organizational leadership)에 대한 생각이 바뀌고 있다. 미국의 사업체들은 지도층에 있는 사람들과 관련된 새로운 형태의 지도력을 개발하고 있다. 지도층의 권위보다는 피지도층에 대한 봉사 정신을 중심으로 하는 새로운 형태의 지도력 형태가 개발되고 있으며(Lorenzi & Sims, 1991, 11) 급진적으로 바뀌고 있다. 조직체 안에서의 상관에 대한 충성을 강조하는 쪽에서 피지도층을 위한 봉사적 차원의 지도력이 강화되고 있다(Gilmore, 1988, 1). 사실 이것은 이미 예수님께서 실천하신 섬기는 자로서의 지도력(servant leadership)에서 이미 소개된 지도력의 형태다.

많은 교회들이 비전을 잃고 방황하고 있는데, 그 이유는 예수님께서 실천하신 섬기는 자로서의 지도력을 가진 교회 지도자들이 적기 때문이다(London, 1993, 48). 포드(Ford, 1991)는 변화하는 지도력(transforming leadership)을 대안으로 제시한다. 변화하는 지도자(transforming leader)란 지도자 자신이 모든 권력을 독점하는 것이 아니고 자기의 권력을 따르는 사람들에게 적절하게 분배하여 그들이 지도력을 잘 발휘할 수 있도록 함으로써 결국은 전체적으로 볼 때에 더 큰 효과를 얻을 수 있다는 것이다. 그래서 그 지도자는 자기가 분배한 지도력을 가지고 지도력을 발휘한 사람들 안에서 자신의 지도력을 발견하게 되는 것이다. 예수님께서는 자기의 권세를 자기를 따르는 제자들에게 분배해주고 그들로 하여금 지도력을 발휘하도록 함으로써 실제로 삼년 여 동안만 지도자로 활동하신 분이 수억의 제자들을 거느리는 위대한 지도자가 된 것이다(Ford, 1991, 16).

그런 위대한 지도자이신 예수님은 항상 따르는 자들에 대한 봉사정신을 가지고 활동하셨다. 즉 타자중심적 지도력을 발휘하셨다. 이것이 영적 지도력의 핵심적 요소이며 영성발달의 증거이기도 하다(Ford, 1991, 16; Kwon, 1997, 188-189).

4. 성령의 역사 안에서의 전도를 위한 제자도와 지도력

예수 그리스도의 사역에 있어서 제자도(discipleship)와 지도력(leadership)은 같은 범주에 있었다. 그는 이 양자를 분리시키지 않으셨다. 왜냐하면 제자화 사역은 곧 영적 지도자를 양성하는 사역이었기 때문이다. "제자"(disciple)라는 헬라어적 의미는 "배우는 자"(learner) 혹은 "따르는 자"(follower)이기 때문에(Kauffman, 1967) 제자도(discipleship) 속에는 따르는 자의 정신, 즉 "피지도력"(followership)이 포함되어 있다. 한편, 지도력 속에도 "피지도력"이 포함되어 있기(Ridge, 1989, 19-33) 때문에 이 양자는 서로 "피지도력"이라는 공통인수를 갖게 된다(Kwon, 1997, 189)

제자도에서 뿐 아니라 영적 지도력에서도 중요한 것은 성령으로부터 오는 영적인 힘이다. 성령의 능력에 의존하지 않고 자기 자신 스스로의 힘으로 영적 지도력을 확립하려는 지도자들 때문에 문제가 온다. 그런 지도력은 영적 지도력이 아니기 때문이다. 성령으로부터 영적 감화를 받고 능력을 얻은 만큼 그 사람은 영적 지도력을 발휘할 수 있다(Sanders, 1962, 33). 그러므로 트레이시(Tracy, 1976, 109)는 성령으로 훈련을 받아 성령 충만하게 된 사람들이 하나님의 말씀을 가르치는 영적 지도자가 되어야 한다고 강조한다. 머피(Murphey, 1983, 3)도 주장하기를 성령으로부터 훈련을 받은 사람만이 진정한 영적 지도자라고 한다.

성령을 통한 영성발달은 전도에 있어서 제자도와 영적 지도력의 공통인수이다. 왜냐하면 제자도와 영적 지도력은 성령 안에서의 영적 성장과 영적 성숙을 요구하기 때문이다(Sanders, 1980, 112-113; Dettoni, 1994, 11;

Pazmino, 1994, 145-146). 참된 제자가 되기 위해서 성령을 통한 영적 성장과 성숙이 필수적이듯, 영적 지도자는 성령을 통한 영적 성장과 성숙이 필수적이다. 자신의 영적 성장과 성숙을 방관한 영적 지도자는 자동적으로 영적 지도력을 상실하게 된다.

본 장에서는 영적행위 영역에서의 기독교교육과 성령의 역사를 통합적으로 논의하였는데, 그 초점은 크리스천의 삶과 사역에 있어서의 영적 행위 영역의 3대요소인 전도와 제자도와 지도력에 맞춰졌다.

순종(obedience)과 봉사(service)는 위의 3대요소의 공통인수가 된다는 것을 논의하였다. 전도는 하나님께 대한 순종의 행위임과 동시에 사람들에 대한 영적 봉사이며, 제자도는 주님께 대한 순종과 사람들에 대한 봉사 없이는 성립되지 않으며, 영적 지도력은 지도자에 대한 순종과 지도를 받는 사람에 대한 봉사의 정신으로 구성된다.

아래로부터의 기독교교육과 위로부터의 성령의 역사를 통해서 크리스천은 영적으로 성장하고 성숙한다. 영적행위 영역은 그 자체가 독립된 것이 아니고 인지적 영역(cognitive domain)과 정서적 영역(affective domain)과 깊은 관계를 맺은 상태에서 하나님께 대한 순종과 사람들에 대한 봉사의 과정을 통해 영성발달이 이루어진다.

일반교육학에서 쓰는 행위적 영역(psychomotor domain)이라는 용어를 영적행위 영역(spirichomotor domain)이라는 말로 바꿔 쓴 것은 전자는 성령의 역사를 고려하지 않지만 후자는 성령의 역사가 필수적이기 때문이며 정신적인 분야와 영적인 분야를 접목시켜 "스피리코"(spiricho)라고 했다. 성령의 역사가 없는 인간 행동의 변화는 윤리적, 도덕적 변화에 그치지만 성령의 역사가 개입된 인간 행동의 변화는 윤리적, 도덕적 차원에만 머물러 있는 것이 아니라 영적 차원에 포함된다.

| 제10장 |

기독교교육의 목표와 방법

　본 장은 기독교교육의 목표가 무엇인가를 탐구하고 그 목표의 달성 방안을 제시함으로써 기독교교육의 자기 정체성과 역할을 명시하고자 한다. 또한 일반교육학에서 제시하는 교육의 목표를 복음주의 신학적 입장에서 조명하고 바람직한 기독교교육의 목표 설정의 확립을 시도한다. 사복음서에 나타난 예수 그리스도의 교육과 사도행전에 나타난 성령의 역사를 종합하여 성경적이고 효과적인 기독교교육의 방법론적 탐구가 시도된다.

　더불어 현대 교육학에서 중시하는 전인교육의 개념에 영성교육의 개념을 접목시켜 참다운 신앙인격의 함양과 증진의 길을 모색하고자 한다. 이를 통하여 지성(cognition)과 감성(affection)의 발달과 더불어 영성(spirituality)이 발달하는 교육의 방법을 탐색한다.

　전통적으로 일반교육은 지성의 발달에 중심을 둔 것이었는데, 1980년대부터 이에 대한 자기 반성적 비판이 대두되어 지성과 더불어 감성을 계발하는 전인 교육적 입장이 현대 교육의 중요한 이슈(issue)로 등장했다. 이와 관련되어 나타난 용어가 감성지수(EQ)다.

　그러나 기독교교육은 지성과 감성의 발달에 무엇인가 중요한 것이 더해져야 한다. 그것이 곧 영성의 발달이다. 본 연구의 시도는 이와 같은 시대적 요청에 근거를 두고 있다. 영성의 개념이 배제된 지성과 감성의 교육은 성령의 역사가 배제된 교육으로서 이것은 참다운 기독교교육이 아니라고 본다. 본 연구는 종합적이며 구체적인 성경적 기독교교육의 목표와 방법을 보다 명확하게 제시할 것이다.

제1절 기독교교육의 목표

"기독교교육의 목표"를 제시하기 위한 선행 조건으로 먼저 "교육의 목표"를 논의하는 것이 바람직하다고 보고, 본 장에서는 먼저 교육의 목표가 제시된다. 기독교교육의 목표가 무엇인가를 명시하기 위하여 기독교교육의 목표와 일반교육의 목표의 공통점과 차이점을 논의하기로 한다. 또한 기독교교육의 목표와 영성발달과의 관계성의 논의를 통하여 바람직한 기독교교육의 길을 모색하고자 한다. 영성을 발달시키지 못하는 기독교교육의 문제점을 간과할 수 없다면, 참다운 기독교교육은 영성발달을 그 전제로 해야 할 것이다.

1. 교육의 목표

교육의 목표는 변화(change)다(Issler and Habermas, 1994, 23). 모르던 것을 알게 하는 인지의 변화(change of cognition)와 못 느끼던 것을 느끼게 하는 감성의 변화(change of emotion) 및 못 하던 것을 할 수 있게 하는 행동의 변화(change of action)가 학습 혹은 교육의 3대 목표다. 교육은 세 가지 영역에서 이루어지는데, 교육심리학은 그 세 영역을 "인지적 영역"(cognitive domain), "정서적 영역"(affective domain), "행위적 영역"(psychomotor domain)이라고 한다.

인지적 영역은 1956년에 여섯 가지로(Bloom, 1956) 분류되었고, 정서적 영역은 1964년에 다섯 가지로 분류되었으며, 행위적 영역은 1972년에 일곱 가지로 세분화되었다(Biehler and Snowman, 1993). 그럼에도 불구하고 사람들은 지식의 증가를 교육의 전부인 것처럼 인식하는 경향이 있다. 인지적 영역의 교육이 이루어진다는 것은 지성의 계발을 의미하고 이것은 교육의 중요한 관심사가 아닐 수 없다.

그러나 교육은 지성을 발달시킴과 동시에 감성(emotion)을 발달시켜야 한다. 뿐만 아니라, 진정한 교육은 알고(knowing) 느낀 것을(feeling) 행동으로 옮기는(doing) 데까지 이르러야 한다. 즉 세 가지 영역 전반에 걸쳐 교육이 이루어져야 진정한 교육이라고 할 수 있다.

이와 같은 시대적 요청에서 1980년대부터 교육의 정서적 영역의 중요성이 부각되었고 이를 대표하는 용어인 "이큐"(EQ: Emotional Quotient/감성지수)가 교육의 장에 중요한 부분으로 자리매김이 되었다. 이에 따라 "인성교육", "인격교육", "인간교육" 등등의 용어들이 커리큘럼 작성에 중요한 영향을 미치게 되었다.

2. 기독교교육의 목표

기독교교육은 일반교육과 공통점이 있고 차이점이 있다. 그렇기 때문에 기독교교육의 목표 역시 일반교육의 목표와 공통점도 있고 차이점도 있다. 그렇다면, 기독교교육과 일반교육의 공통점과 차이점은 무엇인가?

기독교교육과 일반교육은 그 대상이 인간이라는 점에서 공통점이 있다. 따라서 기독교교육의 목표도 일반교육의 목표와 맥락을 같이 하고 있다. 즉 기독교교육도 일반교육의 세 가지 영역을 포함한다. 기독교교육도 지성의 변화와 감성의 변화 및 행동의 변화를 그 목표로 한다. 그러나 기독교교육의 목표는 그 이상이다. 기독교교육은 인간의 지성과 감성과 행위를 변화시키는 것 이상을 요구한다.

기독교교육이 일반교육보다 그 이상의 목표를 가져야 할 당위성의 근거는 기독교교육과 일반교육의 차이점에 있다. 일반교육은 인간의 영적 차원(spiritual dimension)은 다루지 않기 때문에 인간성(humanity) 계발에만 초점을 맞춘다. 그러나 기독교교육은 영적 차원을 다루기 때문에 인간성 계발과 더불어 영성(spirituality) 계발에 초점을 맞추어야 한다.

그렇다면, 기독교교육의 영역을 일반교육의 3대 영역인 인지적 영역(cognitive domain)과 정서적 영역(affective domain)과 행위적 영역(psychomotor domain)에 영적 영역(spiritual domain)을 더해야 하는가? 그런 이론도 가능할 것이다. 그러나 본 연구는 영적 영역을 별도로 설정하는 대신 각 영역에 영적 영향력이 첨가되는 교육을 바람직한 기독교교육이라고 전제한다.

성령의 역사가 인간의 지성과 감성과 행동을 지배하는 교육이 참다운 기독교교육이다. 일반교육은 영적 차원을 배제하기 때문에 성령의 역사라는 개념이 없으나, 기독교교육은 영적 차원을 전제로 하기 때문에 성령의 역사를 필수 요소로 삼아야 한다. 성령은 모든 것을 통달하는 하나님의 영이기 때문에 성령의 역사가 학생의 지성을 지배하는 분위기에서 이루어지는 교육은 높고 깊은 차원의 지적 발달을 가능케 한다. 성령의 역사가 학생의 감성을 지배하는 교육의 현장에는 거룩하고 고상한 정서적 발달이 도모된다. 또한 성령의 역사가 학생의 행동을 지배하는 교육의 현장에는 무능한 사람을 유능한 사람으로 변화시키는 바람직한 교육이 이루어진다. 성령은 하나의 영향력이 아니라 지성과 감성과 의지를 가지고 행하시는 온전한 인격자이시다.

그러므로 기독교교육의 목표는 성령이 인간의 지성과 감성과 행위를 지배하여 학생의 지성과 감성과 행위가 영적으로 변화되도록 하는 것이다. 즉 기독교교육은 학생으로 하여금 "영적인 인간성"(spiritual humanity)을 함양하는 것을 그 목표로 한다. 다시 말하자면 기독교교육은 영적으로 성숙된 인격자를 길러내는 것을 목표로 한다. 따라서 영성을 발달시키지 못하는 기독교교육은 참다운 의미에서의 기독교교육이 아니라고 볼 수 있을 것이다.

3. 영성과 기독교교육

영성을 발달시키지 못하는 기독교교육은 참된 의미의 기독교교육이 아니라는 명제는 영성과 기독교교육의 불가분의 관계성을 내포한다. 양자 간에 불가분의 관계가 있다면 영성의 개념과 기독교교육의 개념의 논의를 통해서 그 공통점이 부각될 것이다. 먼저 영성의 개념을 논의하고 그 다음에 기독교교육의 개념을 논의함으로써 양자 간에 어떤 공통점을 가지고 있는가를 탐구하기로 하자.

영성이란 무엇인가? 핑크(Arthur Pink)는 영적 성장을 논의함에 있어서 인지적 영역과 정서적 영역과 행위적 영역의 변화를 강조한다. 즉 하나님을 알고(인지적 영역), 하나님을 사랑하며(정서적 영역), 하나님의 말씀대로 사는(행위적 영역) 삶을 영성발달의 과정으로 보았다(Pink, 1971, 91-98). 하나님을 아는 영적 지성이 깊어가고, 하나님을 사랑하는 영적 감성이 더욱 풍부해지며, 하나님의 말씀대로 순종하는 삶을 사는 영적 행위가 발달하는 것이 영성발달이라고 본다. 그런데 이런 삶을 가장 완전하게 사신 분이 그리스도이기 때문에 영성발달의 목표는 그리스도를 닮는 것을 의미한다.

카터(John Carter)는 영적 성숙의 단계를 일곱 가지로 구분한다. 첫째 단계는 자신과 타인의 세계를 영적인 시각에서 감지하는 단계이고, 마지막 단계는 예수 그리스도와 일치하는 삶을 살아가는 단계라고 하는데, 카터도 역시 그리스도를 닮는 삶이 영성발달의 목표임을 강조했다. 성령의 역사를 통하여 그리스도를 닮아가는 삶이 영성발달의 과정인데, 이에 관하여 바울도 다음과 같이 강조한다. "우리가 다 하나님의 아들을 믿는 것과 아는 일에 하나가 되어 온전한 사람을 이루어 그리스도의 장성한 분량이 충만한데 까지 이르리니…오직 사랑 안에서 참된 것을 하여 범사에 그에게 까지 자랄지라. 그는 머리니 곧 그리스도라"(엡 4:13-15).

리차드(Lawrence Richards)는 영성을 하나님과의 관계를 맺고 살아가는 인간의 삶이라고 정의하면서, 그런 삶을 가장 완벽하게 사신 분이 그리스도임을 강조한다(Richards, 1987, 49-70). 따라서 그리스도를 닮는 삶이 곧 영성이 발달하는 삶이라는 것이다. 그러므로 영성발달의 목표는 그리스도를 닮는 것이다. 쌘더스(Oswald Sanders)는 영성이란 하나님께서 인간에게 주신 유일한 신앙의 표준인 그리스도를 닮아가는 것(Christlikeness)이라고 결론짓는다(Sanders, 1962, 106). 영성이 그리스도를 닮는 삶의 과정이라는 것, 즉 영성발달의 목표가 그리스도를 닮는 것이라는 점은 모든 영성신학자들의 공통된 주장인데, 어떤 분야의 신학도 그 신학이 성경적이며 복음주의적이라면 이 주장에 대하여 반대하는 입장을 취할 수는 없을 것이다.

바울은 자신의 삶의 목표가 그리스도를 닮는 것이라는 점을 다음과 같이 말한다. "내가 그리스도를 본받는 자 된 것같이 너희는 나를 본받는 자 되라"(고전 11:1). 이 구절은 바울의 삶의 목표가 그리스도를 본받는 것인데, 고린도 교인들도 바울의 그와 같은 영적 가치관대로 그리스도를 본받는 삶을 살라는 말씀으로 해석될 수 있을 것이다. 그리스도를 본받는 삶이 자신의 삶의 목표이며 이것은 곧 모든 크리스천들의 삶의 목표가 되어야 함을 바울은 이렇게 말한다. "하나님이 미리 아신 자들로 또한 그 아들의 형상을 본받게 하기 위하여 미리 정하셨으니 이는 그로 많은 형제 중에서 맏아들이 되게 하려 하심이니라"(롬 8:29). 하나님의 아들 예수 그리스도의 형상을 본받게 하기 위하여 하나님께서 크리스천들을 부르셨기 때문에 모든 크리스천들의 영적 목표는 그리스도를 본받는 것이다. 이에 대하여 히브리서 기자는 다음과 같이 말한다. "믿음의 주요 또 온전케 하시는 이인 예수 그리스도를 바라보자…"(히 12:2a). 히브리서 기자는 11장(믿음장)에서 믿음이 무엇인가를 제시하고, 그런 믿음을 실천한 사람들을 열거한 후에, 12장에서는 우리도 우리의 믿음을 온전케 하시는 예수 그리스도를 바라보는 삶을 살 것을 권면한다. 히브리서 기자는 영적 성장을 위하여 예수 그리스도를 바라보는 삶을 살아야 할 것을 제시함으로써 예수 그리스도가 영성발달의 목표임을 가르치고 있다.

이상의 논의는 영성발달의 목표가 그리스도이며 그리스도를 닮는 삶이 곧 영성이 발달하는 삶이라는 논리적 귀결을 가능케 하였다. 그러면 기독교교육의 목표는 무엇인가? 기독교교육과 그리스도를 닮는 삶은 무슨 관계가 있을까? 이를 위해서 기독교교육의 정의를 알아보기로 하자.

파즈미노에 의하면 기독교교육이란 성경을 근거로 하고(Bible-Based) 그리스도를 중심하여(Christ-Centered) 성령의 능력으로(Holy Spirit-

Empowered) 가르치고 배우는 과정(teaching-learning process)을 말한다(Pazmino, 1986, 16). 기독교교육의 중심이 그리스도라는 점은 기독교교육의 초점이 그리스도에게 맞추어져야 함을 의미하고 초점이 그리스도에게 맞추어졌다는 것은 목표가 그리스도라는 점을 의미한다.

그리스도는 최고의 교육가(Master Educator)로서 교육의 내용을 스스로 실천하며 가르친 기독교교육의 역할 모델(role model)이다. 누가는 그의 교육사역(educational ministry)을 종합하여 결론짓기를 "행하시며 가르치심"이라고 하였다(행 1:2). 그는 지식과 감동을 주는데서 끝나지 않고 스스로 행동하심으로써 사람들로 하여금 알고 믿은 것을 행동으로 옮기도록 교육하였다. 그는 인지적 영역과 정서적 영역과 행위적 영역을 총망라하여 실천하며 교육하신 모델 교사였다.

그리스도의 3대 직능(three offices of Christ)인 선지자직(prophet office)과 제사장직(priestly office)과 왕직(kingly office)은 그의 지성(cognition)과 감성(emotion)과 행동(action)의 탁월성을 입증해주는 직능들이다. 그는 선지자로서 무지한 백성들을 깨우치는 최고의 지성의 소유자였고, 또한 제사장으로서 백성의 죄를 대신 짊어지고 십자가의 죽음을 감수하는 최고의 감성의 소유자였다. 초림을 통하여 선지자직과 제사장직이 수행되었다면, 재림을 통하여 그는 왕의 직책을 수행할 것이다. 앞으로 도래할 그의 메시아왕국에서 그는 알고(knowing), 느낀 것(feeling)을 행동(doing)으로 옮기는 최고의 통치권을 행사할 것이다.

기독교교육에 등장하는 핵심적 용어인 "기독교적 양육"(Christian nurture) 혹은 "영적 양육"(spiritual nurture)은 기독교교육의 목표가 영적 성장을 도모하는데 있음을 명시하고 있으며(Buttler, 1962, 98), 영적 성장의 초점이 그리스도에게 맞추어져 있기 때문에 기독교교육의 목표가 그리스도닮음임을 확인시켜준다.

4. 그리스도닮음(Christlikeness)

이상의 논의를 통해서 그리스도닮음이 영성발달의 목표이며 또한 기독교교육의 목표임이 확인되었다. 즉 영성발달과 기독교교육의 공통점이 그리스도를 닮는 것을 그 목표로 한다는 점이다. 그럼 그리스도를 닮는다는 것은 무엇을 의미하는가?

성경의 모든 가치들을 실천한다면 그리스도를 닮을 것이다. 왜냐하면 성경은 궁극적으로 그리스도에 대한 말씀이기 때문이다. 그러므로 "성경의 모든 가치를 실천하는 것이 그리스도를 닮는 것이다"라는 명제에 대하여 "그렇지 않다"라고 주장할 사람은 없을 것이다. 그러나 이 명제의 타당성은 연구의 필요성을 극소화한다. 즉 이 명제는 지극히 타당하기는 하지만 그것을 기반으로 하여 영성을 발달시키기 위한 기독교교육을 하는 데는 도움이 되지 못한다. 왜냐하면 그것은 너무 광범위하고 막연한 추상적 명제이기 때문이다.

그리스도닮음이라는 추상적 개념을 구체적 개념으로 이론화할 수는 없을까? 좀 더 용이하게 그리스도닮음을 평가할 수 있는 용어가 없을까? 만약 그 용어를 발견한다면 우리가 그리스도를 얼마나 닮고 살아가는가를 진단하고 평가하고 측정할 수 있을 것이다. 본 연구는 "타자중심주의"를 그리스도닮음을 비교적 용이하게 평가하고 측정할 수 있는 조작적 정의(operational definition)로 제시한다.

본 연구가 그리스도다움을 포괄적이면서도 또한 구체적인 개념으로 제시하는 용어인 "타자중심주의"는 "하나님중심주의"와 "타인중심주의"를 모두 포함한다. 기독교는 자기(self) 이외의 타자(other)를 하나님과 다른 사람들이라고 보기 때문에 타자는 자기 이외의 존재인 하나님과 다른 사람들을 의미한다. 무신론자들에게 있어서 타자는 다른 사람들로 국한되어 있기 때문에 그들이 말하는 타자중심주의는 타인중심주의만을 의미한다. 그러므로 그들의 교육은 인간성(humanity) 계발의 차원에 한정된다. 영성 계발은 기독교교육적 차원에서만 기대된다. 기독교교육은 하나님중심적이며 타인중심적이기 때문에 영성과 인간성을 동시에 계발할 수 있다.

타자중심주의는 자기중심주의의 반대 개념으로서 하나님을 중심하며 또한 다른 사람들을 중심하는 삶을 지향한다. 이는 자기의 유익을 위하여 하나님과 타인들을 이용하는 삶이 아니라, 하나님의 영광을 위하여 타인들에게 유익을 끼치고자 노력하는 삶의 자세를 의미한다.

그렇다면 그리스도다움을 타자중심주의로 요약할 수 있는 이론적 근거는 무엇인가? 그것은 성경적, 신학적 근거의 타당성을 얼마나 지니고 있는가? 이 물음에 대한 해답을 찾기 위해 그리스도의 성육신(the Incarnation)과 지상 사역(the Earthly ministry)과 십자가의 죽으심(the Crucifixion)에 타자중심주의가 얼마나 포함되어 있는가를 조사해보자. 만약 타자중심주의가 그리스도다움을 대변할 수 있는 특징적 요소라면 그리스도의 성육신 사건과 지상 사역과 십자가 사건에 타자중심성이 잘 나타나 있을 것이다.

그리스도의 성육신 사건은 그 자체가 타자중심주의를 의미한다. 왜냐하면 그것은 하나님의 아들이 인간을 구원하기 위하여(people-centeredness) 하나님 아버지의 뜻을 따라(God-centeredness) 하늘 영광을 버리시고 험악한 세상에 육신을 입고 오신 사건이기 때문이다(Torrance, 1979). 그는 본질상 하나님으로서 아들의 모습으로 인간의 몸을 입고 이 세상에 오셔서 인간을 구원하기 위하여 온갖 고난을 겪었다.

티센(Thiessen, 1952, 289-294)은 그리스도의 성육신 이유를 다음과 같이 일곱 가지로 요약하였다. (1) 하나님의 약속을 확고하게 하기 위하여(롬 15:8-9), (2) 하나님을 계시하기 위하여, (3) 믿음직스런 대제사장이 되기 위하여, (4) 죄를 없이 하기 위하여, (5) 마귀의 역사를 파괴하기 위하여, (6) 거룩한 삶의 본을 보이기 위하여, (7) 재림을 준비시키기 위하여.

이상의 일곱 가지를 종합하면 그리스도의 성육신은 하나님과 인간을 위한 사건이었음을 알 수 있다. 좀 더 자세히 분류하면, 1번부터 5번까지는 하나님중심적인 내용이고, 2번부터 7번까지는 타인중심적 내용이다.

그리스도의 성육신은 인간을 구원하려는 하나님의 뜻을 성취하기 위하여 인간의 몸을 입고 이 땅에 오신 사랑의 실천 사건이었다(Brown, 1988, 77). 자신의 고난과 고통을 감수하면서도 인간을 구원하기 위하여 인간의 몸을 입고 낮고 어두운 곳에 임한 사건이기 때문에 그것은 온전히 타자중심적인 행위였다(Maddocks, 1981, 17).

타자중심주의는 그리스도의 성육신 사건에만 나타난 것이 아니라 그의 지상사역에도 나타나 있다. 마태는 그리스도의 지상사역을 가르침(teaching)과 설교(preaching)와 치유(healing)로 요약하였는데(마 9:35), 이 세 가지 활동들은 모두 인간을 구원하기 위한 하나님의 계획을 실천하려는 일들로서 자기중심적인 사역이 아니라 타자중심적인 사역이었다. 그리스도가 성육신하여 인간을 구원하려는 하나님의 뜻을 실천하는 사역을 하리라는 것을 이사야는 다음과 같이 예언했다. "주 여호와의 신이 내게 임하셨으니 이는 여호와께서 내게 기름을 부으사 가난한 자에게 아름다운 소식을 전하게 하려 하심이라. 나를 보내사 마음이 상한 자를 고치며 포로된 자에게 자유를 갇힌 자에게 놓임을 전파하며 여호와의 은혜의 해와 우리 하나님의 신원의 날을 전파하여 모든 슬픈 자를 위로하되"(사 61:1-2).

누가는 구약성경에 예언된 하나님의 말씀을 그리스도가 실천하셨다는 것을 다음과 같이 기록하였다. "…회당에 들어가서 성경을 읽으려고 서시매 선지자 이사야의 글을 드리거늘 책을 펴서 이렇게 기록된 데를 찾으시니 곧 주의 성령이 내게 임하셨으니 이는 가난한 자에게 복음을 전하게 하시려 내게 기름을 부으시고 나를 보내사 포로 된 자에게 자유를…이에 예수께서 저희에게 말씀하시되 이 글이 오늘날 너희 귀에 응하였느니라 하시니"(눅 4:16-21). 예수 그리스도의 지상 사역은 구약 성경에 예언된 대로 인간을 구원하려는 하나님의 뜻을 이루기 위한 활동이었기 때문에 그것은 하나님 중심적이며 동시에 타인 중심적이었으므로 이는 곧 타자중심적 행위였다.

그리스도의 삶은 자신이 선포한대로 타인들을 위하는 삶을 사는 것이었는데(막 10:45) 이를 통하여 하나님의 뜻이 이루어졌다(Smedes, 1983, 59). 그리스도의 모범적 지도자상에는 타자중심주의적 요소가 강조되었다. 하나님의 뜻을 이루기 위하여 세상 죄를 짊어지고 가는 어린 양의 모습에서, 양을 위하여 자신의 생명을 바치는 선한 목자상에서 그리스도의 타자중심주의가 그 사역의 근간을 이루고 있음을 알 수 있다(Ford, 1991, 148).

그리스도의 타자중심주의적 특성은 성육신과 지상사역에만 나타난 것이 아니라 십자가의 죽음(The Crucifixion)에서도 나타났다. 그리스도의 십자가의 죽음은 인간의 가장 큰 문제인 죄 문제를 해결함으로써 인간 구원의 길을 열어놓은 사건으로서 그것은 구약성경에서 계속적으로 예언된 하나님의 뜻이었다. 그러므로 십자가의 죽음은 하나님을 위한 것이었고 동시에 인간을 위한 것이었다. 즉 그것은 하나님중심적 사건이었으며 타인중심적 사건으로서, 그리스도의 타자중심주의를 잘 나타낸 사건이었다(Kwon, 1997, 209). 십자가의 죽음은 그리스도 자신에게도 큰 고통이었다. 그것은 영적, 정신적 고통과 더불어 육체적 고통이었다. 그는 온전한 신성(vere deus)을 소유했기 때문에 죄가 없지만 동시에 온전한 인성(vere homo)을 소유했기 때문에 십자가의 죽음은 육체적으로도 큰 아픔이 아닐 수 없었다.

이것은 그리스도의 겟세마네 동산의 기도에 잘 나타나 있다. "…내 아버지여 만일 할 만하시거든 이 잔을 내게서 지나가게 하옵소서. 그러나 나의 원대로 마옵시고 아버지의 원대로 하옵소서…"(마 26:39). "이 잔을 내게서 지나가게 하옵소서"는 십자가의 죽음이 얼마나 고통스러운지를 말해주며, "그러나 나의 원대로 마옵시고 아버지의 원대로 하옵소서"는 그와 같은 고통을 받는 것이 인간의 구원을 위한 하나님의 뜻일진대 그것을 감수하겠다는 거룩한 의지의 표현이었다. 십자가를 지기로 결심한 이 기도는 하나님중심주의 및 타인중심주의, 즉 타자중심주의가 그 핵심을 이루고 있다고 할 수 있을 것이다. 그리스도의 성육신과 지상사역과 십자가의 죽으심은 타자중심주의가 그 핵심을 이루고 있다는 이상의 논의가 제시하는 것처럼, 그리스도를 닮는다는 것은 타자중심적 삶을 사는 것을 의미한다.

5. 타자중심주의의 중요성

타자중심주의가 그리스도를 닮는 삶의 핵심이라는 이상의 논의의 가치는 그것의 신학적, 심리학적 중요성에서도 확인된다. 타자중심주의는 신학적으로는 물론 심리학적으로도 매우 중요한 위치에 있다.

타자중심주의의 신학적 중요성의 논의는 자기중심주의의 심각성에 대한 논의를 출발점으로 하는 것이 바람직하다고 본다. 왜냐하면 자기중심주의는 타자중심주의와 정반대의 개념이기 때문이다. 여기에서 자기중심주의란 타자를 이용해서 자기의 유익을 추구하는 나머지 타자에게 해를 끼치는 삶의 태도를 의미한다. 이는 자기의 유익을 위한 것이라면 하나님의 영광을 가리고라도 그것을 추구하는 위선적 종교인들에게도 나타나고(Webster, 1987, 97), 타인들에게 해를 끼치면서 자기의 유익만을 추구하는 이기적인 사람들에게서도 나타난다.

그러나 이것은 어떤 특정한 사람들에게만 나타나는 것이 아니라 정도의 차이는 있지만, 사실상 모든 사람들이 가지고 있는 보편적 죄성(general sinful nature)에 속하는 것으로서 원죄(the Original Sin)의 핵심이라고 할 수 있다(Brock, 1988; Carrol, 1990; Matzat, 1990; Smith, 1990). 이와 같이 인간 속에 흐르는 원죄의 핵심인 자기중심주의는 하나님과의 관계는 물론 인간관계를 훼손시키고 세상을 파괴한다고 루이스는 강조한다(C. S. Lewis, 1997, 50).

자기중심주의가 원죄의 핵심이라는 신학적 타당성은 선악과 사건에서 나타난다. 인간의 최초의 범죄는 선악과를 먹음으로써 하나님과의 약속을 깨뜨린 것이었고 이것은 선악과를 따 먹으면 하나님과 같은 존재가 된다는 뱀의 유혹을 그대로 받아들였기 때문이었다. 하나님과의 중대한 약속을 깨뜨린 자체가 하나님중심적 삶에서 자기중심적 삶으로의 전환이었고, 먹으면 하나님과 같이 된다는 유혹을 그대로 받아들인 것은 하나님중심적인 삶을 더 이상 살지 않고 자기중심적인 삶을 살겠다는 타락한 의지의 표현이었다. 그것은 하나님을 섬김의 대상으로 보지 않고, 즉 하나님중심적인 삶을 살지 않고, 자기의 선택을 따라 살겠다는 자기중심적 삶의 선언이었다(Kwon, 1997, 94-95).

탕자의 비유에서 작은 아들이 "탕자"가 된 것은, 즉 결정적인 죄를 지은 것은 그가 아버지를 등지고 자기중심적인 삶을 살려고 했기 때문이었다. "…아버지여, 재산 중에서 내게 돌아올 분깃을 내게 주소서…"(눅 15:12) 라는 탕자의 요청은 자기중심주의의 표현이었다. 아버지의 뜻은 아들이 자기와 같이 사는 것이었으나, 이것을 알고 있으면서도 탕자는 아버지의 뜻을 거스르고 자기의 주장만을 관철시키려는 발언을 했다.

하나님과의 관계를 단절시킨 자기중심주의는 그것으로 끝나지 않고 곧 잘못된 인간관계로 연결되었다. 선악과 사건을 통하여 하나님과의 관계가 잘못된 아담은 자기의 잘못을 이브에게 전가시켰고 이브는 뱀에게 전가시켰다(창 3:12-13).

가인이 아벨을 죽인 사건도 자기중심주의가 그 원인이 되었다. 하나님께서 자기의 제사는 열납하지 않고 자기 동생의 제사만을 열납했다는 사실을 놓고 자기의 잘못을 반성하는 대신 동생을 시기하여 그를 살해한 것은 가인 안에 있던 원죄, 즉 자기중심주의 때문이었다. 자기중심주의는 자기의, 자기만, 이기심, 자만심, 시기심 등등 많은 죄들을 파생시킨다(Ross, 1991, 90). 자기중심주의는 모든 문제의 근간을 이루고 있기 때문에 자기중심주의라는 문제를 다루지 않는 한 참된 변화는 불가능하다.

자기중심주의는 인종과 국가와 역사와 문화를 초월하여 모든 사람 속에 있는 것으로서 이것은 모든 문제들의 근원이 된다(Sanford and Paula, 1982, 375-376). 이처럼 자기중심주의는 하나님중심주의와 타인중심주의의 역작용으로서 타자중심주의의 반대 개념임을 알 수 있다.

이상에서 자기중심주의는 매우 심각한 원죄의 핵심이기 때문에 그 반대 개념인 타자중심주의가 대단히 중요하다는 점이 논의되었다. 타자중심주의의 신학적 중요성은 이에 국한되지 않는다. 사실상 모든 성경적 가치들 및 기독교의 가치들은 타자중심적인 것들이다. 왜냐하면 그 가치들은 모두 하나님의 영광을 위하여 또한 다른 사람들의 유익을 위하여 사는 삶을 표준으로 하기 때문이다. 하나님을 사랑하고 이웃을 사랑하라는 말씀도 여기에 해당되며, 예수 그리스도가 제자들에게 주신 "새 계명"도 여기에 해당된다. 옛 계명의 요약이라고 볼 수 있는 십계명도 위로 하나님을 사랑하고(1-4계명) 아래로 사람을 사랑하라(5-10계명)는 말씀으로 요약할 수 있다. 옛 계명이나 새 계명이나 모두 하나님중심적인 신앙을 타인중심적 삶으로 실천하라는 점에 초점이 맞추어져 있다고 볼 수 있을 것이다.

팔복(the Eight Beatitudes)도 타자중심적 가치에 근거를 두고 있다. 예를 든다면, "애통하는 자"는 복이 있다는 말씀에서, 애통하는 자란 자기의 잘못을 솔직하게 인정하고 하나님 앞에서 회개하는 사람을 의미하기 때문에 그 사람은 하나님중심적인 사람이다. "의를 위하여 핍박을 받은 자"가 복이 있다는 말씀에서, 의를 위하여 핍박을 받은 사람은 하나님의 말씀을 실천하려는 과정에서 핍박을 받은 사람이기 때문에 그는 하나님중심적인 사람이다. "온유한 자가 복이 있다"는 말씀에서, 온유한 사람이란 다른 사람들에 대하여 부드러운 마음을 가진 사람을 의미하기 때문에 그는 타인중심적인 사람이다. "긍휼히 여기는 자"가 복이 있다는 말씀에서, 긍휼히 여긴다는 것은 다른 사람을 불쌍히 여긴다는 것을 의미하기 때문에 그런 사람은 타인중심적인 사람이다. 이와 같이 팔복은 하나님중심주의와 타인중심주의, 즉 타자중심주의에 근거를 두고 있음을 알 수 있다.

타자중심주의는 성령의 아홉 가지 열매(갈 5:22-23)의 핵심적 내용이기도 하다. 성령의 아홉 가지 열매인 사랑, 희락, 화평, 오래 참음, 자비, 양성, 충성, 온유, 절제는 모두 타자중심성을 그 핵심 내용으로 하고 있다. 예를 들어, "사랑"은 "아가페"(agape)로서 희생적 사랑, 즉 받는 것보다는 주는 것을 중심으로 하는 이타적 사랑이기 때문에 거기엔 타자중심주의가 핵심을 이루고 있다. "자비"도 타인을 불쌍히 여기는 마음에서 맺어지는 열매이기 때문에 타자중심주의가 그 핵심을 이루고 있다. "오래 참음"의 열매의 경우도 타자중심주의가 근본을 이루고 있다. 자기중심적인 사람은 오래 참을 수 없지만, 타자중심적인 사람은 오래 참을 수 있다.

이처럼, 타자중심주의는 성부 하나님(God the Father)이 자기 백성들에게 주신 "십계명"(the Ten Commandments)의 핵심이며, 성자 하나님(God the Son)이 제자들에게 가르치신 "팔복"(the Eight Beatitudes)의 핵심이다. 뿐만 아니라, 그것은 성령 하나님(God the Spirit)이 참된 신앙생활을 하는 사람들에게 맺게 해주시는 "아홉 가지 열매"(the Nine Fruits)의 핵심이 된다.

타자중심주의는 어떤 사람이 얼마나 영적으로 성숙했는가에 대한 지표라고 할 수 있을 정도로 영성의 중요한 내용이 아닐 수 없다(Buckely, Donald, and Sharp, 1987, 114-115). 자기중심주의에 사로잡혔던 바리새인들이 그토록 종교생활에 열심이었지만, 그런 열성에도 불구하고 예수님께 혹독한 책망을 받은 사실은 자기중심주의는 영적 미성숙의 표현이라는 점을 말해주고 있다. 반면, 비록 사마리아 사람이었지만 강도를 만나 죽어가는 사람을 도와줌으로써 타자중심주의를 실천한 사람을 예수님께서 참된 신앙인의 모델로 삼으신 것은 타자중심주의가 바로 영적 성숙의 지표가 된다는 것을 말해준다.

타자중심주의는 삼위일체 하나님의 인격을 구성하는 중요한 요소이기 때문에 타자중심적 삶을 사는 것은 곧 하나님과의 연합(Union with God)을 의미하고, 이런 삶이 곧 그리스도를 닮는 삶이며 영성이 발달하는 삶이다. 그러므로 복음주의적 기독교교육의 자리매김의 초점이 여기에 맞추어져야 하며, 이 사실은 기독교교육의 목표설정을 확실히 조명해준다.

타자중심주의의 중요성은 신학적 영역에만 국한되는 것이 아니다. 그것은 심리학에서도 매우 중요한 위치를 차지하고 있다. 자기중심주의는 정신을 병들게 하며 삶을 파괴하지만, 타자중심주의는 정신을 건전하게 하며 삶을 건설한다. 타자중심주의는 보편적 우주적 가치(general and universal value)로서 심리학적 이론에도 그 중요성이 부각되는데, 이것은 매우 바람직한 현상이라고 본다. 왜냐하면 신학적 가치가 심리학적 가치와 무관하다면 그 신학적 가치는 삶에 대한 영향력이 크지 않지만, 신학적 가치가 심리학적 가치와 관계가 깊다면 그 신학적 가치는 삶에 대한 영향력이 크다고 볼 수 있기 때문이다.

타자중심주의가 핵심이 되는 심리학적 이론들(Allport, 1961; Hoffman, 1986) 중 하나로서 본 연구는 로렌스 콜버그(Lawrence Kohlberg)의 도덕 발달 이론(Moral Development Theory)을 다루기로 한다. 그는 인간의 도덕성 발달을 심리학적 측면에서 연구하여 이론화한 하버드대학교의 심리학자였다(Shelton, 1990, 98). 그의 이론은 도덕 발달 심리학 분야에서 가장 폭 넓은 지지를 받은 것은 물론 철학과 신학의 분야에서도 지지를 받아왔다. 그의 도덕 발달 이론은 미국의 오천 개 이상의 교육국의 교과과정에 도입되었고, 수백만의 학생들이 그의 이론을 가지고 토론을 했다.

도덕성은 사회 속에서의 상호적인 규칙과 관계가 있는 것이기 때문에 타자중심성을 요구한다. 자기중심성은 도덕 발달에 장애가 되며 타자중심성은 도덕 발달의 기초가 된다(Damon, 1978, 4). 도덕성은 개인적 행위의 규범에만 국한되는 것이 아니다. 왜냐하면 개인적 행위는 공적인 규범과 연관이 되기 때문이다. 콜버그의 도덕에 대한 정의도 공적인 행위의 규범과 관계가 깊기 때문에 도덕성이란 타자중심성과 밀접한 관련을 맺고 있다.

콜버그의 도덕 발달 이론에 타자중심적 요소가 얼마나 포함되어 있는가를 확인하기 위해 그것을 개괄적으로 탐구하기로 한다. 콜버그의 도덕 발달 이론은 세 수준(three levels)으로 구성되어 있으며, 한 수준에는 각각 두 단계들이 있기 때문에 모두 여섯 단계(six stages)로 나뉜다.

첫째 수준은 보통 이하의 수준(preconventional level)으로서 도덕 판단의 기준이 매우 자기중심적이고, 둘째 수준은 보통의 수준(conventional level)으로서 대인관계를 맺을 때에 타인들을 고려하여 적절한 관계를 맺으려고 노력하기 때문에 자기중심성을 극복하고 타자중심적 삶을 살려고 노력하는 수준이다. 셋째 수준은 보통 이상의 수준(postconventional level)으로서 자아가 타인들을 위하여 공헌하려는 가치관이 확립되는 시기이다(Sprinthal and Sprinthal, 1990, 174-179). 그러므로 이 수준은 타자중심주의가 개인의 인격에 핵심을 이루는 단계라고 할 수 있다.

좀 더 단계별로 구체적으로 설명하자면, 1단계는 자기 자신에게만 관심을 갖는 단계로서 자기중심적 관점에서 타인들을 보는 단계이고, 2단계는 다른 사람들과 관계를 맺되 타인들에 대하여 일방적인 관심을 보이는 단계다. 3단계는 여러 사람들과의 관계를 맺으며 자기중심에서 타인 중심으로 관심을 넓혀가는 단계이고, 4단계는 좀 더 넓은 시야에서 자신을 사회와 연결시켜 사회를 위한 자신의 존재를 인식하는 단계다. 5단계는 사회적 계약을 중요시함으로써 사회의 질서를 위해서라면 자아를 희생하고자 하는 단계다. 6단계는 만인에게 유익이 되는 윤리적 법칙을 따라 행동하는 단계로서 완전히 자기를 희생하고 타자를 위하는 가치관을 지니고 삶을 사는 단계다.

요약하자면, 보통 이하의 수준(preconventional level)인 1단계와 2단계는 완전히 자기중심적인 단계들(self-centered stages)이고, 보통의 수준(conventional level)인 3단계와 4단계는 부분적으로 타자중심적 단계들(partially other-centered stages)이며, 보통 이상의 수준(postconventional level)인 5단계와 6단계는 타자중심적 단계들(other-centered stages)이다(Shelton, 12-13). 이처럼 콜버그는 자기중심적인 상태에서 타자중심적인 상태로 변화되는 것을 도덕 발달의 과정으로 보고 있음을 알 수 있다. 그러므로 콜버그의 도덕 발달 이론도 타자중심주의적 가치가 핵심을 이루고 있음을 알 수 있다.

이상에서 논의된 타자중심주의의 신학적, 심리학적 중요성은 복음주의적 기독교교육의 목표를 명백히 하며 확고히 한다. 기독교교육은 자기 중심주의적, 이기적 인간을 타자중심적, 이타적 신앙인격자로 변화시키는 것을 목표로 해야 하는데, 이는 또한 영성발달의 목표이기도 하다. 영성발달의 목표와 기독교교육의 목표가 일치한다는 것은 정상적인 기독교교육이 영성을 발달시킨다는 사실을 명시해준다. 기독교교육을 정상적으로 하면 영성이 발달하고, 영성을 발달시키려면 기독교교육을 정상적으로 해야 한다. 그러면 정상적인 기독교교육의 방법은 무엇인가?

제2절 기독교교육의 방법

앞 장의 논의는 그리스도를 닮는 것이 기독교교육과 영성발달의 목표인데, 그리스도를 닮는다는 것은 타자중심적 삶을 사는 것이라고 했다. 본 장은 그런 목표를 달성하기 위하여 기독교교육을 어떻게 해야 할 것인가를 논의하고자 한다.

일반교육은 교사가 학생을 가르쳐 인지적 변화와 정서적 변화 및 행위적 변화를 도모하면 되지만, 기독교교육은 그 이상이어야 한다. 왜냐하면 기독교교육은 영적이어야 하기 때문이다. 일반교육엔 "인간 교사"(human teacher)만 존재하지만, 기독교교육엔 인간 교사와 "거룩한 교사"(Divine Teacher)가 동시에 존재한다(LeBar, 1981, 238-256). 즉, 일반교육은 교사라고 하는 한 인간이 학생들이라고 하는 다른 인간들에게 지식을 전하는 "수평적 과정"(horizontal process)을 주축으로 하지만, 기독교교육은 그런 수평적 과정과 더불어 "수직적 과정"(vertical process)을 필수적으로 하는데, 그 수직적 과정에 관계된 교사가 거룩한 교사다. 다시 말하자면 기독교교육은 인간 교사가 가르치는 과정에서 거룩한 교사인 성령이 동시에 가르쳐야 한다는 것이다. 성령의 역사가 없는 기독교교육은 일반교육과 큰 차이가 없다.

르바(L. LeBar)는 자신의 책, 『기독교교육』(Education That Is Christian)에서 한 장 전체를 할애하여 거룩한 교사로서 성령의 역사를 강조한다(LeBar, 1981). 기독교교육은 인간 교사와 거룩한 교사의 연합적 사역이다. 성령의 역사가 없는 기독교교육은 참다운 의미의 기독교교육이 아니다. 성령의 역사가 배제된 기독교교육은, 그 교재를 성경으로 한다고 할지라도 그 교육에 참여하는 학생들의 영적 변화가 일어나지 않는다. 기독교교육은 성경에 기초를 두고(Bible-Based) 그리스도를 중심하여(Christ-Centered) 성령의 능력으로(Holy Spirit-Empowered) 거듭난 교사에 의해 진행되는 교수-학습 과정(teaching-learning process)이다. 그러므로 눈에 보이는 교사인 인간 교사는 눈에 보이는 성경 말씀을 근거로 하여 교육을 함에 있어서 눈에 보이지 않는 거룩한 교사인 성령을 전적으로 의존해야 한다. 인간 교사에 의해서 수행되는 아래로부터의 교육과 위로부터의 성령의 역사가 접목되는 교육이 기독교교육이다.

이런 과정에서 참된 변화가 일어난다. 이런 교육은 지성과 감성과 행위가 자기중심에서 타자중심으로의 변화를 야기 시킨다. 즉 아래로부터 수행되는 인간 교사의 교육 활동에 위로부터의 거룩한 교사인 성령의 역사가 동반되는 기독교교육은 자기중심적 지성(self-centered cognition)을 타자중심적 지성(other-centered cognition)으로, 자기중심적 감성(self-centered emotion)을 타자중심적 감성(other-centered emotion)으로, 자기중심적

행위(self-centered action)를 타자중심적 행위(other-centered action)로 변화시키는 "전인적 영적 변화"(holistic-spiritual transformation)를 야기 시킨다.

그렇다면 이와 같은 변화를 야기 시킨 기독교교육의 모델이 성경에서 발견되는가? 이런 모델이 성경에 있어야 한다. 그 이유는 예수 그리스도는 가장 이상적인 최고의 교사(the Master Teacher)로서 그런 교육을 지상에서 하신 분이기 때문이며(Green, 1987, 139-148), 또한 그의 제자들도 그런 교육에 참여했기 때문이다(Goleman, Jr., 1974, 32-33).

이 모델의 탐구는 사복음서와 사도행전에 초점이 맞추어지는 것이 바람직하다고 본다. 왜냐하면 예수 그리스도의 교육사역은 사복음서에 기록되어 있고 성령의 역사는 사도행전에 주로 기록되어 있기 때문이다. 마태복음에 의하면 예수 그리스도의 지상사역의 시작도 교육이며(마 5:1-7:29) 과정도 교육이고(마 8-26장) 결론도 교육이다(마 28:20). 그리스도의 제자로 부름 받은 사람들은 최고의 교사인 그리스도로부터 위대한 교육을 받았다. 그들에게 많은 변화가 왔다. 모르던 것을 알게 되는 인지적 변화(cognitive change)와 못 느끼던 것을 느끼는 정서적 변화(affective change)와 못 하던 것을 행하는 행위적 변화(behavioral change)가 일어났다. 그러나 그것은 너무나 미미했다. 전적인 변화가 아니라 부분적 변화였다. 그리스도의 가르침을 받고도 아는 것 같았으나 핵심을 몰랐고, 믿고 느끼는 것 같았으나 참다운 정서적 변화가 없었고, 알고 믿은 대로 행하는 것 같았으나 중대한 시점에서는 믿은 대로 행치 않았다. 그들의 지성과 감성과 행위는 모두 자기중심적이었다.

그러면 최고의 교사인 예수 그리스도로부터 직접 3년 이상이나 교육을 받은 제자들에게 왜 참다운 변화가 일어나지 않았을까? 그렇다면, 예수 그리스도의 교육사역은 실패로 끝난 것이었을까? 아니다. 아래로부터의 예수 그리스도의 교육사역은 위로부터의 성령의 교육사역과 연결되게 되어 있었다. 이에 대하여 그리스도는 제자들에게 이렇게 예언하셨다. "보혜사 곧 아버지께서 내 이름으로 보내실 성령 그가 너희에게 모든 것을 가르치시고 내가 너희에게 말한 모든 것을 생각나게 하시리라"(요 14:26). 이것은 예수 그리스도의 교육사역이 성령의 교육사역과 연합되어 참다운 변화를 일으키는 교육이 이루어질 것을 예언한 말씀이다.

이 예언의 말씀대로 오순절에 위대한 변화가 일어났다. 지성과 감성과 행위의 변화가 성령 강림을 체험한 모든 사람들에게 일어났다. 전인적 영적 변화(holistic spiritual change)가 일어난 것이다. 예수가 자기 민족만을 위한 그리스도인줄 알았던 그들이 예수는 모든 인류의 구세주임을 깨닫는 인지적 변화가 일어났고, 다락방에서 문을 잠그고 두려움에 떨던 제자들이 문을 박차고 나가서 죽음을 무릅쓰고 복음을 전파하는 정서적 변화 및 행위적 변화가 일어났고, 자기 물건을 서로 나누어 쓰는 행위적 변화가 일어났다(행 2:1-47). 이와 같은 자기중심적 지성과 감성과 행위가 타자중심적 지성과 감성과 행위로 변화된 것은 예수 그리스도의 교육사역과 성령의 역사가 접목되었을 때에 일어난 현상이었다.

사복음서에 기록된 아래로부터의 기독교교육이 사도행전에 기록된 위로부터의 성령의 역사와 접목이 될 때에 자기중심주의에서 타자중심주의로의 변화가 일어나며 이것이 곧 영성발달이고 그리스도를 닮는 것이다(Kwon, 1997, 204-232). 자기중심적 존재인 인간을 타자중심적 신앙인격자로 변화시키려면 성령의 역사가 동반되는 기독교교육이 필수적이다. 이와 같이 사복음서와 사도행전에 나타난 기독교교육의 모델은 오늘날의 기독교교육에 그대로 적용되어야 한다.

기독교교육의 목표를 탐구함에 있어서 본 연구는 먼저 일반교육의 목표와 기독교교육의 목표를 비교하였다. 일반교육의 목표는 지성과 감성과 행위의 변화에 있지만 기독교교육의 목표는 거기에 영적 차원이 수반되어야 한다는 점이었다. 즉 성령의 역사가 지성과 감성과 행위를 지배함으로써 자기중심적인 사람이 하나님중심적 신앙을 가지고 타인중심적 삶을 실천해야 한다는 것이었다. 이런 점에서 기독교교육의 목표는 영성발달의 목표와 일치함을 확인했다. 이것이 곧 그리스도를 닮는 삶이라는 점도 명시되었다.

효과적인 기독교교육의 모델이 사복음서와 사도행전에서 제시되었다. 사복음서에 기록된 예수 그리스도의 기독교교육과 사도행전에 기록된 성령의 역사가 접목되었을 때에 기독교교육의 목표가 효과적으로 이루어졌음이 제시되었다. 자기중심적인 제자들이 타자중심적 신앙인격자들로 변화된 역사적 사실은 오늘날의 기독교교육의 방향과 방법을 충분히 제시해준다.

아래로부터의 기독교교육은 위로부터의 성령의 역사가 동반되어야 한다. 성령의 역사가 없는 기독교교육은 지적 교만을 일으키는 인위적 활동에 불과하며, 기독교교육이 없는 성령운동은 자기중심적 영성을 형성시킬 가능성이 크다. 성령의 역사가 동반되는 기독교교육은 자기중심적 인간을 타자중심적 신앙인격자로 변화시키는데, 이 과정을 통하여 기독교교육의 목표가 이루어지고 영성이 발달한다.

기독교 영성신학

| 제11장 |

전인교육과 두뇌 과학

    세상에 존재하는 모든 발명품들은 모두 두뇌에서 나온 것들이다. 전기, 전화기, 선박, 자동차, 비행기, 인공위성, 컴퓨터 등등 모든 발명품들은 하나도 예외 없이 모두 두뇌의 작용을 통하여 만들어진 것들이다. 두뇌는 모든 생각과 느낌과 말과 행동의 근원이다. 신경 과학자이며 정신과 의사인 에이멘(Daniel Amen)은 우리가 얼마나 행복한가를 느끼는 것도 두뇌에 달려있고 인간관계나 하나님과의 관계를 느끼는 것도 두뇌에 달려있다고 한다(Amen, 1998). 이처럼 두뇌는 우리가 편리한 삶을 사는데 그 중심적 위치를 차지하며 중추적 역할을 하고 있다.
    두뇌와 교육과의 상호관계성은 아무리 강조되어도 지나치다고 볼 수 없을 것이다. 왜냐하면 두뇌의 작용이 없이는 교육적 효과가 나타날 수 없기 때문이다. 교실에서 시행되는 교과서 중심적인 교육도 두뇌를 통하여 이루어지며, 인터넷에서 시행되는 사이버 교육도 두뇌를 통하여 이루어진다. 따라서 효과적인 교육을 위하여 두뇌 과학을 연구하는 것은 필수적 요소가 아닐 수 없다.
    그러므로 두뇌의 기능에 대한 연구를 무시하고 교육을 논의하는 것은 매우 비효율적이며 비합리적이라고 할 수 있을 것이다. 컴퓨터의 발명과 함께

20세기 후반기에 일기 시작한 두뇌에 대한 생리학적, 의학적, 심리학적 연구의 결과들은 교육에 충분히 활용되어야 한다.

본 연구는 효과적인 교육을 위하여 다음과 같은 내용으로 연구를 전개하고자 한다. 먼저 교육에 초점을 맞추어 두뇌 과학을 개괄적으로 탐구하고, 두뇌의 기능과 교육의 목표를 논의한다. 전두엽(frontal lobe)과 측두엽(temporal lobe)의 기능들을 탐구하고 이들을 종합하여 전인교육을 위한 이론의 형성을 시도한다. 그리고 그 이론에 따라 효과적인 전인교육의 방법을 제시한다.

제1절 두뇌 과학과 교육

두뇌 과학의 발달이 교육의 중요성을 일깨워준다는 사실은 두뇌 계발이 교육의 중요한 목표이며 교육에 의한 두뇌 계발이 기대되기 때문이다. 두뇌 발달은 모태에서부터 자연스럽게 이루어지기도 하지만 생후부터의 두뇌 발달은 교육에 의존되어야 한다. 두뇌의 발달은 자연스럽게 이루어지기도 하지만 교육에 의하여 그 발달이 가속화되고 지속되기 때문이다.

두뇌 과학에 의하면, 태아(fetus)가 된 첫 달에 수십억 개의 뇌세포(brain cells)가 형성된다(Kotulak, 1997, 10). 출생 후 3년 동안에는 수조 개의 뇌세포 연결망들(trillions of brain cell connections)이 이루어져 두뇌의 "물질적 지도들"(physical maps)이 형성되는데, 이것들이 시각(vision)과 청각(hearing)과 언어(language)를 관장한다고 한다.

생후 4-10세 때에는 "새로운 학습"(new learning)이 구성되면서 뇌세포 사이의 연결이 급속도로 강화되어 두뇌 발달이 가속화된다고 한다. "새로운 학습"이라는 용어가 암시하듯 이 시기부터 교육은 두뇌 발달에 중요한 역할을 하게 된다. 교육에 의하여 새로운 정보가 제공됨에 따라 두뇌 발달이 가속화된다.

생후 10세 이후에도 아이들의 신체는 계속 성장하며, 이에 따라 뇌세포도 증가하고 두뇌의 기능도 발달하며, 이 시기엔 아이들에게 영향을 주는 사람들의 역할이 매우 중요하다고 하는데(Kotulak, 1997, 11), 이는 두뇌 발달에 미치는 교육의 중요성을 말해주고 있다. 최근의 연구에 의하면 두뇌의 발달은 어린 시절이나 청년기에만 가능한 것이 아니라 언제든지 가능한 것이라고 한다. 20대 중반부터 세포의 노화가 시작되어 점차적으로 뇌세포 숫자가 줄어든다고 할지라도 두뇌의 발달이 가능한데, 이는 교육의 중요성을 시사하고 있다. 록펠러대학의 맥에웬(McEwen)은 두뇌가 지속적으로 발달할 수 있다는 점에 대한 중요성을 강조하기를 "그것은 결코 늦은 법이 없다"고 한다. 두뇌 발달을 위한 교육이 지속되어야 한다는 것이다. 성인의 경우 뇌세포가 1,000억 개나 되므로 20대 중반부터 뇌세포가 죽는다고 할지라도 뇌세포가 모자라서 두뇌 기능이 불가능하다는 법은 없다고 한다. 기존의 뇌세포를 계발하는 것이 두뇌 기능의 관건이지 뇌세포 수의 부족이 관건이 아니라는 것이다. 이런 점에서 교육은 일생동안 두뇌 발달에 지대한 영향을 미친다고 볼 수 있다.

두뇌는 그 자체가 학습 의욕과 능력을 가지고 있다고 하는데(Andreasen, 2001, 41), 이 이론은 두뇌 발달을 위한 교육의 중요성을 시사하고 있다. 두뇌가 학습 의욕과 능력을 가지고 있으므로 그 의욕을 만족시키고 그 능력을 신장시키기 위해서는 교육을 필요로 한다.

두뇌 발달이 지속될 수 있다는 이론은 "두뇌의 유연성"(brain plasticity)에 근거한다. 캐나다의 심리학자 도널드 헵(Donald Hebb)에 의하면 인간의 두뇌는 매우 "유연하며"(plastic), "역동적"(dynamic)이기 때문에 외부의 자극에 따라 순간순간 급속도로 변화한다는 것이다(Andreasen, 2001). 이와 같은 두뇌의 유연성은 외부의 자극이나 정보의 보급에 따라 두뇌의 발달을 가능케 하는데, 이런 가능성은 일생동안 열려있다고 한다.

이와 같은 두뇌 과학적 이론에 의하면, 교육을 통한 새로운 정보의 제공이 두뇌 발달을 가속화시키는데 큰 역할을 하기 때문에 이 이론은 두뇌 발달을 위한 교육의 중요성의 강조가 전제되어 있다. 두뇌의 유연성의 법칙은 연령의 차이를 초월하여 모든 사람들에게 적용되는 원리이기 때문에 두뇌 발달을 위한 교육은 모든 사람들에게 시행될 수 있고 또한 시행되는 것이 바람직하다고 할 수 있을 것이다.

제2절 두뇌의 기능과 교육의 목표들

두뇌의 기능은 모든 부위에서 무분별하거나 무질서하게 나타나는 것이 아니라, 심리적 작용과 영적 작용이 두뇌의 일정한 부위에서 특징적으로 나타난다는 사실이 발견되었다. 스페리(Roger Sperry)가 좌뇌의 기능과 우뇌의 기능이 각각 다르다는 것을 증명하여 1981년에 노벨상을 받은 것을 출발점으로 하여 20세기 말에 두뇌에 대한 연구가 급속도로 증가하게 되었다(Kalt, 1996, 115). 본 절에서는 전두엽을 구성하는 좌뇌와 우뇌의 기능 및 측두엽의 특징적 기능들을 탐구함으로써 효과적인 전인교육의 방법 모색에 기여하고자 한다.

1. 전두엽의 기능과 교육의 목표들: 인지적 영역과 정서적 영역

좌뇌(左腦)와 우뇌(右腦)는 전두엽(frontal lobe)의 주요 부분들로서 그 역할이 분할되어있다. 좌뇌의 주된 기능은 논리적 사고(logical thinking)를 통하여 사물을 분석(analysis)하는 것이고, 우뇌는 감각적 작용을 통하여 사물을 종합(synthesis)하는 기능을 가지고 있음이 밝혀졌다(Davis, 1991, 80). 좌뇌는 지성(cognition/thinking)을 지배하고 우뇌는 감성(emotion/feeling)을 지배한다는 것이다. 미국의 저명한 의사이며 신경 과학자인 슐즈(Mona Lisa Schulz)는 많은 문헌을 인용하며 좌뇌는 지성을 지배하고 우뇌는 감성을 지배한다는 이론을 전개한다(Schulz, 1998, 57-69).

그러면 이와 같은 두뇌의 기능은 교육의 목표와 어떤 관계를 가지고 있는가? 두뇌의 역할이 분담되어 있다는 두뇌 과학적 사실은 1980년대부터 본격적으로 밝혀졌고, 교육 목표의 분류(taxonomy of educational objectives)는 1950년대부터 제시된 이론인데, 양자 간에 일치점이 있는가? 만약 양자 간에 일치성이 없고 모순성만 있다면 교육의 목표는 두뇌 과학적 사실에 입각하여 다시 이론화되어야 할 것이다. 그러나 놀랍게도 양자 간에는 일치성이 존재한다.

교육 목표의 분류는 1950년대에 벤자민 블룸(Benjamin Bloom) 등의 학자들에 의하여 제시되었는데, 인지적 영역(cognitive domain)의 교육 목표는 1956년에 블룸의 연구팀에 의하여 이론화되었다(Bloom, 1956). 교육의 일차적 목표가 인간의 지성을 발달시키는데 있다는 점에서 블룸은 인지적 영역을 구체적으로 탐구하여 이를 여섯 가지 수준으로 분류하였다.

교육의 목표는 지적 발달에만 국한되는 것이 아니다. 지적 기능과 더불어 정서적 기능을 발달시키는 것이 교육의 중요한 목표다. 감성은 삶과 사역에 필수적 요소이기 때문에 인간다운 삶을 살며 일의 효율을 높이기 위해서도 감성 발달은 교육의 목표가 되어야 한다. 인지적 영역이 앎(knowing)에 관한 것이라면 정서적 영역은 느낌(feeling)에 관한 것이다. 인간은 생각하며(thinking) 느끼고(feeling), 생각하고 느낀 것에 따라 행동하는(doing) 존재이기 때문에 정서적 영역은 인지적 영역과 더불어 교육의 중요한 대상이 아닐 수 없다. 정서적 영역은 인지적 영역과 행위적 영역을 연결시키는 다리의 역할을 한다.

그래서 학자들은 1956년에 인지적 영역의 학습을 구체적으로 이론화한 다음, 8년 후에는 정서적 영역의 학습을 구체화하는 이론을 확립하였다. 정서적 영역은 1964년에 크래스월(Krathwohl, 1964)에 의하여 다섯 가지의 수준으로 분류되었다.

블룸 등에 의하여 분류된 인지적 영역의 교육 목표는 좌뇌의 기능에 속하고, 크래스월 등에 의하여 분류된 정서적 영역의 교육 목표는 우뇌의 기능에 속한다. 1950년대와 1960년대에 교육학자들에 의하여 제시된 학습 목표의 분류와 1980년대에 두뇌 과학자들에 의하여 제시된 두뇌의 기능 분류의 일치성은 두뇌 계발을 위한 교육의 방향을 제시한다. 이는 좌뇌의 발달을 위한 인지적 교육과 더불어 우뇌의 발달을 위한 정서적 교육이 병행되어야 함을 시사한다. 일반교육학에서는 지성의 발달과 감성의 발달을 전인교육의 개념으로 보지만 진정한 의미의 전인교육은 측두엽 중심부에 있는 신영역을 통한 영성의 발달을 첨가시켜야 한다고 본다. 인간은 이성적 존재(rational being)이며 감성적 존재(emotional being)일 뿐 아니라 영적 존재(spiritual being)이기 때문에 지성의 발달과 감성의 발달 및 영성의 발달이 조화롭게 이루어지는 교육이 온전한 전인교육이라고 볼 수 있을 것이다.

2. 측두엽의 기능과 교육의 목표: 영적 영역

1980년대에 제시된 전두엽의 기능에 관한 이론은 인성 교육의 중요성을 일깨웠고 "이큐"(EQ)라는 신조어를 등장시켰다(Goleman, 1995). 인지적 기능을 주관하는 좌뇌의 계발과 더불어 정서적 기능을 주관하는 우뇌의 계발이 필요한 것이다. 그래서 양자의 기능을 종합한 두뇌의 기능인 "감성지능"(EI: Emotional Intelligence)에 대한 이론들이 제시되었고, 그 기능을 나타내는 "감성지수"(EQ: Emotional Quotient)라는 용어가 유행되었으며, 이에 따라 "인성교육"이 강조되었다. 예일대학교의 쎌로비(Peter Salovey), 뉴 햄프셔대학교의 메이어(John Mayer), 하버드대학교의 골맨(Daniel Goleman) 등의 학자들에 의해서 교육계에 큰 관심을 불러일으킨 EQ에 관한 연구는 감성지능 계발의 중요성을 강조하는 개념이 되었다.

두뇌에 관한 연구가 가속화되면서 1990년대에는 측두엽의 중심부에 신(God/神)을 인식하는 특수한 영역이 있다는 것을 발견하고 두뇌 과학자들은 이를 "신영역"(God Spot)이라고 명명하였다. 신영역의 개념은 1997년에 캘리포니아대학교의 의사이며 신경 과학자인 라마찬드란(V. S. Ramachandran)이 신을 인식하는 특수한 영역이 측두엽(temporal lobe)에 있다는 것을 증명함에 따라 형성되었다(Flaherty, 2004, 257-258). 라마찬드란에 의하면, 피 실험자들이 영적, 종교적 토론에 임할 때엔 양성자 방사 단층 촬영기로 촬영한 사진에 신영역이 나타났다는 것이다. 연구팀의 발견에 의하면, 신영역은 신자들에게만 존재하는 것이 아니라 모든 사람들에게 존재한다는 것이다. 이는 창조주 하나님(God the Creator)과 피조물인 인간과의 관계를 고려할 때에 당연한 일이라고 볼 수 있을 것이다. 창조주 하나님은 피조물인 모든 사람들과 교통하기를 원하므로 모든 사람들 속에 신영역을 만드셨다고 본다면, 모든 사람들 속에 신영역이 존재한다는 것은 자연스럽고 논리적이며 당연한 일이라고 할 수 있을 것이다. 측두엽 중심부에 초월적, 신적, 영적 세계에 관한 말을 할 때와 들을 때에 특수한 반응이 활발하게 나타난다는 사실의 확인을 통하여 신영역이 측두엽 중심부에 있다는 것이 증명되었다(Reader's Digest, 2002, 344).

이처럼 인간의 두뇌의 특정한 곳에 하나님을 인식하는 부분이 존재한다는 것은 기독교적인 입장에서 볼 때에 당연한 일이라고 할 수 있지만, 이는 고무적인 발견이 아닐 수 없다. 이를 신학적으로 해석한다면, 인간 속에 "하나님을 알만한 것"이 존재한다는 로마서의 말씀과 상통하며, 죄를 통하여 깨어지고 일그러졌지만 인간 속에 아직까지 남아있는 "하나님의 형상"(imago Dei)과 맥락을 같이 한다고 볼 수 있을 것이다.

제3절 두뇌 과학적 이론에 근거한 전인교육의 목표: "삼성일체"(三性一體; Brain Triad)

두뇌에 신영역이 존재한다는 두뇌 과학적 이론은 교육에 매우 중요한 암시를 주고 있다. 전두엽의 좌측 부분(좌뇌)이 지성을 관장하고 우측 부분(우뇌)이 감성을 관장하며, 측두엽의 중심부(신영역 혹은 신뇌)가 영적 감각을 관장한다는 사실은 전인교육에 대하여 중요한 단서를 제공한다. 신영역의 주된 기능이 초월적, 영적 인식과 느낌이라는 점은 이 부분이 영성(spirituality)에 관계된다고 할 수 있을 것이다. 왜냐하면 영성은 일차적으로 하나님과의 수직적 관계를 맺는 것(having a vertical relationship with God)이기 때문이다. 영성은 일차적으로 하나님과의 수직적 관계를 맺고, 이차적으로는 그와 같은 하나님과의 관계성이 인간과의 수평적 관계로 연장되는 것이다(Kwon, 97, 106-108). 두뇌 과학자인 에이멘도 우측두엽(right temporal lobe)에 위치한 신영역이 바로 영성(spirituality)을 관장하는 곳이라고 주장한다(Amen, 2001, 161). 그러므로 좌뇌는 지성(知性)을 관장하고 우뇌는 감성(感性)을 관장한다면, 신뇌는 영성(靈性)을 관장한다고 할 수 있을 것이다.

　교육의 중요한 목표가 두뇌 계발이고, 또한 교육이 이루어지는 장소가 바로 두뇌이기 때문에 이상의 두뇌 과학적 발견을 교육에 반영하는 것은 매우 당연하며 유익한 일이 아닐 수 없다. 진정한 전인교육은 지성과 감성의 계발뿐 아니라 영성이 동시에 계발되어야 한다. 왜냐하면 지성을 주관하는 좌뇌와 감성을 주관하는 우뇌만이 뇌가 아니라 영성을 주관하는 신뇌도 대뇌의 중요한 부분이기 때문이다.

　특히 신학교육이나 교회교육 내지 기독교교육은 신뇌의 계발을 중요시해야 한다. 두뇌 과학이 발견한 또 한 가지 중요한 사실은 신뇌가 창의력(creativity)을 생산하는 주요 부분이라는 것이다. 전두엽이 올바른 판단력을 도출하는 중요한 기관이라면 측두엽은 창의력 도출의 중심지가 된다는 것이다. 플라헐티(A. W. Flaherty)에 의하면 창의력은 초자연적이며(transcendental) 역설적인(paradoxical) 분위기에서 발생하기 때문에 신뇌가 창의력의 보고(寶庫)가 된다는 설명이 가능하다고 한다(Flaherty, 78).

　교육은 지성과 감성 및 영성을 골고루 계발해야 한다. 지성과 더불어 감성을 계발함으로써 전인교육을 해야 한다는 전통적 개념에, 지성과 더불어 감성의 계발은 물론 영성을 계발하는 교육이 참된 의미에서의 전인교육이라는 새로운 의미의 전인교육에 대한 인식이 필요하다. 대뇌의 일부분인 측두엽의 한 중심에 영성을 관장하는 신뇌가 있어서 영성과 더불어 창의력을 신장시킨다는 두뇌 과학적 발견은 영성 계발을 위한 교육의 중요성을 강조한다.

　이성(reason)을 중시하는 현대주의(modernism)가 지능지수(IQ) 중심의 지성 계발 교육을 강조했고, 감성(emotion)을 중시하는 탈현대주의(postmodernism)가 감성지수(EQ) 중심의 감성 계발을 강조했다면, "영성의 세기"라는 21세기는 영성지수(SQ: Spiritual Quotient) 중심의 영성 계발 교육을 강조해야 할 것이다. 지성과 감성과 영성은 모두 필수적 요소들이기 때문에 세 가지를 모두 강조하는 교육이 필요하다고 본다. 좌뇌를 만드신 하나님이 좌뇌를 통하여 이성이 발달하게 하고, 우뇌를 만드신 하나님이 우뇌를 통하여 감성이 발달하게 하며, 신뇌를 만드신 하나님이 신뇌를 통하여 영성이 발달하도록 하는 것은 하나님의 창조의 섭리로 볼 때에도 타당하며, 또한 현실적 삶에서의 지성과 감성과 영성의 중요성을 고려할 때에도 이 세 가지를 계발하는 교육은 타당하다고 할 수 있을 것이다.

위의 논의는 지성(知性)과 감성(感性)과 영성(靈性)이라는 삼성(三性)이 모두 강조되는 전인교육을 요청하다. 이런 의미에서 본 연구는 "삼성일체"(三性一體)라는 신조어를 만들게 되었고, 이에 대한 영문 표기는 삼성일체를 의역하여 "두뇌의 삼화음"(brain triad)이라고 하기로 한다.

교육의 중심 주제인 "머리가 좋다", "두뇌를 계발한다"는 등등의 통념이 두뇌 과학적으로 어떻게 설명되는가? 인간성은 부드럽고 착한데 공부를 못하는 사람을 향하여 "그 사람은 마음은 따뜻한데 머리가 나쁘다"라는 표현이 두뇌 과학적으로 맞는 말인가? 아니다. 그와 같은 전통적 개념은 두뇌 과학에 대한 무지에서 기인되는 표현이다. 마음이 따뜻하다는 것은 감성이 발달했다는 뜻이며, 감성이 발달했다는 것은 우뇌가 발달했다는 뜻이기 때문이다. 좌뇌만이 두뇌가 아니라 우뇌도 두뇌이기 때문에 지성의 발달만을 척도로 하여 머리가 좋다 혹은 머리가 나쁘다고 하는 것은 잘못된 표현이다. 논리적 사고 능력이 부족하여 수학을 잘 못하는 학생이 노래를 잘 불러 사람들을 감동시키는 능력이 있다면 그 사람도 머리가 좋은 사람이다. 왜냐하면 그의 좌뇌는 발달하지 않았지만 우뇌는 발달했기 때문이다.

논리적 사고 능력이 부족한 학생이 따뜻한 마음을 소유하고 뜨거운 신앙을 가졌을 경우에 그 학생도 머리가 좋은 사람이다. 왜냐하면 그는 논리적 사고가 부족하여 좌뇌는 발달하지 못했다고 할 수 있으나 마음이 따뜻한 것을 보아서 그는 감성이 발달한 사람이므로 그는 우뇌가 좋은 사람이다. 그는 또한 뜨거운 신앙을 소유한 것을 볼 때에 영성이 발달한 사람이며 그는 신뇌가 좋은 사람이다. 그러므로 공부를 잘하는 사람만 머리가 좋은 사람이 아니라 마음이 착한 사람도 머리가 좋은 사람이며, 신앙이 좋은 사람도 머리가 좋은 사람이다.

그러므로 지성과 감성 및 영성을 골고루 발달시키는 삼성일체의 교육이 참다운 교육이다. 지성이 자신과 사물과의 관계에서 비롯되는 지적(知的)

기능이고, 감성은 자신과 타인과의 관계에서 비롯되는 정서적 기능이며, 영성은 자신과 하나님과의 관계에서 비롯되는 영적 기능이라고 한다면, 지성과 감성과 영성은 참다운 인간의 삶을 사는데 필수적인 요소들이라고 할 수 있을 것이다.

제4절 효과적인 전인교육 방법

이상에서 논의된 지성과 감성과 영성을 계발하는 삼성일체의 교육이 바람직한 전인교육이라면 그 방법은 어떠해야 하는가? 본 장에서는 효과적인 삼성일체 교육 방법론을 다루기 위하여 보다 효과적인 지성 계발과 감성 계발 및 영성 계발의 방법이 무엇인가를 두뇌학과 교육학적 관점에서 논의하기로 한다.

1. 효과적인 지성 계발: 의미학습(Meaningful Learning)

본 연구는 효과적인 지성 계발을 위한 교육 방법론으로서 "의미학습"(meaningful learning)을 제시한다. 의미학습은 논리적 명료성(logical clarity)을 핵심으로 하는 학습 이론이기 때문에 이를 통한 지성 계발의 효과가 크다고 할 수 있다. 의미학습이란 지식을 주고받는 데서 그치는 기계적 학습이나 주입식 학습이 아니라 정보를 주고받는 과정에서 학습자가 이해를 하고 의미를 느끼게 함으로써 학습의 효과를 증진시키고자하는 학습 이론이다(Biehler and Snowman, 1997, 325-328). 개인의 선택의 자유가 중요시되는 포스트모던 사회에서 학생들이 학교를 떠나는 이유 중의 하나가 주입식 교육이라고 한다면, 주입식 교육과 대조적인 입장에 있는 의미학습이야말로 21세기의 학교교육의 위기를 극복하게 하는데 중요한 역할을 할 수 있다고 본다.

교수-학습 과정(teaching-learning process)을 통하여 학생들로 하여금 의미를 갖게 해야 한다고 강조한 학자들 중에 브루너(Jerome Bruner)

와 오슈벨(David Ausubel)을 들 수 있다. 브루너는 "발견학습"(discovery learning)이라는 학습모델을 통해 의미학습의 방법을 제시했고 오슈벨은 "의미수용학습"(meaningful reception learning)이라는 학습모델을 통해 의미학습의 방법을 제시했다.

브루너의 발견학습은 학생중심의 학습방법으로서 학생들이 자발적 활동을 통하여 의미를 발견하도록 하는 것이다. 학생들이 적극적으로 학습 활동에 참여함으로써 그들 스스로 해답을 찾으며 문제를 해결하는 방법을 배우고, 그런 과정을 통하여 많은 의미를 찾게 된다는 것이다. 발견학습은 교사가 얼마나 많은 지식을 일방적으로 학생들에게 전달하느냐는 데에는 관심이 없다. 학생들로 하여금 해답을 찾고 문제를 해결하기 위하여 생각하도록 도와주는 것이 교사의 중요한 역할이다(Yount, 1996, 199-201). 학생 스스로의 자발적 사고를 통하여 해답을 찾고 문제를 해결하는 과정을 통하여 학생들은 학습에 대한 의미를 파악하게 되고 이에 따라 지성이 계발된다.

오슈벨의 의미수용학습은 의미를 발견하게 만든다는 점에서는 발견학습과 공통점이 있지만 방법상의 차이가 있다. 오슈벨은 부르너의 발견학습을 비판하고 그 대안으로서 의미수용학습 모델을 제시했다. 학생들 스스로에게 너무 많은 것을 맡겨 놓으면 그들에겐 충분한 정보와 지식이 부족하기 때문에 스스로 문제를 해결할 수 없다는 것이다. 학생들은 많은 경우에 무엇이 중요하고 무엇이 적합한 것인가를 알지 못한다는 것이다. 그러므로 교사는 학생들에게 "설명적 교수"(expository teaching)를 해야 한다는 것이다. 강의를 하되 학생들이 필요로 하는 지식을 잘 설명해야 한다는 것이다. 학생들이 이미 알고 있는 것(the known)에 아직 모르는 것(the unknown)을 연결시켜 줌으로써 의미를 발견하도록 해야 한다는 것이다(Biehler and Snowman, 200, 362-363). 이와 같은 의미 파악의 학습 과정을 통하여 지성이 계발된다.

본 연구자는 이 학습 방법들이 과목에 따라 적용되어야 한다고 본다. 예컨대, 문학이나 철학이나 윤리 등의 인문과목들의 경우에는 발견학습을 많이 사용하는 것이 바람직하고, 물리나 화학 등의 자연과학과 수학의 경우에는 의미수용학습을 적용하는 것이 좋다고 본다. 왜냐하면 전자는 개인의 의

견과 견해가 중시되어야 하는 과목들이고 후자는 객관적 사실이 중시되는 과목들이기 때문이다.

신학의 경우엔 이 두 가지 방법을 다 사용하는 것이 바람직하다. 왜냐하면 신학은 객관성과 주관성을 다 요구하기 때문이다. 신학은 성경에 나타난 절대적 가치를 전달해야 하기 때문에 설명적 교수가 필요하므로 의미수용학습을 요구하며, 신학은 또한 지식을 수용하는 사람이 그 지식을 자기의 삶 속에 적용하기 위하여 자발적으로 참여해야 하기 때문에 발견학습을 요구한다.

학습자들이 이와 같은 의미 파악의 과정에서 사고력이 발달하고 사고력의 발달은 지성의 계발을 촉진시킨다고 볼 때에, 의미학습은 지성의 발달을 위해 효과적인 교육 방법이라고 할 수 있을 것이다. 따라서 의미학습은 효과적인 지성 계발의 방법이 될 수 있으며, 그 과정을 통하여 좌뇌 발달이 촉진된다고 할 수 있다.

2. 효과적인 감성 계발

효과적인 감성 계발 교육을 위한 방법이 여러 가지 있을 수 있겠지만 여기에서는 한 가지로 요약하여 그 원리를 제시하고자 한다. "교사는 학생들이 따뜻하고 안락한 분위기에서 교육을 받을 수 있도록 온화한 분위기를 조성해야 한다"는 것이다. 신앙 인격적 분위기는 효과적 감성교육의 근본이며 전제라고 할 수 있을 것이다. 일반교육도 그렇겠지만 기독교교육은 특히 학습 분위기 조성에 힘써야 한다. 왜냐하면 기독교교육은 많은 지식을 주입시키는 것보다는 성경적 가치관을 함양한 신앙 인격자를 길러내는 것이 중요한 목표이기 때문이다.

기독교교육은 지식 중심의 교육이라기보다는 성경적 가치 중심의 교육이므로, 냉랭하고 경쟁적인 분위기가 아니라 따뜻하고 협동적인 분위기에서 이루어져야 한다. 그러므로 교사는 학생 개개인의 의사를 존중하고 그들의 삶의 체험을 중시하며 서로를 인정하고 받아들이는 분위기를 만들어야 한다. 그렇게 함으로써 학생 개개인이 좋은 느낌을 가지고 학습에 임할 수 있도록 해야 한다.

감성 발달은 좋은 느낌이 축적되고 결합됨으로써 이루어지기 때문에, 감성 발달을 위해 교사가 학생들로 하여금 좋은 느낌을 갖는 중에 학습을 할 수 있도록 한다는 것은 극히 당연하고 상식적이며 자연스런 주장이다. 그러나 의외로 이런 기초적 전제가 무시되는 경우가 많다.

"변화학습 이론"(transformational learning theory)에 관하여 많은 논문을 쓰고 책을 쓴 메시로우(Mezirow)는 어떻게 사람들이 자신들의 생의 체험들을 해석하고 의미를 부여하는지에 초점을 맞추고 있다(Merriam and Caffarella, 1999, 319). 그런데 학습자들이 이렇게 자신들의 삶의 체험을 해석하고 의미를 부여하는 과정에서 느낌(feeling)은 필수적 요소라는 것이다. 어떤 체험을 해석함에 있어서 좋은 느낌을 가지고 있을 때에는 긍정적인 해석이 나오며 긍정적인 의미 부여가 가능하지만, 그 체험을 해석하고 의미를 부여할 때의 느낌이 좋지 않으면 자신의 체험을 부정적으로 해석하고 부정적 의미를 부여하기 쉽기 때문에 모든 삶의 과정에서 좋은 정서를 가지고 살 수 있도록 하는 것은 극히 중대한 일이 아닐 수 없다.

가즈다(Gazda, 1973, 66-69)는 교육의 과정에서 보다 효과적인 의사소통을 위하여 다른 사람들의 느낌들을 받아들이는 훈련을 받을 필요가 있다고 강조한다. 또한 다른 사람들의 느낌을 받아들인 후에는 "감정이입"(empathy)을 하며 반응을 보여야 한다는 것이다. 감정이입이란 다른 사람의 입장에서 느끼고 생각하는 태도를 말하는 것으로서, 성경에서 많이 강조되는 "자비"(mercy), 혹은 "동정심"(compassion)과 비슷한 개념이며, 이큐(EQ)의 다섯 가지 내용 중 하나다.

에릭센(S. C. Ericksen)은 수업을 시작하는 첫 날의 학습 분위기가 중요하다고 강조하며, 교사는 당일 적절한 학습 분위기 조성을 위하여 "수업의 인격화"를 제안한다(Ericksen, 1974, 15). 수업은 교사라는 인격자와 학생이라는 인격자들의 만남에서 이루어지는 것이기 때문에 그것은 "인격적"이어야 한다. 수업은 지식중심이 아니라 인격중심으로 진행되어야 한다.

기독교교육은 성경을 주교재로 하고 참된 인격자이신 성령을 주교사로

하여 교사라는 인격자와 학생이라는 인격자들의 만남 속에서 참 인격자이신 예수 그리스도를 닮아가도록 하는 영적, 인격적 활동이기 때문에 수업이 인격화되어야 한다. 이런 의미에서, 많은 지식을 주입시키기 위하여 학생들의 인격이 무시되는 교육보다는 많은 지식이 전달되지 못해도 인격적인 분위기에서 이루어지는 교육이 더 바람직하다.

클락(J. H. Clarke)은 학생들로 하여금 자신들의 의사를 자유롭게 반영하고 그 의사들이 존중되고(respected) 격려되는(encouraged) 분위기를 만드는 사람이 성공적인 교사가 될 수 있다고 주장한다(Clarke, 52-55). 또한 프레데릭(Frederik)의 이론에 의하면 강의를 보다 효과적으로 하는 데는 적어도 여덟 가지의 요소가 있는데, 그 중에서 가장 중요한 것이 감성(emotion/affection)이라고 한다(Johnson, 1995, 45-46). 효과적인 교육을 위하여 교육 대상자들의 감성이 최대한으로 고려되어야 한다는 것이다. 컬윈(Curwin, 1975, 152-158)도 교실에서의 감성의 중요성을 강조하면서 다음과 같이 주장한다. "우리의 느낌들(feelings)은 교실에서 발생하는 일들에 대하여 큰 영향을 주기 때문에 어떤 상황에서 우리가 어떤 느낌들을 가지고 있는지를 점검할 필요가 있다."

라이온 주니어(Lyon, Jr., 1971, 19)에 의하면, 감정이 빈약한 교사들이나 교수들은 교실에서 어려움을 겪는다고 한다. 왜냐하면 감정이 결여된 지식은 학생들에게 허무감을 주기 때문이다. 그는 보고하기를, 성공적인 수업을 하는 교사들은 "인간적인 교육"(humanistic education)을 한다는 특징이 있는데, 인간적인 교육이란 지적인 내용(intellectual contents)을 느낌(feelings)과 접목시키는 것을 의미한다(Lyon, Jr., 119-292). 즉 지성과 감성이 접목된 교육이 그 효과가 크다는 것이다.

팔머(R. L. Palmer)는 학생들로 하여금 배우고자 하는 의욕이 충만하도록 도움을 주는 교사의 중요성을 강조한다. 교사는 학생들로 하여금 "배움을 사랑하고"(love of learning), "불꽃을 점화시키는"(igniting of flame) 사람이 되어야 하며, 그렇게 하려면 먼저 자신이 "열정의 불"(fire with a passion)을 소유하고 있어야 한다는 것이다(Palmer, 2000, 5).

프리드(R. L. Fried)는 교사들에게 조언하기를, 교사는 가르칠 내용을 준비할 때에나 가르칠 때에나 항상 "정열적"(passionate)이어야 한다고 했다(Fried, 1995, 23). 프리드가 말하는 바의 정열적인 교사란, 자신이 가르치는 교과목에 대하여 열렬한 흥미를 가지고 그 심장부를 꿰뚫는 중에 강의준비를 하고, 그것을 학생들에게 가르칠 때에도 자신은 그 분야의 전문가이고 학생들은 그저 자기의 강의를 받아들여야 하는 사람들이라는 태도가 아니라, 학생들을 배움의 동반자로 여기면서 열정적으로 가르치는 교사를 말한다. 즉 가르치는 사람은 가르칠 내용에 대하여 열렬한 흥미를 가짐과 동시에 그 귀한 내용을 겸손한 마음으로 흥미롭고도 열정적으로 가르치는 교사가 훌륭한 교사라는 것이다.

로저스(Carl Rogers)는 주장하기를 "진지하고도 의미 있는 학습"(a significant and meaningful learning)이 이루어지려면 "감정이입적"(empathetic) 이해의 시도가 수반되어야 한다고 한다. 즉 교사는 학생들을 평가의 대상으로 보지 말고 그들의 입장에서 그들을 이해하는 태도를 가져야 한다는 것이다(Rogers, 1983, 125). 이와 같이 겸허하게 섬기는 자세로 학생들을 대할 때에 그 학급은 따뜻하고 부드러운 분위기가 되며, 이렇게 온화한 분위기에서 학습이 이루어질 때에 학생들은 지식만을 습득하는 것이 아니라 정서가 발달된다. 즉 좌뇌만 발달하는 것이 아니라 우뇌도 발달한다.

3. 효과적인 영성 계발: 영감(Inspiration)의 극대화

효과적인 영성 계발을 위한 교육학적 원리는 무엇인가? 이를 한 마디로 요약한다면, "성령의 역사가 동반되는 교육을 통하여 영감이 극대화되도록 해야 한다"는 것이다. 복음주의적 기독교교육은 성경(the Scripture)과 성령(the Spirit)을 강조한다. 성경은 기독교교육의 주교재이며 성령은 주강사이다. 성경은 기독교교육의 최고의 내용이고 성령은 기독교교육의 최고의 능력의 근원이다. 성경과 성령의 권위는 기독교교육의 필수적 요건이다(Zuck, 1998, 81-110).

기독교교육과 성령의 역사의 접목은 사복음서와 사도행전에 잘 나타나 있다. 사복음서에 기록된 기독교교육은 사도행전에서 성령의 역사와 접목됨으로써 위대한 변화를 일으켰는데, 바로 이런 변화가 기독교교육의 목표인 것이다. 교육의 본질은 변화로서, 모르던 것을 알게 되는 인지적 변화(change of cognition)와 못 느끼던 것을 느끼게 하는 정서적 변화(change of affection)와 못 하던 것을 하도록 하는 행위적 변화(change of action)가 일어난 모습이 사도행전에 기록되었다.

사복음서에 기록된 예수 그리스도의 기독교교육은 오순절의 성령의 역사가 동반됨으로써 제자들에게 전인적인 변화가 일어나는 것으로 이어졌다. "최고의 교사"(Master Teacher)이신 예수 그리스도의 아래로부터의 기독교교육과 "거룩한 교사"(Divine Teacher)이신 성령의 위로부터의 역사가 접목됨으로써 제자들의 지성과 감성과 영성이 변화되는 위대한 교육적 효과가 나타났던 것이다. 예수님께서 제자들에게 성령이 오시면 제자들을 깨우치시고 그들을 진리 가운데로 인도하실 것이라고 예언하신 것처럼(요 14:26), 오순절에 성령이 오심으로써 제자들은 성령의 깨우치심을 따라 전인적인 변화를 체험하게 되었다.

그들 개개인에게 일어난 내적 변화(internal change)는 공동체의 변화(change of community)로 이어졌다. 그들은 자기의 소유물을 팔아 필요한 사람들에게 나눠주며(행 2:44-45) 그리스도의 사랑을 실천하였다. 그들은 주님께로부터 서로 사랑하는 것이 최고의 계명이라는 내용의 기독교교육을 다음과 같이 받았다. "새 계명을 너희에게 주노니 서로 사랑하라. 내가 너희를 사랑한 것같이 너희도 서로 사랑하라. 너희가 서로 사랑하면 이로써 모든 사람이 너희가 내 제자인줄 알리라"(요 13:34-35).

그러나 그들은 최고의 교사이신 예수님께로부터 그런 기독교교육을 직접 받았었지만 그것을 실천에 옮기질 못했다. 지식은 있으나 행동이 수반되지 않았다. 그들은 실천하지 못할 뿐 아니라 오히려 서로 누가 더 큰 사람인가를 놓고 다투곤 하였다.

그렇지만 그들에게 성령이 임하심으로써 전인적 변화가 일어났다. 그런 변화는 그들로 하여금 자신의 재산을 팔아 필요한 사람들에게 나누어주는 신앙공동체의 형성을 가능케 했다. 이런 변화는 예루살렘과 온 유대를 거쳐 사마리아와 로마제국을 변화시키는 위대한 능력으로 나타났다. 아래로부터의 기독교교육과 위로부터의 성령의 역사의 접목은 이처럼 위대한 변화를 가져오는 것이다.

다운스(P. G. Downs)는 교사의 노력에 성령의 역사가 접목되어야 함을 다음과 같이 강조한다. "교사의 노력에 성령의 역사가 접목됨으로써 학생들의 심령이 변화되어 그들로 하여금 하나님 아버지와의 순종의 관계(an obedient relationship with the Father)가 맺어지도록 해야 한다"(Downs, 1994, 34). 기독교교육에 종사하는 모든 교사들은 그들이 교육활동(educational activities)을 할 때에 성령의 역사가 임하도록 해야 한다. 성령의 역사가 동반되지 않는 교육은 열매 없는 나무와 같기 때문이다.

죽(R. B. Zuck)은 두 가지 이유를 제시하면서 교육에 있어서의 성령의 역사의 중요성을 강조한다. 첫째 이유는, 기독교교육에서 성령의 역사가 없이는 교사가 참다운 의미에서의 교직수행이 불가능하다. 성령의 역사가 없이는 사람들에게 하나님의 말씀을 효과적으로 가르칠 수 없다는 것이다. 성경은 성령의 역사를 통하여 깨달아지고 그 깨달음을 토대로 하여 사람들을 깨우쳐야 참다운 기독교교육의 수행이기 때문에 기독교교육에서의 성령의 역사는 필수적이라는 것이다. 기독교교육에서 성령의 역사가 동반되어야 할 둘째 이유는, 학생들의 삶 속에서 하나님의 말씀이 실천되려면 교육의 현장에 성령의 역사가 동반되어야 한다는 것이다(Zuck, 1988, 33-34).

이처럼, 성령의 역사는 가르치는 교사를 위하여 필수적이고 또한 배우는 학생을 위하여도 필수적이다. 성령의 역사가 동반되지 않는 기독교교육은 교사의 "교사직"을 불가능하게 하며, 학생의 "학생직"을 불가능케 한다. 그러므로 기독교교육은 성령의 역사를 필수적 요소로 삼아야 한다. 성령의 역사를 통하여 형성된 영감(inspiration)은 영성 계발의 근원이며 능력이 되기 때문이다.

본 연구는 20세기 후반부터 급속도로 발달하고 있는 두뇌 과학의 발견들

(findings)이 전인교육에 활용되어야 한다는 주장의 당위성에 근거하여 시도되었다. 본 연구는 두뇌 과학의 발견에 입각한 참된 의미의 전인교육이 무엇인가를 논의하며 "삼성일체"라는 신조어를 사용하여 새로운 전인교육의 개념을 이론화하였다.

두뇌 과학적 발견에 입각한 전인교육은 지성과 감성만을 강조하는 교육이 아니라 지성과 감성의 강조와 더불어 영성이 강조되어야 한다는 것이다. 좌뇌의 기능인 지성과 우뇌의 기능인 감성 및 측두엽 중심부에 있는 신뇌의 기능인 영성이 동시에 강조되는 교육이 진정한 의미의 전인교육이라는 것을 이론화한 것이 삼성일체이다. 지성과 감성과 영성이 조화롭게 계발되어야 진정한 의미의 전인교육이 이루어진다. 인간은 이성적 존재(rational being)이기 때문에 지성이 계발되어야 하며, 감정적 존재(emotional being)이기 때문에 감성이 계발되어야 하고, 인간은 또한 영적 존재(spiritual being)이기 때문에 영성이 계발되어야 한다.

신뇌는 종교를 믿는 사람들에게만 있는 것이 아니라 모든 사람들의 두뇌에 존재한다는 점과 창의력(creativity)의 주요 출처가 바로 신영역이라는 두뇌 과학적 발견은 기독교교육은 물론 모든 일반교육에서도 신영역 활성화를 위한 교육적 노력이 필요하다는 것을 말해주고 있다. 이런 의미에서 삼성일체라는 새로운 전인교육 이론에 입각한 교육이 이루어져야 한다는 점을 간과할 수 없을 것이다.

그러면 지성과 감성과 영성을 계발하는 효과적인 교육 방법은 무엇일까? 본 연구는 먼저 지성 계발을 위한 효과적인 방법으로서 의미학습을 제시하였다. 논리적 명료성을 통하여 의미학습이 이루어질 때에 지성 계발이 활성화된다고 본다. 한편 효과적인 감성 계발의 방법으로서는 따뜻한 인간미가 흐르는 학습 분위기가 조성되어야 한다. 냉철한 사고력의 함양을 통하여 지성이 계발된다면, 훈훈한 인간미가 지배하는 인격적 분위기가 학습의 장을 지배할 때에 감성 계발이 활성화된다. "차가움"이 지성의 특성이라면 "따뜻함"은 감성의 특성이기 때문이다. 마지막으로, 효과적인 영성 계발은 성령의 역사가 동반되는 교육을 통해서 가능하다는 것이 본 연구의 결론이다.

| 제12장 |

효과적인 교육을 위한 6-1원리

교육은 단순한 지식의 전달로만 이루어지는 것이 아니다. 지식 전달은 교육의 일부이지 전부는 아니기 때문이다. 20세기 후반기의 산업화 시대(industrial age)는 "아는 것이 힘이다"(Knowledge is power)라는 당시의 표어(catchphrase)가 말해주듯, 지식위주의 교육을 요구하는 경향이 있었다. 이에 따라 소위 "주입식 교육"이 성행했고, 그런 교육적 흐름은 비인간화(dehumanization)를 초래하는데 일조를 했다고 할 수 있을 것이다.

이런 시행착오의 과정에서 20세기 후반기에 들어오면서 지금까지 교육계는 "인성교육", "인격교육", "인간교육", "감성교육", "전인교육" 등등의 용어들을 사용하며 지식위주의 교육의 폐단을 벗어나려는 노력을 시도하고 있다. 참다운 교육은 지식 전달과 더불어 감성을 발달시키고 인격을 발달시키는 참된 인간성 회복을 필요로 한다는 것이다.

신학교육은 어떠한가? 신학교육은 일반교육의 차원 이상의 것이 되어야 한다. 일반교육은 "지식의 수평이동"의 차원에 머물러도 되지만 신학교육은 지식의 수평이동과 동시에 위로부터의 성령의 수직적 역사가 일어나야 한다. 왜냐하면 신학교육은 영적 변화를 요구하는 교육이기 때문이다. 바울은 교육에 있어서의 성령의 역사를 다음과 같이 강조한다. "오직 하나님이 성령으로 이것을 우리에게 보이셨으니 성령은 모든 것 곧 하나님의 깊은 것이라도 통달하시느니라…우리가 세상의 영을 받지 아니하고 오직 하나님께로 온 영을 받았으니 이는 우리로 하여금 하나님께서 우리에게 은혜로 주신 것들을 알게 하려 하심이라…우리가 이것을 말하거니와 사람의 지혜의 가르치는 말로 아니하고 오직 성령의 가르치신 것으로 하니 신령한 일은 신령한 것으로 분별 하느니라"(고전 2:10-13). 바울이 본문에서 언급하는 것처럼, 성령은 "알게 하며", "가르치시는" 사역을 하는 분으로서 이것은 성령론의 중요한 부분이다. 성령은 단순한 "영향력"이 아니라 "지성"(cognition)과 "감성"(emotion)과 "의지"(volition)를 가진 온전한 인격자로서 인간을 가르치는 영이신 하나님이기 때문에 신학교육을 포함하는 모든 기독교교육은 지식의 수평이동과 동시에 성령의 수직적 개입이 필수적으로 요청된다. 그것은 지성의 발달과 감성의 발달은 물론 영성의 발달을 요구한다(권택조, 1999). 인간은 지적, 정서적 존재(cognitive-affective being)임과 동시에 영적 존재(spiritual being)이므로 신학교육은 영적 차원을 핵심으로 하는 전인교육이 되어야 한다. 즉 신학교육은 "영적 전인교육"(spiritual-holistic education)이 되어야 한다(권택조, 2000, 211-214). 본 연구는 이와 같은 영적 전인교육을 위한 방안 모색을 시도함으로써 깊이 있고 차원 높은 교육 효과를 거두는 것을 그 목적으로 한다. 본 연구는 영적 전인교육을 목표로 하기 때문에 교육의 내용과 범위가 일반교육의 그것들과 같은 차원에 있어서는 안 된다고 전제한다. 영적 전인적 교육의 목표를 달성하려면 보다 심도 있고 차원 높은 교육원리가 존재해야 하며 그런 원리가 십분 적용되어야 한다.

본 연구는 여섯 가지의 교육의 단계들을 통하여 영적 전인적 교육의 목표가 달성되는데 필요한 내용의 전개를 시도한다. 이 여섯 가지의 단계들은 성경적 조명을 통하여 교육의 원리로 이론화된다. 즉 현재까지 일반적으로 사용되는 교육의 테두리에 성경적 조명을 함으로써 전통적인 내용과 방법을 보완하고 보충하며 심층화하는 연구를 시도한다.

전인적, 영적 교육의 목표를 달성하기 위하여 여섯 가지 단계의 교육원리를 모색함에 있어서 본 연구는 일반교육의 원리에 에스겔서 37장을 접목시켜 이상적인 신학교육원리의 체계화를 시도한다. 다시 말하자면 일반계시(general revelation)와 특별계시(special revelation)의 접목을 통하여 신학교육에 요청되는 교육적 목적 달성에 도움이 되는 방법을 모색한다.

이런 과정에서 일반계시에서 추출된 원리들은 특별계시에 어긋나지 않아야 함을 원칙으로 한다. 즉 일반계시적 차원의 원리들은 특별계시의 조명하에서 문제가 없어야 한다. 다시 말하자면 성경적 테두리 안에서 여섯 가지 교육의 단계가 체계화된다.

본 연구는 "지식전달"에 머무는 주입식 교육(注入式敎育)의 저차원적(低次元的) 한계를 극복하고 보다 고차원적(高次元的) 교육을 함으로써 인간의 전인적 영적 변화를 도출하는 신학교육 내지 기독교교육을 가능케 하기 위하여 다음과 같은 여섯 가지의 교육의 단계들을 설정하고 체계화한다. 이론의 체계성과 숙지의 용이성을 위하여 "I"로 시작되는 여섯 개의 영어 단어들을 중심으로 논의를 전개한다.

첫째 단계는 "지식/정보"(information)의 단계이며, 둘째 단계는 "확인/동일시"(identification)의 단계로서 이는 지식의 수평이동을 통한 교육의 단계다. 셋째와 넷째 단계는 "통합"(integration)의 단계 및 "통찰"(insight)의 단계로서 지식의 체계화 단계이다. 다섯째 단계와 여섯째 단계는 "직관"(intuition)의 단계 및 "영감"(inspiration)의 단계들로서 위로부터 수직적으로 내부에 부여되는 강력한 영향력이며 이를 통하여 지식(knowledge)이 지혜(wisdom)로 변화되고(transform) 삶과 사역의 실천적 원동력이 된다. 이런 점에서, 첫 두 단계는 학습의 인지적 영역(cognitive domain)에 속하며, 그 다음 두 단계는 "정서적 영역"(affective domain)에, 마지막 두 단계는 "행위적 영역"(psychomotor domain)에 속한다고 볼 수 있을 것이다.

제1절 Information(정보/지식)의 단계

지식과 정보의 전달은 모든 교육의 기초(foundation)이며 기본(basis)이고 출발점으로서 본 연구는 이것을 "6-I 원리"의 제1단계로 삼는다. 위에서 언급한 것처럼, 학습이론(learning theory)의 인지적 영역에 속하는 본 단계는 교육의 기초이며 출발점으로서 어떤 분야의 교육에서나 공통적으로 행하여지는 지식의 수평이동 과정이다.

인간은 생존을 위해서나 사역을 위해서나 정보와 지식이 요청되기 때문에 본 단계는 어느 분야의 교육에서나 필수적 요소가 아닐 수 없다. 인간은 태서나면서부터 생존(existence)과 안전(safety)을 위해 다양한 지식을 필요로 하므로(James, 1996, 81), 지식의 단계는 정규교육(formal education) 이전부터 이미 시작되는 바, 인간의 지적 발달(cognitive development)을 연구한 피아제(Jean Piaget)에 의하면 인간은 태어날 때부터 "내장된 학습 의욕"(built-in desire to learn)이 있다고 보았다(Sprinthal and Sprinthal, 95-34).

그러므로 어렸을 때부터 적합한 지식과 정보를 제공함으로써 지적 기능이 정상적으로 발달하도록 교육해야 한다. 제임스(Beverly James)도 어릴 때부터 적합한 지식이 아동들에게 제공되지 않으면 좌절감(feelings of helplessness)과 고통(pain)을 느낀다고 주장한다(James, 81). 이런 이론을 정리하여 다시 말하자면 인간은 고등한 지적 기능을 부여받은 논리적, 이성적 존재(logical and rational being)이기 때문에 그 기능이 만족되도록 지식이 제공되어야 한다고 볼 수 있을 것이다. 랑거(Ellen J. Langer)는 모든 정신 기능을 가지고 있는 생명체는 새로운 정보(new information)를 받아들여야 정상적인 삶을 살 수 있는데, 그것이 부족할 경우엔 정신건강에 손상을 준다고 주장한다(Langer, 1989, 66).

서론에서 언급한대로 본 연구는 여섯 가지 교육의 원리를 에스겔서 37장의 마른 뼈 환상(vision of the valley of dry bones)과 비교하며 각각의 단계를 적용하고자 한다(겔 37:1-10). 왜냐하면 "마른 뼈"가 "큰 군대"가 되는 변화는 변화를 본질로 삼는 교육의 지대한 관심사가 되기 때문이다. 마른 뼈가 변하여 큰 군대가 되었다는 것은 무능한 존재가 능력 있는 존재로 변화되었다는 것을 의미하기 때문에 이 환상은 이상적인 교육을 위한 메시지를 내포하고 있다고 본다.

물론 하나님께서 에스겔에게 이 환상을 보여주신 것은 "교육을 잘하라"는 한 가지의 메시지를 전하려는 것은 아니었을 것이다. 그러나 무능력한 이스라엘 민족이 생기를 부여받아 능력 있는 존재들로 변화 받는 과정을 예언적으로 기록한 이 말씀은 이상적인 교육의 원리를 도출할 수 있는 충분한 근거를 가지고 있다고 볼 수 있으며, 사실상 본 연구가 이론화하는 여섯 가지 교육원리와 짝을 이루고 있다.

그렇다면 본 연구의 첫째 단계인 지식의 단계는 이 환상의 어느 부분에 해당한다고 볼 수 있을 것인가? 에스겔은 환상 중에 하나님의 인도를 받아 산골짜기로 이끌려 갔는데 그 골짜기는 "뼈가 가득했다"(full of bones)(겔 37:1)고 기록되어 있는데, 이 뼈들이 나중엔 이스라엘의 군대로 변화된다(겔 37:10).

이런 변화의 기초는 많은 뼈들이었는데, 이 뼈들은 교육의 첫 단계인 지식 정보로 비유될 수 있다. 뼈들이 재료가 되고 기초가 되어 큰 군대로 변화될 수 있었던 것처럼, 지식 정보가 기초가 되고 재료가 되어 큰 힘을 발휘하는 실력자들을 배출할 수 있다. 이런 점에서, 될 수 있는 대로 다양한 지식들이 학습자에게 전달되는 교육이 필요하다고 할 수 있을 것이다. 뼈들의 숫자가 빈약했다면 군대의 숫자도 부족했을 것이라는 점에서 교육에 있어서 충분한 지식전달은 이상적 교육을 위한 필수적 요소라고 할 수 있을 것이다.

제2절 Identification(확인/동일시)의 단계

본 연구가 제시하는 교육의 두 번째 단계는 이미 자기 속에 들어온 다양한 지식과 정보를 확인하고 동일시하는(identification) 단계로서 이는 지식의 체계화를 의미한다. "마른 뼈들"(dry bones)이 여기저기에 흩어진 상태로만 있다면(겔 37:2) 그 뼈들은 군대가 될 수 없었듯이, 다양한 지식의 파편들(fragments of knowledge)이 학습자의 머리에 흩어져 있다면 그 지식은 그 사람을 유능한 실력자로 만들 수 없다. 학습자를 단편적 지식의 창고로 만드는 주입식 교육은 가장 비효율적이고 비능률적인 교육이라고 볼 수 있을 것이다.

학습자의 머리에 전달된 지식은 체계화되어야 하는데, 이 체계화의 과정이 곧 확인(identification)이라고 할 수 있으며 이 부분과 비유되는 내용이 에스겔 37장에 이렇게 기록되어 있다. "이에 내가 명을 좇아 대언하니 대언할 때에 소리가 나고 움직이더니 이 뼈 저 뼈가 들어맞아서 뼈들이 서로 연락하더라."(겔 37:7). 뼈들이 "서로 들어맞아서 연락(連絡)이 된다"는 것은 교육으로 말하자면 학습자의 머리에 들어온 지식들이 서로 연결되어 지식이 체계화되는 과정이라고 할 수 있을 것이다. 뼈가 서로 연결되어 뼈들이 체계화가 되어 힘 있는 군대로 발전하는데, 이 체계화는 확인의 과정을 통해서 가능한 것이기 때문에 확인은 교육의 필수적 단계라고 볼 수 있을 것이다.

교육심리학에서 "확인"(identification)은 "알려진 것들"(the known)과 "알려지지 않은 것들"(the unknown) 사이에 "다리를 놓는 것"(bridging)을 의미하는데(Habermas and Issler, 111), 이렇게 다리를 놓는 연결 작업은 다양한 지식들을 확인하고 동일시하는 과정을 통해서 이루어지는 것이다. 다리를 놓을 때에 이미 놓여진 이편을 알려진 부분이라면, 저편은 알려지지 않은 부분이고 양자를 연결하려면 확인이 필요하듯이 확실한 정보와 불확실한 정보 사이에 다리를 놓는 작업은 교육의 필수적 과정이 아닐 수 없다.

확인학습은 예수 그리스도의 교육사역에서 반복적으로 사용된 필수적 학습 과정으로서 사복음서는 많은 실례를 우리에게 제공하고 있다. 예를 들어, 예수님께서는 근심과 걱정과 염려로 가득 찬 삶을 사는 제자들에게 세상적 염려에 사로잡힌 삶을 살지 말고 하늘나라에 초점을 맞춘 삶을 살라는 내용을 교육하신다(마 6:26-34). 또한 공중에 날아가는 새와 들의 백합화도 하나님이 기르시는데 하물며 하나님을 믿는 사람들을 하나님께서 돌보시지 않겠느냐는 비유를 통하여 예수 그리스도는 제자들에게 근심과 걱정에 사로잡힌 인생을 살지 말라고 교육하신다. 세상적 염려에 사로잡힌 삶은 이방인들의 삶의 특징이므로 하나님을 믿는 사람들의 우선적 관심사(primary concern)는 하나님의 나라에 있어야 함을 가르치신다.

예수 그리스도는 가장 위대한 교육가로서 그의 교수법(teaching method)은 매우 다양했는데, 그는 많은 비유들(parables)을 통해서 효과적인 교육을 시도하셨다. 이렇게 비유를 통하여 아는 것과 모르는 것 사이에 다리를 놓는 작업을 하는 것이 곧 확인 학습이다. 전달된 정보들이 서로 연결되지 않거나 전달된 정보에 대한 이해가 불분명할 때에 제공되는 비유는 정보와 정보들을 잘 연결하는 기능을 하며 불확실한 정보를 확실히 이해하도록 돕는 역할을 한다. 이처럼, 예수 그리스도의 교육사역에 많이 동원된 비유법은 확인학습의 단계로서 효과적인 교육적 결실에 중요한 역할을 했다.

제3절 Integration(접목)의 단계

본 연구는 "접목"(接木)을 효과적인 교육의 제3단계로 설정하는데, 먼저 접목의 개념을 명시하기로 하자. 접목은 "혼합"(混合)과 그 개념을 달리한다. 혼합은 성질이 다른 것이나 같은 것이나 무조건 섞어서 하나로 만드는 것이라면 접목은 성질이 서로 맞는 것들끼리 합하여 더 좋은 것을 생산하는 것이기 때문에 혼합주의(syncretism)가 아니다. 접목은 기본적으로 자신의 고유의 성질을 그대로 가지고 있으면서도 다른 것과 조화하여 "더 좋은 전체"(the better whole)가 되도록 하는 개념을 지니고 있다(Jame, 113).

접목이란 접목되는 각 부분의 "고유의 정체성"(their own identity)을 유지하면서 서로를 이롭게 하는 것이다. 그러므로 신학과 심리학을 접목시킨다고 할 때에 신학의 고유성과 심리학의 고유성을 유지하면서 신학이 심리학의 이해에 도움을 주고 심리학이 신학의 이해에 도움을 주게 된다(Farnsworth, 11).

기독교 사회학자인 라이욘(David Lyon)은 기독교적 세계관이 사회학과 심리학의 연계를 통해서 사람들에게 전달되어야 한다고 강조했는데, 이는 신학의 사회학적 심리학적 접목의 중요성을 시사하는 주장이다(Lyon, 31-34). 인간은 영적 존재이기 때문에 신학의 대상이고, 그 영적 존재인 인간은 또한 심리적 기능을 가지고 삶을 살아가기 때문에 심리학적 대상이며, 또한 그는 사회 안에서 영적, 심리적 기능을 가지고 살기 때문에 사회학의 대상이다.

기독교 심리학자인 엘렌스(Ellens, 1980, 2-6)는 신학과 심리학은 혼합되어서는 안 되지만, 신학은 심리학의 관점에서 연구되고 심리학은 신학의 관점에서 연구될 필요가 있다고 주장한다. 복음주의 노선에 있는 많은 학자들은 신학과 타 학문의 혼합은 경계해야 하지만 필요할 경우에 접목해야 한다고 주장하는데, 이는 혼합주의는 배척하지만 접목은 필요하다는 주장이라고 볼 수 있을 것이다. 스틸레(Steele, 1990, 57-128)도 심리학과 신학의 접목을 통하여 영성신학의 이론을 전개한다.

접목은 현대의 제반 학문 분야에서 널리 시도되는데, 그것은 필요성에서 나온 현상이다. 인간은 영혼과 정신과 육체로 이루어진 총체적 존재(holistic being)이기 때문에 보다 넓고 깊은 인간 이해를 위해 다양한 분야의 학문 연구가 요청된다. 가령, 생물학(biology)과 화학(chemistry)을 접목시킨 학문이 "생화학"(biochemistry)이며, 생물학과 공학(technology)을 접목시킨 학문이 "생명공학"(biotechnology)이며, 교육학(education)과 심리학(psychology)을 접목시킨 학문이 "교육심리학"(educational psychology)이고, 역사학(history)과 신학을 접목시킨 학문이 "역사신학"(historical theology)이며, 일반 역사(history)와 교회(church)의 발자취를 접목시킨 학문이 "교회사"(church history)다.

그런데, 이 모든 학문들의 결합은 각 분야가 각자의 정체성을 유지하면서 서로에게 필요한 것을 제공하는 연합이기 때문에 이것은 혼합이 아니라 접목이 되는 것이다. 이런 접목이 가능한 것은 각 분야의 학문이 서로 공통인수(common factor)를 가지고 있기 때문이며 그 공통인수를 중심으로 접목되는 것이다. 이런 현상을 신학적으로 설명하자면 모든 피조물 속에 작동되는 원리들(principles)과 진리들(truths)은 창조주 하나님(God the Creator)의 작품이기 때문이라고 볼 수 있을 것이다. 한 분에게서 나온 원리와 진리들이 각 분야의 학문에 적용되기 때문에 서로 일치하는 요인을 갖게 되는 것이다. 생물학의 원리와 법칙을 만드신 하나님이 또한 화학의 원리와 법칙을 만들어 만물을 창조했기 때문에 생물학과 화학이 접목될 수 있는 것이다.

설교도 접목에 의하여 된다. 성경 말씀을 풀이할 때에 예화를 사용하는 것은 하나님의 말씀과 인간 사회 현상을 접목시키는 과정이다. 성경말씀을 청중이 알아들을 수 있는 말로 풀이하는 것도 하나님의 생각과 인간의 생각의 접목이다. 거기에 예화를 들어 설명함으로써 하나님의 생각이 인간의 생각과 접목되어 영적인 유익을 얻게 하는 것이다. 그러므로 훌륭한 설교는 하나님의 말씀과 인간의 삶을 적절히 접목시켜 듣는 사람으로 하여금 하나님의 말씀을 잘 이해하도록 도움을 주는 설교다. 만약, 인간의 이해를 돕기 위한 해석이나 예화가 없이 순수하게 하나님의 말씀만을 전하는 것이 좋은 설교라면, 성경 본문을 잘 읽는 것이 가장 좋은 설교가 될 것이다. 그러나 그것은 설교가 아니라 성경봉독이다.

강의(instructions)의 경우도 접목은 필수적이다. 교사가 가르치고자 하는 내용(contents)을 학습자의 지적 수준에 맞추어 그들이 이해할 수 있는 용어로 설명(interpretations)하고, 거기에 실례(examples)를 들어 이해의 용이성을 증진시키는 일체의 강의의 과정에서 접목이 시도되는 것이다. 학습자의 이해를 고려하지 않고 가르쳐야 할 내용을 그대로 전하기만 한다면 결코 효과적인 강의가 될 수 없는데, 이것은 접목이 효과적인 교육의 필수 요소라는 것을 증명해준다.

그러면 접목의 단계는 에스겔서 37장의 환상과 어떻게 연결되는가? 8절에 보면 연결된 뼈들에 "힘줄이 생기고…"라고 했는데, 뼈에 힘줄이 생겼다는 것은 뼈와 힘줄이 접목되었다는 것을 말해주고 있다. 골짜기에 많은 뼈들이 있었던 것처럼 많은 지식이 학생들에게 전달되어야 하고(1단계), 그 뼈들이 서로 연결됨같이 지식들은 체계화되어야 하며(2단계), 연결된 뼈들에 힘살이 붙어서 튼튼해짐 같이 체계화된 지식도 인접 학문의 지식들과 접목되어 더욱 튼튼한 지적 통합체로 발전해야 한다(3단계).

제4절 Insight(통찰력)의 단계

그러면 효과적인 교육의 그 다음 단계는 무엇인가? 효과적인 교육은 접목의 단계 이상이어야 하는데, 본 연구는 그 다음 단계를 통찰력의 단계로 설정한다.

"통찰력"이란, 영어 단어가 의미하는 것처럼, "내부(in)를 보는 힘(sight)"이다. 통찰하는 내부의 대상은 다양한데, 학습의 내용을 들여다보는 힘이나, 학습자 자신의 내부를 들여다보는 힘이나, 가르치는 사람의 의도를 파악하는 힘이나, 사물이나 사건의 진상을 파악하는 힘들을 모두 통찰력이라고 볼 수 있을 것이다.

사물이나 사건이나 사람 등등 모든 이해의 대상들을 객관적으로 들여다보는 능력, 즉 통찰력은 지적으로나 인격적으로나 영적으로 성숙한 사람의 특징이다. 즉 통찰력은 그 사람의 성숙을 측정하는 중요한 요소가 된다. 영적 분별력(spiritual discernment)이 성령의 아홉 가지 은사들 중 하나라는 사실은(고전 12:10), 바로 이 영적 분별력은 통찰력에 속하는 것으로서 영적 성숙을 위하여 주어지는 성령의 특별한 은사이다(Allport, 950, 60).

통찰력은 교육의 과정에서도 중요하고 정상적인 사역을 하기 위하여 매우 중요한 역할을 하고 있으며 정상적인 삶을 사는데도 필수적이다. 통찰력의 결여는 사역의 실패 요인이 되기도 하고 삶의 패배요인이 되기도 한다. 통찰력의 결여는 영적 패배는 물론, 건강한 정신생활에 치명적 타격을 준다고 전문가들은 주장한다. "세계보건기구"(WHO)의 보고에 의하면, 통찰력의 결여는 97%의 급성정신분열증(acute schizophrenia) 환자들에게서 가장 빈번하게 나타나는 증상이다(Kingdon and Turington, 1994, 99). 통찰력의 부족은 이처럼 심각한 정신병의 특징이기도 하고, 역으로 정신분열증과 같은 심각한 정신질환이 통찰력의 부족을 야기한다고 볼 때에 통찰력을 증진시키는 교육은 일의 효율성과 삶의 질을 높이는 중요한 요소라고 할 수 있을 것이다.

그러면 통찰력의 단계와 에스겔서 37장은 어떻게 연결되는가? 본문에 의하면 서로 연결된 뼈들에 힘줄이 생기고 그 다음에 "살이 오르며 그 위에 가죽이 덮였다"(8절)고 했는데, 살이 오르며 가죽이 덮이는 단계를 본 연구의 4단계에 적용하고자 한다. "살이 오르며 그 위에 가죽이 덮이는"(겔 37:8) 단계에는 내장형성도 포함되어 있다고 볼 때에 이 단계를 본 연구가 시도하는 교육학 이론화의 제4단계에 적용시킨다.

제5절 Intuition(직관)의 단계

본 연구는 "직관"(直觀)을 효과적인 교육의 제5단계로 설정하는데, 그 이유는 직관의 단계가 이전의 단계들보다 더 상위의 단계라고 보기 때문이다. "정보"(1단계), "확인"(2단계), "접목"(3단계), "통찰력"(4단계) 등의 단계들은 "이성적 사고"(rational thought)와 "논리"(logic)의 차원이지만 직관은 이런 이성적, 논리적 차원보다 더 고등한 단계의 기능이다.

수학자 포인케어(Henri Poincare)의 "논리(logic)는 증명하고(prove), 직관(intuition)은 발견한다(discover)"는 주장은 직관이 논리보다 상위의 기능임을 말해준다. 그는 계속 주장하기를, "논리는 과거에 형성된 범주들(categories)이라는 수단을 통하여 세상을 계속 유지시키지만(hold), 직관은 시대적 흐름(flux)안에서 세상을 전체적으로 포착하는(grasp) 기능을 가지고 있다"고 말함으로써 직관이라는 기능이 매우 고등한 가치라는 점을 강조한다.

이성적 사고는 이미 존재하는 정신체계들(old mindsets)을 확인하는 작용을 하고, 직관적 체험은 새로운 세계를 향해 계속적으로 흐르며(flow) 또한 창의력(creativity)을 유발시킨다. 칼 융(Carl Jung)의 "유형이론"(type theory)에 의하면 "생각"(thinking), "느낌"(feeling), "감각"(sensation), "직관"(intuition) 등은 정신세계의 기초부류들(subclasses)인데, 이 네 가지 부류들 중 직관은 최후의 단계에 속하고 있다. 이것도 역시 직관이 고등한 정신적 기능임을 입증하고 있다(Kolbe, 2004, 217).

주디 지(Judee Gee)에 의하면 직관(intuition)은 마음(mind)보다 더 깊은 근원으로부터 흘러나오는 것으로서, 잠재의식적 마음(subconscious mind)과 의식적 마음(conscious mind)이 서로 접목되기도 하고(integrated) 번역되기도 하며(translated) 전달들(transmissions)이 수용된다. 이것은 직관의 근원이 그만큼 깊은 곳에 있다는 주장이기 때문에, 직관이 기능하는 교육은 그만큼 차원이 높다고 볼 수 있을 것이다(Gee, 1999, 4). 본능(instinct)이 몸의 기능이라면 지능(intelligence)은 마음(mind)의 기능이고 직관은 영혼(soul and spirit)의 기능이라고 주디 지(Judee Gee)는 설명하는데, 이것도 역시 직관의 깊이를 강조하는 주장이다.

직관은 신비스럽고(mysterious) 미묘한(subtle) 힘을 지닌(powerful) 기능으로서 정도의 차이는 있지만 태어날 때부터 모든 사람들에게 부여된 인간의 기본적 특질로 인정되고 있다(Gee, 3). 직관의 기능은 인간이 육신적으로나 정신적으로나 영적으로 좋은 삶(well-being)을 사는데 필수적인 요소이며 자신과 타인을 깊이 이해하는데 사용되기도 한다.

이와 같은 심연의 "흐름"(flow)(Csikszenmihalyi, 1996)을 메그 런드스트럼(Meg Lundstrom)은 "영성"(spirituality)과 연계시켜 다음과 같이 설명한다. "…직관이란 하나님의 음성이다"(…intuition is the voice of God)(Belitz & Lundstrom, 1998), 그는 직관을 영성과 연계시켜 "영적 직관"(spiritual intuition)이라고 지칭하며 직관이라는 기능의 고차원적 기능을 강조했는데, 본 연구는 "영적 직관"의 개념을 "영감"(inspiration)이라는 용어를 써서 직관보다 더 상위의 기능으로 분류하여 연구하기로 한다.

벨릿스(C. Belitz), 런드스트럼(M. Lundstrom), 보그한(E. Vaughan) 등에 의하면 직관은 육신적 수준(physical level), 지적 수준(mental level), 정서적 수준(emotional level), 영적 수준(spiritual level) 등 네 가지 수준으로 분류된다(Belitz & Lundstrom, 167-168). "육신적 직관"(physical intuition)은 두통이나 소화불량과 같이 육신적으로 아픈 감각들(sensations)이 있을 때에 그것에 대처하기 위해 나타나는 것으로서, 이는 "접촉불능"(out of touch)이나 "본능적 감정"(gut feeling)의 반영의 현상으로 설명된다. 즉 육신적 위험의 위기를 탈출하기 위한 즉각적 수단으로 나타나는 현상이다.

"지적 직관"(mental intuition)은 고도의 지적인 문제를 풀기 위하여 동원되는 신속하고도 정확한 논리적 판단능력으로서, 난해한 수학문제를 푼다거나 중요한 과학적 탐구를 위한 실험이나 복잡한 문제를 해결하기 위하여 실시되는 "브레인스토밍"(brainstorming) 등에서 나타날 수 있는 현상이다. "정서적 직관"(emotional intuition)은 분위기를 바꾼다거나(shifts in mood) 감각을 바꿀 때에 나타나는 개인적 감정들(personal feelings)로서 이 국면에서는 자기인식(self-awareness)이 중요한 역할을 하고 있다. "영적 직관"(spiritual intuition)은 신비적 체험을 통해 나타나는 것으로서 영적 신비적 세계에 대한 판단력을 의미한다. 성경에서 강조되는 "영적 분별력"(spiritual discernment)도 여기에 속한다고 볼 수 있을 것이다.

그렇다면, 직관의 단계와 에스겔서 37장은 어떻게 연결되는가? 본 연구의 교육의 제5단계인 통찰력의 단계는 에스겔서 37장의 "살이 오르며" 내장이 형성되는 과정에 적용되어 설명되었는데, 이 단계를 거치면서 몸속에 피가 들어갔을 것임을 전제로 한다. 몸에 피가 주입되어 거의 살아있는 사람의 모습을 갖추어가는 단계를 본 연구는 직관의 단계로 적용하는데, 그 이유는 몸의 피가 생명의 주요 요소인 것처럼 직관은 고등한 정신기능으로서 정신작용의 주요 요소가 된다고 보기 때문이다.

제6절 Inspiration(영감)의 단계

본 연구는 영감(靈感)의 단계를 교육의 최고의 단계로 설정하는데, 그 이유는 교육의 대상인 인간이 영적 존재(spiritual being)라는 점에 있다. 바울이 데살로니가 교인들에게, "…너희 온 영(spirit)과 혼(soul)과 몸(body)이 우리 주 예수 그리스도 강림하실 때에 흠 없게 보존되기를 원하노라"(살전 5:23b)라고 인간에 대한 하나님의 뜻을 전한 것처럼, 인간은 영적인 존재이기 때문에 육신과 정신을 위한 교육과 더불어 영적 발달을 위한 교육이 필수적이다. 일반교육이 정신과 육신을 위한 교육이라면 신학교육은 정신과 육신을 위한 교육과 더불어 영적 성장과 성숙을 위한 교육이 강조되어야 하는데, 이는 신학교육의 특권이며 또한 의무일 것이다.

에스겔서 37장에서 힘없는 "마른 뼈"가 힘 있는 "군대"로 변화되는 최종의 단계는 몸에 "생기"가 들어가는 단계인데(10절), 여기에서 "생기"는 히브리어의 "루아흐"로서 문자적으로는 "바람", "호흡", "영", "생기"라는 뜻이며, 이 단어는 인간의 "영"(spirit), "성령"(Holy Spirit) 등으로 번역되며 해석된다. 마른 뼈들이(1단계: Information) 서로 연결되고(2단계: Identification), 힘살이 붙고(3단계: Integration), 살이 오르며 내장이 형성되어(4단계: Insight), 피가 부여되었지만(5단계: Intuition) 아직 살아있는 군대가 되지 못했던 것처럼, "영감"(6단계: Inspiration)이 없는 신학교육은 살아있는 교육이 될 수 없다. 왜냐하면 신학교육은 영감으로 기록된 하나님의 말씀을 주교재로 하고 성령의 역사를 통해서 이루어져야 하는 영적인 차원의 교육이기 때문이다.

그러므로 본 연구의 최종 단계인 영감의 단계는 신학교육의 최고의 단계로서 교육의 질을 결정짓는 중요한 요소가 아닐 수 없다. 바울은 성령의 역사와 신학교육의 필연적 관계를 다음과 같이 전한다. "오직 하나님이 성령으로 우리에게 보이셨으니, 성령은 모든 것, 곧 하나님의 깊은 것이라도 통달(通達)하시느니라. 사람의 사정을 사람의 속에 있는 영 외에는 누가 알리요, 이와 같이 하나님의 사정도 하나님의 영 외에는 아무도 알지 못하느니라. 우리가 세상의 영을 받지 아니하고 오직 하나님께로 온 영을 받았으니 이는 우리로 하여금 하나님께서 우리에게 은혜로 주신 것들을 알게 하려 하심이라. 우리가 이것을 말하거니와 사람의 지혜의 가르친 말로 아니하고 오직 성령의 가르치신 것으로 하니 신령한 일은 신령한 것으로 분별하느니라" (고전 2:10-13).

성령은 하나님께 대한 깊은 진리를 다 아시는 영이시기 때문에 그의 가르치심을 통하여 우리는 영감(靈感/inspiration)을 받게 되고, 이런 영감의 단계를 통하여 영적인 것을 분별하는 교육이 가능한 것이다. 성령은 하나님의 깊은 영적 진리를 가르치시는 "거룩한 교사"(Divine Teacher)이기 때문에 인간교사(human teacher)는 자신의 교육의 과정에서 성령의 역사가 동반되는 교육이 이루어짐으로써 그 강의가 영감의 단계에 이르도록 해야 한다(권택조, 2000, 211-214).

직관이 인간의 내면에서 떠오르는 고등의 정신기능이라고 본다면 영감은 위로부터 인간의 내부에 임하는 영적 감각이기 때문에 영감의 단계는 직관의 단계보다 훨씬 차원이 높다. 따라서 하나님의 "일반계시"를 대상으로 하는 일반교육보다 하나님의 "특별계시"를 대상으로 삼는 신학교육은 직관의 단계는 물론 영감의 단계에까지 이르는 교육이 되어야 한다. 영감의 단계에 이르는 교육은 학생들의 영혼을 깨우치고 영적 기쁨을 고무시키기 때문에 그런 교육은 심령을 살찌게 하며 삶과 사역에 창의적 역동성을 불어넣는다(Flaherty, 2004, 241-252).

홈스(Earnest Holmes)에 의하면, 영감은 "우주의식"(cosmic consciousness)으로서 논리적 판단의 과정(process of reasoning)을 거치지 않고 초자연적이며 초이성적으로 갑자기 임하는 최고의 "영적 감각"(spiritual sense)이다(Holmes, 1997, 341-346). 인간의 이성적 판단을 뛰어넘는 하나님의 특별계시를 연구의 대상으로 하고 교육의 내용으로 하는 신학교육이야말로 이런 의미에서 영감의 단계를 필수 조건으로 하지 않을 수 없다.

자유주의 신학은 이성(reason)을 모든 판단의 척도로 삼기 때문에 이성의 척도에 맞지 않는 것들은 사실이 아니라고 하는 판단을 내림으로써 특별계시 안에 존재하는 많은 초이성적 내용들을 신화나 상징으로 돌린다. 그런 과정을 통하여, 자유주의 신학은 성경 해석상의 오류를 범하는 것은 물론 신학교육의 내용인 성경 자체를 비판하고 파괴하며, 개인의 신앙에 혼돈을 야기시키고, 교회를 쇠퇴시킨다. 자유주의 신학의 이와 같은 오류는 영감이 없는 신학연구와 영감이 없는 신학교육에 기인한다고 할 수 있을 것이다. 특별계시인 성경연구와 교육은 인간의 이성만 가지고는 불가능하다. 왜냐하면 특별계시는 영적인 차원(spiritual dimension)의 글이기 때문에 그런 차원의 진리를 파악하는 데는 영감이라는 이성 이상의 기능이 필요하기 때문이다.

그러므로 신학교육에 있어서 영감의 단계는 필수적이다. 에스겔 37장에서 "생기"가 임하기 전의 산골짜기는 모양만 인간이지 사실상 아무 힘이 없는 시체들로 가득 찬 골짜기였던 것처럼, 성령의 역사가 없는 신학교육은 영적인 힘을 발휘하지 못하는 무능력한 존재들을 길러내는 교육에 지나지 않는다. 시체들 속에 생기가 들어갔을 때에 힘 있는 군대가 된 것처럼(겔 37:10), 영감의 단계에까지 이르는 신학교육은 영적인 힘을 발휘하는 그리스도의 군사들을 길러내는 참된 교육이 될 수 있을 것이다.

신학교육은 성령의 역사가 동반되어야 한다. 인간교사(human teacher)를 통한 아래로부터의 교육은 위로부터의 거룩한 교사(Divine Teacher)인 성령의 역사가 동반되어야 한다. 사도행전 2장에서 우리는 아래로부터의 신학교육에 위로부터의 성령의 역사가 동반됨으로써 영감이 부여되고, 그럼으로써 위대한 변화가 일어난 참된 교육의 모델을 발견할 수 있다(Kwon, 1997). 사복음서는 예수님께서 제자들을 가르치신 교육활동을 묘사하고 있는데, 그 교육의 절정은 사도행전 2장에서 성령의 역사를 통하여 나타난다. 즉 사복음서의 신학교육과 사도행전의 성령의 역사의 접목을 통하여 무기력한 제자들이 힘 있는 그리스도의 군사들로 변화된다. 그러므로 무능한 사람을 능력 있는 사람으로 변화시키는 참된 교육은 인간교사의 교육활동에 성령의 역사가 동반될 때에 일어나는 영감의 장에서 가능하다고 할 수 있을 것이다. 따라서 본 연구가 제시하는 교육의 최종 단계인 영감의 단계는 신학교육의 필수적 단계임을 알 수 있다.

1단계의 마른 뼈들은 2단계에 가면 뼈들이 체계를 이루어 연락하고, 3단계에 이르면 체계화된 뼈들에 힘살이 붙어 더욱 온전한 사람의 몸으로 발전되고, 4단계에 이르면 살이 오르고 내장이 형성되어 보다 온전한 몸의 모습을 형성해간다. 또한 5단계에 이르면 몸에 피가 돌며 6단계엔 생기가 들어가 온전한 사람의 모습을 갖춤과 동시에 힘 있는 군대가 된다.

1단계의 정보와 지식이 2단계에는 지식들이 서로 확인되어 지식과 지식의 관계가 깊어지고, 3단계엔 그것이 인접학문과 연결되어 보다 총체적인 교육의 모습을 형성한다. 4단계엔 통찰력이 길러져서 눈에 보이는 부분만을 아는 것이 아니라 내면의 이치까지 파악하는 힘이 생긴다. 5단계에 이르면 내면 깊은 곳으로부터 직관의 힘이 작용하여 새로운 차원의 지적 기능이 형성되고 6단계엔 위로부터 영감이 부여되어 상식은 물론 전문지식을 뛰어넘는 최고의 지적, 영적 기능이 나타난다.

  교육의 기초 및 기본은 정보의 제공이며(제1단계), 제공된 정보들이 확인을 통하여 체계화되고(제2단계), 체계화된 지식들이 인접학문들과 접목되고(제3단계), 이런 과정을 통하여 표면에 나타나지 않는 사실까지도 통찰하며(제4단계), 내면에서 나오는 직관적 깨달음을 경험하기도 하고(제5단계), 최고의 단계는 위로부터 내려오는 영적 차원의 고등한 영적, 정신적 기능을 체험하는 단계이다(제6단계).

  1단계와 2단계는 기본적 차원의 인지적 영역(cognitive domain)에 속하고, 3단계와 4단계는 좀 더 고차원적 인지적 영역에 속하며, 5단계는 지성과 감성이 조화를 이룰 때에 나타날 수 있는 현상이라고 볼 수 있을 것이며, 6단계는 지성과 감성과 영성이 극치의 조화를 이룰 때에 나타날 수 있는 최고의 영적, 정신적 기능이라고 할 수 있을 것이다.

  1단계에 머무는 교육은 지식의 파편들(fragments of knowledge)을 쌓는 주입식 교육이 될 것이며, 2단계까지 가는 교육은 지적 체계가 이루어지는 교육이지만 역시 인지적 영역에 머무는 교육이 될 것이다. 지성과 더불어 감성을 발달시키는 전인교육이 이루어지려면 3단계와 4단계까지 도달해야 하고, 창의력이 신장되는 교육이 되려면 5단계까지 가야하며, 영적 차원의 진리를 다루는 교육은 6단계까지 도달해야 하는데 이것은 성령의 역사를 통하여 가능한 것이다. 더욱 고등한 단계에까지 이르는 교육이 질이 높은 교육이라고 한다면 교육에 종사하는 교사와 학생들은 질적인 교육이 이루어지도록 지성과 감성과 영성이 총동원되는 전인적, 영적 교육에 초점을 맞추어야 할 것이다. 이를 위한 최선의 인간적 노력에 성령의 역사가 더해짐으로써 6단계까지 접근되는 교육이 되도록 해야 할 것이다.

기독교 영성신학

| 제13장 |

묵상과 영성발달

영성발달의 보편적인 방법은 기독교교육이다. 기독교교육을 통한 영성의 발달은 교사에게 학생이 배워야 한다는 피동성을 전제로 한다는 점에서 그 한계점을 갖는데 그 한계성을 보완하는 영성발달의 방법이 묵상이다. 묵상은 스스로 하는 것이기 때문에 능동적이므로 교육을 받아야 하는 피동성을 보완한다.

묵상이 전인적 건강에 도움이 된다는 사실이 알려지면서 1970년대부터 많은 사람들이 묵상에 참여하게 되었고, 서구사회는 묵상에 대한 많은 연구를 하게 되었으며 그 결과는 매우 긍정적이었다. 묵상은 육신과 정신의 건강은 물론 영적 건강에도 도움이 된다는 것이다(Davich, 1998, 27-28). 영적 체험을 추구하는 많은 신앙인들이 묵상을 통하여 영성발달을 도모하고 있음도 보고되고 있다(Finley, 2004, 22).

그러므로 기독교 영성신학자들은 묵상과 영성발달의 관계를 연구하고 성경적 묵상 방법을 계발할 필요가 있다. 묵상이 영성발달에 도움이 된다는 사실에 근거하여 성경적 묵상 방법을 계발함으로써 신자들이 스스로 자신의 영성을 발달시킬 수 있는 길을 열어줄 필요가 있는 것이다.

제1절 묵상이란 무엇인가?

묵상은 여러 사람들에 의하여 수행된다. 비종교인들도 묵상을 하며 종교인들도 묵상을 한다. 종교인이든 비종교인이든 많은 현대인들이 묵상에 참여하고 있기 때문에 묵상 연구소의 숫자가 급속도로 증가하고 있다(Davich, 27-28).

오쇼(Osho)에 의하면 묵상이란 아무것도 하지 않으면서 그저 존재하는 상태(just being, doing nothing)에 있는 것이다(Osho, 2004, 3). 아무것도 하지 않으면서 단지 존재하는 것만으로도 즐거움을 삼는다는 것이다. 해리슨(Harrison)은 묵상을 정의하기를 몸을 편안하게 하면서 마음을 안정시키는 것이라고 한다(Harrison, 2001, 16). 로체(Roche)는 주장하기를 묵상이란 깨어있으면서 자연스럽게 쉬는 상태에 있는 것이라고 하면서, 그 효과는 수면보다 더 크다는 것이다(Roche, 1998, 16). 무엇인가를 해야 한다는 활동의 중압감 속에 살아가는 현대인들에게 묵상의 요청이 증가하고 있는 것은 극히 자연스런 현상이라고 볼 수 있을 것이다. 존재(being)의 근거를 활동(doing)에 둠으로써 지치고 피곤한 현대인들이 존재의 근거를 존재 자체에 두는 묵상을 안식처로 삼는 것은 다행한 일이 아닐 수 없다.

묵상이란 눈에 보이지 않는 영적, 초월적 세계와 눈에 보이는 현실 세계를 연결시켜 주는 행위이기 때문에 그것은 이상적이며 또한 현실적이다(Merton, 1958, 124). 묵상을 통하여 형이상학적인 세계에 존재하는 힘이 형이하학적인 세계로 내려온다. 영적, 초월적 세계의 힘이 현실적 세계로 연결된다는 면에서 묵상과 영성은 공통점을 가지고 있다.

제2절 묵상의 종류

묵상은 수행하는 방법에 따라서 몇 가지 종류로 분류될 수 있다. 다양한 묵상의 종류들이 있지만 그것들을 크게 둘로 구분하면 동방의 묵상(The

Eastern Meditation)과 서방의 묵상(The Western Meditation)이다 (Davich, 115-174). 동방의 묵상은 힌두교의 묵상과 불교의 묵상이 있고, 서방의 묵상은 유대 묵상과 기독교 묵상 및 이슬람 묵상이라고 할 수 있다.

동방의 묵상은 자기를 버리고 세상으로부터 분리되기 위하여 마음을 비우는 것을 특징으로 한다면, 서방의 묵상은 합일에 초점을 둔다 (Cunaratana, 2002, 20-21). 동방의 묵상이 자기로부터 모든 것을 버리려고 한다면, 서방의 묵상은 가치 있는 것들을 취하기 위하여 가치 없는 것들을 버리려는 시도를 한다. 이런 의미에서 동방의 묵상은 버리는 묵상(taking-out meditation)이라고 볼 수 있고 서방의 묵상은 취하는 묵상(taking-in meditation)이라고 볼 수 있다. 동방의 묵상과 서방의 묵상은 위와 같은 상이점이 있으나 공통점도 있다.

모든 묵상은 다 집중(concentration)에 초점을 맞추고 있다는 점이다. 유대 기독교(Judeo-Christian) 전통 안에는 함께 묶여져 수행되고 있는 묵상이 있는데 그것들은 기도와 명상(contemplation)이다. 기도는 하나님께 직접적으로 접근하는 것이며 명상은 영적인 주제를 가지고 깊은 생각에 잠기는 것인데 모두가 집중이라는 점을 공통점으로 한다(Cunaratana, 29).

힌두교의 요가적 묵상도 집중을 중시한다. 그 과정에서 하나의 주제에 초점을 맞추기 때문에 집중에 필수적이다(Cunaratana, 30). 불교적 묵상에서도 집중은 필수적 요소다. 깨달음의 경지에 들어가는 것이 불교적 묵상의 목표이기 때문에 집중은 결정적 요소가 된다.

제3절 묵상의 유익

묵상은 무슨 유익이 있는가? 그것은 문제해결을 회피하기 위한 도피처에 불과한 것인가? 그것은 삶에 대한 소극적 태도의 표출에 지나지 않는가? 아니다. 묵상은 많은 유익을 준다.

많은 연구들은 공통적으로 보고하기를 묵상은 육신과 마음과 영혼에 활력을 줌으로써 전인적 건강을 증진시킨다는 것이다(Clark, 2003, 9). 1970년대에 로스앤젤레스건강 과학 센터에서 연구 조사한 바에 의하면 묵상은 예방의학(preventive medicine) 분야에 포함되어야 한다고 했다(Clark, 8). 묵상을 하면 두뇌에 알파 파(alpha wave)가 생성되어 영적으로 정신적으로 육신적으로 건강한 상태를 만들어 준다는 것이다(Harrison, 2001, 26). 로체(Roche, 20)는 주장하기를 수면을 취할 때보다 묵상할 때에 휴식 효과가 더 크다고 한다. 묵상을 할 때엔 자기가 묵상하는 대상을 잘 인식하고 있기 때문이다(George, 1998, 128). 또한 묵상은 스트레스 해소의 능률이 크기 때문에 병의 치료와 예방에 효과가 크다는 것이다. 조지는 묵상의 유익을 다음과 같이 다섯 가지로 요약한다. 첫째, 묵상은 사실을 바르게 이해하는 감각의 능력을 증대시키고, 둘째, 묵상은 올바른 것을 선택할 수 있는 힘을 제공하며, 셋째, 묵상은 내적 에너지를 공급해주고, 넷째, 묵상은 다른 사람들에게 힘을 주는 능력을 제공하고, 다섯째, 묵상은 사려 깊은 삶을 제공한다(George, 133).

이상에서 논의한 것처럼, 묵상은 육신과 정신을 건강하고 풍요롭게 할 뿐 아니라 영혼을 윤택하게 한다. 이런 점에서 묵상과 영성은 깊은 관계를 맺고 있음을 알 수 있다. 묵상은 영성발달의 중요한 수단이 된다.

제4절 성경적 묵상과 영성발달

묵상은 성경적 근거를 가지고 있는가? 만약 묵상이 성경적 근거를 가지고 있지 않고 오히려 비성경적인 것이라면 묵상의 효과가 아무리 좋아도 우리는 이것을 받아들일 수 없을 것이다. 무슨 일이든 성경적인 것이라면 손해를 보아도 실천해야 하며 비성경적인 것이라면 이익을 얻는 일이라 해도 해서는 안 되기 때문이다. 그러면 묵상은 과연 성경적 근거를 가지고 있는가? 그렇다. 묵상은 성경적 근거를 가지고 있으며 영성을 발달시킬 수 있는 중요한 수단이다.

1. 묵상의 성경적 근거

포스터(Foster)에 의하면 묵상은 하나님의 말씀에 귀를 기울이는 행위로서 성경에 58번 정도 등장한다고 한다(Foster, 1978, 15). 그는 하나님의 말씀에 귀를 기울이며 죄를 회개하고 하나님께 순종하는 것이 묵상의 요지라고 주장한다. 그가 주장하는 것처럼, 묵상을 통한 회개와 순종은 영성의 발달을 도모하는 것이다. 영성의 일차적관심사가 하나님과의 관계 증진에 있으며, 묵상의 주요 요소가 회개와 순종이므로 묵상은 영성발달의 지름길이 된다는 것을 알 수 있다. 회개와 순종은 하나님과의 관계를 증진시키는 중요한 요소가 되기 때문이다.

성경에 소개된 묵상은 어떤 특별한 기간에 특별한 장소에서만 국한되어 실행되는 것이 아니라 매일의 삶 속에서 실천되어야 하는 중요한 신앙생활의 한 부분이 된다. 예를 들자면, 이삭(Isaac)의 경우 묵상은 매일의 삶에서 필수적 요소였는데 이에 대하여 성경은 다음과 같이 기록한다. "이삭이 저물 때에 들에 나아가 묵상하다가 눈을 들어 보매 약대들이 오더라"(창 24:63). 묵상은 이삭의 삶과 일의 중심부를 차지하고 있었다. 그가 해질 때까지 들에서 일을 하고 피곤한 중에도 묵상을 했다는 것은 묵상이 그의 삶의 심장부에 있었다는 것을 증명해준다. 하나님은 시편 기자를 통하여 밤이나 낮이나 하나님의 말씀을 묵상하는 사람이 복 있는 사람이라고 가르치는데(시 1:1-2), 이는 묵상의 생활화의 중요성을 의미한다.

성경적 묵상은 하나님과의 관계를 증진시키는데 이에 관하여 다윗은 다음과 같이 고백한다. "나의 반석이시요 나의 구속자이신 여호와여 내 입의 말과 마음의 묵상이 주의 앞에 열납되기를 원하나이다"(시 19:14). 묵상을 통하여 묵상자와 하나님의 관계가 형성되고 강화되고 증진된다. 아삽이 고백하는 것처럼, 환란 중에도 묵상자는 하나님의 모든 일을 묵상함으로써 하나님과의 관계가 깊어지는 것이다(시 77:2, 12). 또 어떤 시편 기자는 방백들이 자기를 훼방할 때에 주의 율례를 묵상함으로써 하나님과의 관계가 깊어지고 있음을 노래한다(시 119:23).

성경적 묵상은 하나님과의 관계를 증진시킬 뿐 아니라 성공적인 삶을 사는 축복의 계기가 되기도 한다. 여호수아가 모세의 후계자가 될 즈음에 하나님은 여호수아에게 하나님의 말씀을 주야로 묵상하면 성공적인 지도자가 될 수 있다고 이렇게 약속하셨다. "이 율법 책을 네 입에서 떠나지 말게 하며 주야로 그것을 묵상하여…그리하면 네 길이 평탄하게 될 것이라 네가 형통하리라"(수 1:8). 성경적 묵상은 성공적인 삶을 보장하고 참된 기쁨과 명철을 가져다준다(시 119:34, 99).

2. 영성발달을 위한 묵상

묵상을 하면 영성이 발달한다는 사실을 좀 더 심도 있게 논의하여 보자. 영성발달의 목표는 그리스도를 닮는 것인데 이것은 또한 기독교 묵상의 목표이기도 하다. 영성발달의 목표와 묵상의 목표가 일치한다는 것은 양자가 서로 밀접한 관계에 있음을 시사하는데, 기독교 묵상을 통하여 그리스도를 닮게 되고 그리스도를 닮음으로써 영성이 발달되는 것이다(Kalellis, 2005, 119). 묵상을 통하여 자기중심에서 하나님중심으로 변화됨으로써 그리스도를 닮아 가는데 그것이 곧 영성발달이다.

묵상이 주요 종교들에서 전통적으로 행하여지는 것은 묵상은 묵상자로 하여금 초월적, 영적 세계에 접근하도록 하기 때문이다(Davich, 34). 묵상을 할 때에 묵상자의 인성(humanity)이 신의 신성(divinity)과 만나기 때문에 묵상은 영성발달의 중요한 수단이 되는 것이다. 그러므로 포스터는 모든 크리스천들이 묵상함으로써 영성발달을 도모하는 것이 바람직하다고 강조한다(Foster, 22-23). 중심기도(centering prayer)의 창시자인 키팅(Thomas Keating)도 집중적 기도를 묵상의 한 형태라고 소개하면서 묵상은 묵상자를 하나님의 현존 앞에 이르게 함으로써 영성을 발달시킨다고 강조한다(Keating, 2001, 11-35). 이처럼 묵상은 하나님과의 관계를 형성시키고 증진시키며 발전시키기 때문에 묵상은 영성발달의 중요한 수단이 된다.

제5절 묵상의 방법

묵상이 성경적인 영성발달의 수단이라면 그 방법은 무엇인가? 성경적 묵상 방법을 계발하여 실천함으로써 영성을 발달시키는 일은 매우 바람직한 일이 아닐 수 없다.

성경적 묵상 방법을 탐구하기 전에 먼저 지금 수행되고 있는 몇 가지 묵상 방법들을 알아보자. 해리슨(Harrison)에 의하면 모든 묵상들의 기본적인 요소들은 다음과 같다(Harrison, 26-27). 첫째, 편안한 자세로 앉아 숨을 쉰다. 둘째, 묵상의 대상(object)을 유연한 마음으로 생각한다. 셋째, 묵상의 대상 이외의 다른 생각들이 마음에 들어와 정신 집중을 방해할 때에 그것들을 정리한다. 넷째, 묵상의 대상물에 초점을 맞춘 가운데 잡념들을 떨쳐버리고 마음의 평안을 만끽한다. 한 마디로 요약하면, 심신을 편안하게 한 상태에서 잡념을 다 떨쳐 버리고 한 가지 주제에 마음을 집중시키는 것이다. 오쇼(Osho, 10-17)는 묵상의 요소를 다음과 같이 여섯 가지로 제시한다. 절대 고요(great silence), 민감성(sensitivity), 사랑(love), 자비(compassion), 지속적 희락(abiding joy), 지성(intelligence).

중세 수도원에서 많이 수행되던 "거룩한 독서"(lectio divina)는 성경 말씀에 주목하여 기도하는 중 하나님의 음성을 듣는 묵상 방법으로써 문자적 수준(the literal level) 도덕적 수준(the moral level), 비유의 수준(the allegorical level), 그리고 합일의 수준(the unitive level)으로 이루어져 있다(Keating, 46). 문자적 수준은 성경 말씀의 역사적 메시지와 예수님의 모범을 묵상하는 단계이며, 도덕적 수준은 성경 말씀 속에서 도덕적인 의미를 파악하고 그것을 삶에 옮기고자 하는 단계이고, 비유적 수준은 3단계의 도덕적 수준 이면에 존재하는 비유적 의미를 포착하여 삶에 적용하는 단계로써 묵상자는 자신이 성경 속에 들어가서 성경의 인물 중 하나로 영적 여행을 하는 단계이며, 마지막으로 합일의 수준은 묵상자 자신이 하나님의 말씀과 합일이 되어 하나님의 계시가 묵상자를 통하여 계속되는 단계를 의미한다(Keating, 48-49).

조지는 다섯 단계의 묵상법을 다음과 같이 제시한다(George, 127). 첫째 단계는 내부에 초점을 맞추며 주위에 있는 모든 것으로부터 자연스럽게 에너지를 이완시키는 단계이며, 둘째 단계는 마음의 한 중심에 초점을 맞추며 자신에 대하여 좋은 느낌을 갖는 의식을 창조함으로써 긍정적인 에너지를 공급받는 단계이고, 셋째 단계는 자신에 대한 긍정적인 사고와 이미지를 조성함으로써 2단계의 긍정적 에너지를 확고히 하는 단계이며, 넷째 단계는 이 에너지의 초점을 심령의 평안에 맞추는 단계이고, 다섯째 단계는 이 평안을 자기의 것으로 체험함으로써 자아실현의 근거를 마련하는 단계이다.

보디안(S. Bodian)은 묵상을 특별한 대상에 마음의 초점을 맞추는 훈련으로 정의하면서 다섯 단계의 묵상 방법을 소개한다(Bodian, 10). 첫째 단계는 조용한 장소에서 자세를 바로 세우고 편안한 마음으로 앉는 단계, 둘째 단계는 눈을 감고 몸을 최대한도로 편안하게 하고 숨을 깊게 쉬는 단계, 셋째 단계는 특별한 의미를 지닌 단어나 구를 선택하는 단계, 넷째 단계는 조용히 코로 숨을 쉬며 그 단어나 구를 반복하여 음미하는 단계, 다섯째 단계는 묵상을 5분 이상 지속되도록 하면서 천천히 일어나는 단계이다.

여러 묵상 방법에서 공통적으로 사용되는 적극적 상상(active imagination)은 융(Carl Jung)이 계발한 방법이다. 뉴욕에 있는 칼 융 분석 심리 재단의 창립 멤버들 중 한 사람인 에딩거(Edwards Edinger)는 적극적 상상을 자아(ego)로부터 분리된 어떤 것으로 체험되는 과정으로 설명한다(Monaghan and Viereck, 1999, 314). 적극적 상상에서 중요한 것은 상상을 통하여 말하는 대상이 누구인가를 아는 것과 들려오는 모든 소리를 성령이 하는 말씀으로 받아들여서는 안 된다는 것이다. 적극적 상상은 융이 창안했다기보다는 유사 이래로 사람들이 하나님의 말씀을 배우는 방법으로 사용되고 있었다고 할 수 있다. 즉 융은 그것을 재발견한 것뿐이라고 할 수 있다.

이상에서 여러 가지 묵상 방법들이 소개되었는데, 그렇다면 영성발달을 위한 성경적 묵상 방법은 무엇이겠는가? 여기에 필자가 이론화한 5단계의 묵상 방법을 소개한다.

1. 제1단계

조용한 시간과 장소(quiet time & place)를 택하여 편안한 마음으로 하나님과의 교제를 준비한다. 예수 그리스도가 이른 새벽에 하나님과의 교제를 갖기 위하여 조용한 장소를 택했다고 하는 마가의 보도(막 1:35)는 우리에게 성경적 묵상 방법의 모델을 제시하고 있다. 묵상은 남는 시간에 하는 것이 아니라 하루의 첫 시간에 하는 것이라는 사실은 묵상이 우리의 삶에서 매우 중요한 일이라는 것을 말해주고 있다. 하루의 시작인 새벽을 택하여 묵상하는 것이 가장 바람직한 일이지만 그것이 여의치 않을 때엔 하루를 마감하는 밤 시간에 하는 것도 좋다.

2. 제2단계

바람직하지 않은 모든 생각을 밖으로 내어보내라(taking out). 베드로가 네로 황제의 학정에 시달리며 박해를 받고 살던 로마의 기독교인들을 향하여 모든 염려를 다 주께 맡기라고 권면한 것처럼(벧전 5:7) 묵상자의 마음 속에 있는 모든 근심, 걱정, 염려, 긴장, 미움, 불안… 등 모든 부정적인 생각들(negative thoughts)을 다 밖으로 내어보낸다. 숨을 내어 쉬면서 마음 속에 있는 모든 부정적 생각들을 밖으로 배출시킨다(Meyer, 1995, 95-184). 이와 같은 부정적 생각들은 모두 비성경적인 것들이기 때문에 성경적 사고가 마음에 자리를 잡도록 하기 위하여 먼저 비성경적 사고를 제거해야 한다.

3. 제3단계

숨을 들여 쉬면서 적극적 상상을 통하여 믿음, 소망, 사랑, 용서, 자비… 등등의 성경적 생각들을 마음에 받아들여라(taking in). 불교나 힌두교의 묵상은 마음을 비우는 것에 초점을 맞추지만 성경적 묵상은 그 이상이다 (Foster and Griffin, 11). 비성경적인 생각들을 마음에서 제거했으면(2단계) 그 다음엔 성경적 생각들을 마음에 채워야 한다(3단계). 마음을 비우는 것만으로도 묵상의 효과가 크지만 빈 마음에 좋은 생각들을 채우면 더욱 효과가 크다. 비움은 그 자체가 목적이 아니라 채움의 과정이다. 비성경적 가치가 정신세계에 가득 차기 때문에 모든 문제가 발생한다면, 성경적 가치가 정신세계를 채우면 모든 문제 해결의 실마리가 풀릴 뿐 아니라 좋은 것들이 창조되는 것이다. 이와 같이 숨을 들이쉬면서 성경적 생각들로 마음을 채우며 그리스도를 바라보아야 한다. 그분은 우리의 모든 짐을 맡아 주심으로써 우리에게 참다운 쉼을 주시겠다고 약속하신 분이다(마 11:28). 기독교적 묵상의 대상은 사상이 아니라 완전한 인격자이시며 하나님이신 그리스도다.

4. 제4단계

성경적 묵상의 제4단계는 타자중심적 삶을 살고자 다짐을 하며 두 손을 들고 온전히 자신을 하나님께 맡기는 단계이다. 이 단계에서 그리스도에게 맡겨진 자신의 두 팔을 주님께서 붙잡아주심을 상상할 때에 초월적 기쁨을 누리게 된다. 타자중심적 삶이란 자기중심적 삶의 반대 개념으로서 자신 이외의 타자, 즉 하나님과 타인들을 중심으로 한 삶을 의미한다. 그러므로 위로 하나님의 영광을 위하여 그리고 옆으로 다른 사람들을 위하여 살아가는 삶이 자신이 살아야 할 최선의 삶이라는 것을 믿고 이기적 욕심을 버리고 이타적 희생정신을 가지고 살아야 할 것을 재 다짐하는 단계이다. 그것이 참으로 자신을 위하는 삶임을 믿고 타자중심적 삶을 사는 일에 마음의 초점을 맞추는 것이다. 자기중심적 삶은 욕심과 교만의 온상이므로 자기중심적 삶을 사는 사람은 결코 참다운 만족과 행복이 마음에 자리 잡지 못한다. 이렇게 타자중심적 삶에 초점을 맞출 때에 욕심과 근심이 사라지고 그 마음의 자리에 보람과 의미의 싹이 나고 꽃이 피는 것이다. 이때에 아름답게 활짝 핀 꽃이 보이는 등 신비한 세계를 체험하게 된다.

5. 제5단계

성경적 묵상의 제5단계는 그리스도가 자기 안에 있고 자기가 그리스도 안에 있다는 사실을 믿고 하나님을 즐거워하는 단계이다. 느헤미야가 백성들에게 전한 하나님의 말씀처럼 슬퍼하거나 좌절하지 말고 여호와를 기뻐하는 것이 능력이라는 사실을 믿고 매사를 긍정적으로 보고 모든 일이 합력하여 선을 이룰 줄 믿으면서 감사함으로 두 손을 내리며 기도로서 묵상을 마친다.

시편은 복 있는 사람으로 시작되는데, 복 있는 사람이 되려면 하나님의 말씀을 주야로 묵상하는 자가 되어야 함을 강조한다(시 1:2). 묵상이 정신적, 영적 건강은 물론 육신적 건강에 매우 유익하다는 사실이 과학적으로 밝혀진 만큼 묵상을 매일의 삶 속에 실천함으로써 복된 삶을 살아야 할 것이다.

기독교 영성신학

Theology of Christian Spirituality

| 제14장 |

영성발달의 단계

21세기에 들어와서 영성은 여러 종교들에서는 물론 종교 밖에서도 널리 사용되고 연구되는 중요한 낱말이 되었다(Kauffman, 27-42). 영성에 대한 이 같은 관심사는 영적 성장(spiritual growth), 영적 성숙(spiritual maturation), 영적 건강(spiritual well-being) 등과 같은 영성발달에 관한 연구에 박차를 가하는데 일조를 하게 되었다.

이와 같은 맥락에서 영성발달의 단계에 관한 연구는 필수적이라고 할 수 있을 것이다. 영성발달의 구체적 탐구는 그 단계들을 구체화하는 것과 깊은 관계를 가지고 있기 때문이다. 발달심리학(developmental psychology) 이론들은 대부분 그 이론 자체가 발달 단계로 구성되어 있다. 실례를 든다면, 피아제(Jean Piaget)의 인지 발달론(cognitive development)은 4단계로 구성되어 있고, 에릭슨(Erik Erikson)의 심리사회 발달론(psychosocial development)은 8단계로 구성되어 있으며, 콜버그(Lawrence Kohlberg)의 도덕 발달론(moral development)은 6단계로 되어 있고, 파울러(James Fowler)의 신앙 발달론(faith development)도 6단계로 이루어져 있다. 이처럼, 발달에 대한 연구에 발달 단계가 수반되는 것은 모든 발달은 반드시 단계적으로 이루어진다는 점을 근거로 한다.

본 연구를 통하여 영성발달의 단계가 제시됨으로써, 영성신학의 학문적 진보와 더불어 영적 성장과 성숙을 추구하는 모든 사람들로 하여금 자신의 영적 좌표를 발견하고, 그런 토대 위에서 진정한 영성발달이 이루어지는데 도움이 될 것으로 기대된다.

본 연구는 관계(relationship)를 영성의 핵심적 요소로 하고 있다. 영성은 일차적으로 하나님과의 관계 형성과 이차적으로 사람들과의 관계 형성에 초점을 맞추고 있으며, 삼차적으로는 환경과의 관계에 초점을 맞추고 있기 때문에 관계는 영성의 핵심적 요소이다. 신학의 중심주제인 칭의(justificatio/justification)에서도 의(righteousness)는 관계의 회복을 의미하기 때문에 영성은 관계의 회복에 초점을 맞추고 있다고 할 수 있을 것이다. 그러므로 본 연구는 관계 형성을 영성발달의 단계 설정의 핵심적 주제로 삼는다.

본 연구는 4단계의 관계형성 이론을 통하여 영성발달의 넓이를 제시하며, 그 관계 형성이 얼마나 깊이 이루어졌는가를 나타내는 표준을 제시하고자 한다. 즉 영성발달의 양과 질을 측정하는 표준적 개념을 제시하고자 한다.

제1절 1단계: 하나님과의 관계 회복 및 증진의 단계

영성발달의 제1단계는 참된 영이신 하나님과의 관계가 회복되고 증진되는 것이다. 이는 피조물인 인간이 조물주인 하나님과 정상적인 관계를 맺는 단계이며, 집을 나간 탕자가 아버지의 집으로 돌아와 아버지와 정상적인 관계를 맺는 단계다. 하나님의 형상(imago dei)대로 창조되었으나 죄로 말미암아 깨어지고 일그러졌던 그것을 회복하는 일이 영성발달의 첫째 단계이다.

하나님과의 관계 회복은 신학적 용어들로 표현하자면 회심(conversion), 구원(salvation), 중생(regeneration), 칭의(justification) 등등이다. 회심이란 자기중심적인 마음의 상태에서 하나님중심적인 상태로 바뀌어져 하나님과의 관계가 회복된 것을 의미하며, 구원이란 죄로 말미암아 하나님과의 관계가 끊어져 죽었던 영혼이 영원한 멸망의 상태에서 건짐을 받는 것을 의미하며, 중생이란 하나님과의 관계 회복을 통하여 죽었던 영혼이 다시 살아났다는 것을 의미하며, 칭의란 하나님과의 관계가 두절되어 불의한 죄인이었던 인간이 죄 사함을 받아 의롭다고 칭함을 받는 것을 의미한다. 이와 같은 신학적 용어들은 하나님과의 관계 회복을 통하여 맺어지는 영적 상태를 의미하는 말들로서 하나님과의 관계회복의 중요성을 말해주고 있다.

인간의 삶에서 가장 중요한 요소들 중 하나가 인간관계를 잘 맺는 것이다. 그러나 하나님과의 수직적 관계 형성이 없이 맺어지는 인간관계는 그것이 아무리 이상적이고 유익하다고 할지라도 그것은 인간성(humanity)이지 영성(spirituality)은 아니다. 인간성이 영성에 포함되려면 하나님과의 수직적 관계 맺음이 선행되어야 한다. 그러므로 하나님과의 관계 형성은 영성발달의 첫 단계로서 이는 선택적이 아니라 필수적인 요소로서 아무리 강조해도 지나치다고 할 수 없다. 그러므로 한 인간의 하나님과의 수직적 관계(the vertical relation) 맺음은 다른 인간과의 수평적 관계(the horizontal relationship with people) 맺음의 기초이며 이것은 영성발달의 절대적 과정이다.

루터(Martin Luther)와 칼빈(John Calvin)의 구원론도 하나님과의 수직적 관계 형성이 영적인 삶의 제일 요소임을 강조한다(Ferguson, 1988, 47-48). 웨슬리(John Wesley)의 영성 이해도 종교개혁자들의 그것과 맥락을 같이 한다. 그는 그리스도를 영접함으로써 얻어진 신생(new birth)이 영성발달의 기초임을 강조한다. 신생이 없이는 성장과 성숙이 불가능하기 때문이다(Wood, 1988, 98). 기독교 역사 초기 몇 세기 동안 영적 성장의 기초를 놓았던 묵상주의자들(the contemplatives)이 묵상을 하나님과의 수직적 관계를 정상적으로 맺는 최고의 수단으로 여겼던 것은 영성발달에 있어서의 하나님과의 관계 회복의 중요성을 시사하고 있다(Hinson, 1988, 183).

쌘더스(Oswald Sanders)도 그의 책 『영적 성숙』(Spiritual Maturity)에서 영성의 여덟 가지 차원을 제시하면서 하나님과의 수직적 관계 맺음이 영적 성숙의 기초가 됨을 강조한다(Sanders, 96-102). 핑크(Arthur Pink)도 중생을 영성발달의 첫째 단계로 제시하는데 그 이유는 중생이 없이는 영적 성장과 성숙이 불가능하기 때문이라는 것이다(Pink, 15). 죽었던 영혼이 다시 태어남으로써 성장과 성숙이 가능하다는 것이다. 리차드(Lawrence Richards)도 영성을 하나님과의 연합 안에서 삶을 사는 것(living a human life in union with God)이라고 정의하는데 이 정의도 역시 하나님과의 관계 형성이 영성의 핵심이라는 것을 강조하고 있다(Richards, 50). 그는 제안하기를 영성이 발달하려면 성령의 역사가 필수적으로 동반되어야 한다고 했는데, 그 이유는 인간이 하나님과 진정한 관계를 맺으려면 성령의 역사가 수반되어야 한다는 것이다.

  이상의 모든 논의들은 하나님과의 관계 회복이 영성발달의 제1단계라는 점을 말해주고 있다. 인간이 성령의 역사를 통하여 그리스도를 영접함으로써 하나님과의 관계가 회복되어 하나님의 자녀로 거듭나게 되고, 이를 통하여 사망이 생명으로 변하고 죄인이 의인으로 변하는 전적인 변화가 영성발달의 기초가 되며 이것이 영성발달의 제1단계라고 할 수 있다.

제2절 2단계: 다른 신자들과의 관계 발전의 단계

  기독교 영성은 한 개인이 얼마나 하나님과 깊은 관계를 맺느냐에 머무르지 않는다. 하나님은 자신과의 관계 회복을 가장 중요시하지만 동시에 그는 신자들끼리 서로 좋은 관계를 맺으라고 명하는데 이에 대하여 요한은 다음과 같이 전한다. "새 계명을 너희에게 주노니 서로 사랑하라. 내가 너희를 사랑한 것같이 너희도 서로 사랑하라. 이로써 모든 사람이 너희가 내 제자인 줄 알리라"(요 13:34-35). 십계명이 하나님을 사랑함으로써 하나님과 좋은 관계를 맺으라는 말씀(1-4계명)과 사람들을 사랑함으로써 사람들과 좋은 관계를 맺으라는 말씀(5-10계명)으로 구성되어 있는 것처럼, 예수 그리스도가 제자들에게 준 새 계명도 하나님과의 수직적 관계를 잘 맺음과 동시에 사람들과의 수평적 관계를 잘 맺으라는 말씀으로 구성되어 있다. 즉 새 계명은 옛 계명과 다른 계명이 아니라 옛 계명을 요약한 것이다.

기독교 영성은 하나님과의 개인적 관계 맺음이 반드시 다른 신자들과의 관계 형성으로 연결되어야 한다는 특징을 가지고 있기 때문에 그것은 개인적이며 또한 공동체적이다. 이 점을 강조하여 쎈더스(Oswald Sanders)는 하나님과의 수직적 관계는 인간과의 수평적 관계를 통하여 증명되어야 한다고 주장한다(Sanders, 82). 그의 주장에 의하면, 어떤 신자의 하나님에 대한 사랑은 그 사람의 타인들에 대한 사랑을 통하여 입증된다는 것인데 이는 하나님과의 수직적 관계는 인간과의 수평적 관계와 직결되어 있다는 것을 의미한다. 이것은 하나님을 사랑한다고 하면서 사람을 미워하면 그의 하나님에 대한 사랑은 거짓이라는 요한의 주장(요일 4:20)과 일치한다.

이는 또한 예수 그리스도께서 제자들에게 최후의 심판대에서 상 받을 사람에 대하여 가르치신 말씀과 일치한다. 그는 주린 사람에게 음식을 주고, 목마른 사람에게 물을 주고, 나그네를 영접하고, 벗은 사람에게 옷을 주고, 병든 자를 돌아보고, 옥에 갇힌 사람을 방문한 것이 곧 하나님께 한 일이라고 가르침으로써(마 25:34-36) 대인관계가 곧 대신관계로 직결된다는 사실을 강조하시면서 이렇게 결론을 지었다. "…내가 진실로 너희에게 이르노니 너희가 여기 내 형제 중에 지극히 작은 자 하나에게 한 것이 곧 내게 한 것이니라…"(마 25:40).

크리스천들이 모두 각각 하나님을 "아버지"라고 부른다는 사실은 하나님을 공동의 아버지로 섬긴다는 뜻이며, 그들은 서로가 한 형제자매라는 의미이기 때문에 그들은 아버지의 뜻에 따라 서로 좋은 관계를 맺고 삶으로써 아버지에 대한 사랑을 확증하는 것이다. 이런 맥락에서 성도의 교제(koinonia)는 영적이며 영성의 필수적 요소가 아닐 수 없다.

이에 대하여 카터(John Carter)는 성도의 교제가 영성 형성의 주요 부분임을 강조한다(Carter, 89-96). 포드(L. Ford)는 영적 섬김의 지도력(servant leadership)을 영적 지도력이라고 정의하면서 영성이 발달한 사람은 다른 사람들을 돌보며 섬기는 사람들이라고 주장한다(Ford, 139-156). 벤너(David Benner)도 같은 맥락에서 영성에 있어서의 인간관계의 중요성을 강조하기를 영성(spirituality)과 인간성(humanity)은 모순적 개념이 아니라 서로 밀접한 관계를 가지고 있다는 것이다. 벤너는 영성이 발달할수록 인간성이 쇠퇴하는 것이 아니라 오히려 더욱 온전한 인간성을 갖추게 된다고 주장하였다(Benner, 74).

참된 영성이 참된 인간성을 포함한다는 주장은 온전한 영성발달의 모델인 예수 그리스도의 성장 과정에서도 분명히 나타난다. 누가는 예수 그리스도의 성장 과정을 묘사하기를 "…하나님과 사람들에게 사랑스러워 가시더라"(눅 2:52) 라고 했는데, "하나님께 사랑스러워 가시더라"는 것은 하나님과의 관계가 좋았다는 뜻이며 사람들에게 사랑스러웠다는 것은 인간관계가 좋았다는 뜻이다.

맬로니(N. Malony)도 건전한 영성발달의 요소로서 인간관계의 중요성을 강조한다. 영성이 발달하려면 타인들을 섬기며 좋은 관계를 맺는 것이 필수적이며, 자신은 독실한 신자로서 하나님과 관계가 좋기 때문에 인간관계는 그리 중요하지 않다고 하는 것은 잘못된 생각이라는 것이다(Maloney, 81-95). 파즈미노(Robert Pazmino)도 기독교교육은 한 개인의 하나님과의 관계 및 다른 사람들과의 관계에 초점이 맞추어진다는 것을 설명하면서 기독교교육가들은 신약성경이 제시하는 인간관계의 차원을 중요시해야 한다고 한다(Pazmino, 37-38). 그는 기독교교육의 목적이 성도들의 영성을 발달시키는 것인데 그것은 교육을 통한 관계의 증진에서 이루어진다는 것이다. 예수 그리스도는 기독교교육을 통한 영성발달의 모델 교사로서 자신이 친히 제자들과 친밀한 관계를 맺었고 제자들로 하여금 서로 돌아봄으로 좋은 관계를 맺을 것을 가르치셨다. 바울도 데살로니가 성도들과의 좋은 인간관계를 맺는 일에 대하여 설명하기를 그와 데살로니가 성도들은 부모와 자녀의 차원에서 하나님의 말씀을 나누며 생명까지 나누는 관계라는 점을 고백한다.

포스터(Richard Foster)는 기독교 공동체에서 그리스도인의 교제(koinonia)의 중요성을 강조하기를 예배도 그리스도인들의 횡적 교제에 속한다는 것이다. 그는 초대교회를 예로 들면서 예배는 개개인이 하나님과 종적인 관계를 맺는 행위이지만 그것은 또한 함께 예배를 드리는 성도들과 서로 횡적인 관계를 나누는 교제의 차원도 존재한다는 점을 강조한다. 초대교회 성도들은 개인주의를 초월하여 성령으로 하나가 되어 하나님께 예배를 드림으로써 그들의 예배는 하나님과의 수직적 관계는 물론 인간과의 수평적 관계도 증진됨으로써 영성발달이 도모되었던 것이다(Foster, 163).

하버마스(R. Habermas)와 이슬러(K. Issler)도 영성발달에 있어서의 그리스도인의 교제의 중요성이 누가가 보도한 사도행전 2장에서의 초대교회의 특성 중 하나라고 지적하는데, 이 주장도 역시 영성발달에 있어서의 성도들 간의 수평적 관계 형성의 중요성을 강조하는 내용이다. 이슬러와 하버마스는 기독교 공동체의 초점은 성도 한 사람이라는 단수적 개념에 맞추어져 있는 것이 아니라, "성도들"이라는 복수적 개념에 맞추어져 있다는 사실을 대단히 강조한다(Habermas and Issler, 49-50).

이상의 논의에서 나타나는 것처럼, 기독교 영성은 신자 한 개인의 하나님과의 수직적 관계라는 일차적 차원으로 끝나는 것이 아니라 하나님과의 일차적 관계는 반드시 다른 성도들과의 수평적 관계라는 이차적 차원으로 이어져야 한다는 것이다. 그러므로 하나님과의 영적 관계를 맺은 사람은 그 단계에서 머물러 있지 말고, 다른 성도들과의 인간관계의 증진을 통하여 영성발달을 도모해야 하며, 이것이 "신앙의 생활화"라고 할 수 있을 것이다.

제3절 3단계: 불신자들과의 관계 발전의 단계

기독교 영성은 한 개인의 하나님과의 수직적 관계 회복(제1단계)과 다른 성도들과의 수평적 관계 발전(제2단계)으로 끝나지 않는다. 왜냐하면 기독교의 하나님은 구속주 하나님(God the Redeemer)이므로 신자들과의 관계 증진을 요구하지만, 그는 또한 만물을 다스리는 통치주 하나님(God the Ruler)이므로 불신자들과의 관계 회복을 요구하기 때문이다. 그러므로 하나님은 신자들로 하여금 하나님을 잘 믿고 신자들끼리만 좋은 관계를 유지하며 행복하게 살라고 하지 않는다. 그러므로 구원받은 성도들은 구원 받지 못한 사람들을 향하여 복음을 전함으로써 하나님과의 관계 회복의 길을 열어야 하는데, 이와 같은 행위가 전도이며 선교이다. 그러므로 영성이 계속적으로 발달하려면 하나님과의 관계 증진(1단계) 및 다른 성도들과의 관계 증진(2단계)을 계속하면서 불신자들을 향한 관계증진의 차원으로 이어져야 하는데 바로 이것이 영성발달의 제3단계다.

근본적으로 불신자들은 물론 신자들을 포함한 모든 인간들은 불신자의 상태로 태어났다. 신자의 가정에 때어난 사람도 죄인으로 태어나며 개인적으로 거듭나지 않으면 구원을 받을 수 없기 때문이다(롬 3:10). 그러므로 하나님과의 수직적 관계 형성은 모든 사람들을 향한 하나님의 뜻이다. 그리스도의 보혈이 모든 사람들을 위해서 흘려진 것이 사실일진대 모든 사람들이 구원을 받는 것이 하나님의 뜻이며 하나님은 신자들을 통하여 이 뜻을 이루고자 하기 때문에 영성발달을 위한 셋째 단계는 필수적 단계이다. 이에 대하여 디모데는 하나님은 모든 사람들이 구원을 받으며 하나님의 진리를 아는데 이르기를 원한다고 전한다(딤전 2:3-4).

그러므로 예수 그리스도께서 제자들에게 주신 지상명령(마 28:18-20; 행 1:8)대로 신자들이 모든 개인들과 족속들과 민족들에게 복음을 전파하는 선교 사역은 필수적인 요소로서 이를 잘 수행하는 것은 영성발달의 필수적 과정이며, 이에 대하여 앤더슨(R. S. Anderson)은 기독교 공동체는 자신들만을 위해 존재하는 것이 아니라 전 인류를 위한 것이라는 점을 강조한다(Anderson, 499). 기독교 공동체에 속한 사람들은 모두 온 세상 사람들로 하여금 하나님과의 수직적 관계가 맺어지도록 하는 일에 하나님의 도구로 쓰임 받음으로써 영성발달을 도모해야 한다.

예수 그리스도의 수제자인 베드로는 복음을 땅 끝까지 전파하라는 지상명령을 받았었음에도 불구하고 처음엔 이방인들에게 복음 전파하기를 거부했는데, 이는 히브리 민족주의(Hebrew Nationalism) 때문이었다. 야훼를 오직 유대인들만을 위한 하나님이라는 오해가 그와 같이 편협한 행동을 하도록 했던 것이다. 만약 베드로가 이방인들에도 복음을 전하라는 하나님의 음성을 듣고도 그것을 계속 거부했다면 베드로의 영성발달은 2단계에서 중단되었을 것이다. 그러나 베드로는 하나님께서 보여주신 환상의 의미를 깨닫고 이방인인 고넬료를 만나 전도함으로써 세계 선교(world mission)의 길을 열어 한 차원 높은 영성발달의 단계로 진입하게 되었다.

세계 선교는 하나님과 수직적 관계를 맺지 않은 사람들, 즉 영성발달의 기초단계(제1단계)에도 속하지 않은 사람들로 하여금 하나님과의 수직적 관계를 맺도록 도와줌으로써 불신자가 신자가 되게 하여, 그들이 개인적으로 하나님과의 관계가 회복될 뿐 아니라 기독교 공동체의 일원이 되어 그리스도의 몸을 구성함으로써 제2의 영성발달의 단계로 들어오도록 하는 영적 행위라고 할 수 있다.

모든 신자들은 각각 하나님과의 수직적 관계 회복을 기초로 하여 하나님을 섬기고(제1단계), 기독교 공동체의 일원으로서 몸인 그리스도의 지체가 되어 서로 수평적 관계를 잘 맺고 살아야 한다(제2단계). 그러나 하나님을 믿고 신자들로 구성된 기독교 공동체가 자신들끼리만 좋은 교제를 하면서 세계 선교에 참여하지 않는다면 베드로가 고넬료를 만나기를 거부했던 과오를 범하게 되며, 그들의 영성발달은 제2단계에서 멈추게 된다. 모든 신자들은 지역 복음화는 물론 세계 선교에 동참함으로써 불신자들과의 수평적 관계 증진이 도모되어야 하는데 이것이 영성발달 제3단계다. 제1단계가 하나님과의 수직적 관계 회복의 단계이며, 제2단계가 신자들 상호간의 수평적 관계 증진이라면, 제3단계는 불신자들과의 수평적 관계 증진을 위한 가교의 단계이다.

제4절 4단계: 환경과의 관계 증진의 단계

기독교 영성은 하나님과의 수직적 관계 회복(제1단계)과 신자들 상호간의 수평적 관계 증진(제2단계) 및 불신자들과의 수평적 관계 증진으로 종결되지 않는다. 야훼 하나님은 이 세상에 인간만을 창조한 것이 아니라 만물을 창조했고 그 만물들의 운행자 하나님(God the Sustainer)이기 때문에 만물의 영장인 인간은 만물을 잘 관리하고 다스려야 할 책임이 있는데, 선교학에서는 이와 같은 책임을 인간에게 부과한 하나님의 말씀(창 1:28)을 문화적 명령(cultural mandate)이라고 부른다(창 1:28). 야훼 하나님이 구속주일 뿐아니라 만물의 창조주이며 운행자라는 사실은 모든 신자들로 하여금 위로는 하나님과 좋은 관계를 맺고 옆으로는 다른 신자들과 좋은 관계를 맺으며 또한 불신자들과 좋은 관계를 맺고, 아래로는 환경과 좋은 관계를 맺고 살아야함을 정당화하며 의무화하는데, 이와 같은 당위성이 환경과의 관계 증진이라는 영성발달 제4단계를 요청한다.

영성발달 제4단계는 하나님과의 관계 회복과 신자들 상호간의 관계 증진 및 불신자들과의 관계 증진이라는 전제하에서의 환경과의 관계 증진을 의미한다. 따라서 4단계는 환경과의 관계 증진만이 아니라 1, 2, 3단계를 모두 포함하고 있다. 하나님과의 관계 회복을 도외시한 인간관계는 영성과 무관한 것처럼, 하나님과의 관계 및 인간관계를 포함하지 않은 환경과의 관계 증진은 물질적 차원이지 영적 차원은 아니기 때문에 그것은 영성이 아니다.

환경과의 관계 증진이 영성의 차원에 속하려면 환경과의 관계를 맺는 사람이 하나님과의 관계를 잘 맺고 사람들과의 관계를 잘 맺는 삶을 살면서 환경을 다스리고 보존하는 행위를 해야 한다. 하나님과의 관계 맺음이 없는 인간관계는 영성의 차원이 아니라 인간성(humanity)의 차원에 머무는 것처럼, 하나님과의 관계 맺음이 없는 환경운동은 영성의 차원이 아니라 환경주의(environmentalism)에 불과한 것이다. 그러나 환경운동이나 문화운동이 하나님과의 수직적 관계맺음 안에서 이루어질 때에 그것은 영성에 포함된다. 왜냐하면 그것은 성경에 기록된 하나님의 명령(창 1:28)이기 때문이다. 성경적인 것이 영적인 것이라면 만물을 잘 관리하고 다스리라는 문화적 명령도 영성에 포함되어야 한다. 하나님과의 수직적 관계 회복(제1단계)이 협의적 의미의 영성발달이라면 성도들 상호간의 관계 증진(제2단계)과 불신자들과의 관계증진(제3단계) 및 환경과의 관계증진(제4단계)은 광의적이며 포괄적이고 총체적인 의미의 영성발달이라고 할 수 있을 것이다.

본 연구에서 사용하는 "환경"(environments)이란 용어는 자연적 환경

(natural environment) 및 문화적 환경(cultural environment)과 사회적 환경(social environment)이 다 포함된다. 헤셀그레이브(D. J. Hesselgrave)가 강조하는 것처럼, 그리스도는 만유의 주(Lord of all)로서 인간의 영혼만을 변화시키는 분이 아니라 문화와 자연과 사회를 변화시키는 분이기 때문에(Hesselgrave, 1979, 79-80), 그를 믿는 모든 사람들은 환경과의 관계 증진에 관심을 가져야 한다. 따라서 4단계의 영성발달은 하나님과의 수직적 관계 회복과 인간과의 관계 증진 및 사회적, 문화적, 자연적 환경과의 관계 증진을 의미하기 때문에 영성발달은 존재와 행위의 총체성을 지니고 있다고 할 수 있다.

반틸(Cornelius Van Til)은 개혁주의의 기독교교육을 설명하면서 신자들은 환경에 대하여 특별한 관심을 가져야 한다고 주장한다(Van Til, 78-80). 반틸은 신자들이 자연계에 대한 환경적 책임(ecological responsibilities toward nature)과 다른 사람들에 대한 정치적, 사회적 책임감을 가져야 한다고 강조한다. 반틸이 강조하는 것처럼 신자들은 하나님과 좋은 관계를 맺을 뿐아니라 하나님이 창조하고 다스리는 인간계와 자연계와 좋은 관계를 맺어야한다. 사실은 하나님과 좋은 관계를 맺는 것과 하나님의 창조의 세계와 좋은 관계를 맺는 것은 분리의 개념이 아니라 통합의 개념에 속한다.

월터스토릅(Wolterstorff, 1980, 10)은 구속주 하나님의 구속적 은총 안에서 희락을 누리며 또한 창조주 하나님의 섭리 안에서 자연과의 조화를 이루어 희락을 누리는 삶이 정상적인 신자들의 삶임을 강조하는데, 이는 환경과의 관계 증진의 중요성을 나타내는 장이다. 반틸은 계속 주장하기를 신자들은 성령의 새롭게 하시는 역사 안에서 기독교인들이 가지고 있는 문화적 자연적 과제를 수행해야 한다고 하는데, 이 주장도 신자들의 환경과의 관계 증진의 중요성을 시사한다. 파즈미노는 기독교교육의 과제에 대한 논의에서 문화적 과제(cultural task)의 수행이 신자들의 영적인 삶의 일부가 됨을 강조하는데, 이 주장도 역시 신자들의 환경과의 관계 증진의 중요성을 시사하고 있다.

원래 창조주 하나님의 인간 창조 안에는 문화적 존재(cultural being)

로서의 인간론이 포함된다. 이에 관하여 성경은 "여호와 하나님이 그 사람을 이끌어 에덴동산에 두사 그것을 다스리며 지키게 하시고"(창 2:15, 한글개역성경)라고 했는데 "다스린다"는 한글 번역에 해당하는 영어성경(NASB) 번역은 "cultivate"로서 한국어로는 "가꾸다"로 번역된다. 그런데 그 어근은 문화(culture)라는 명사와 같은 것이므로 직역하면 "문화화하다"라고 할 수 있다. 인간은 참된 영이신 하나님과 수직적 관계를 맺는 영적 존재(spiritual being)임과 동시에 같은 인간과의 관계를 맺는 사회적 존재(social being)이며 또한 자연 만물과 관계를 맺고 살아가는 문화적 존재(cultural being)다. 그런데 이 모든 것이 성경적이며 성경적인 것은 곧 영적인 것이기 때문에 영적 존재로서의 인간론도 영성에 속하며 사회적 존재로서의 인간론도 영성에 속하고 문화적 존재로서의 인간론도 영성에 속한다.

인간은 하나님과의 수직적 관계를 잘 맺고 다른 인간들과의 수평적 관계를 잘 맺으며 사는 것은 물론 자연 만물과 수직적 관계도 잘 맺고 살아야 한다는 인간에 대한 하나님의 본래적 계획은 성경의 제일 처음 책인 창세기 1-3장에 잘 나타나 있는데 이와 같은 하나님의 의도는 성경의 제일 마지막 책인 요한계시록 마지막 장에서 다음과 같이 완성되는 것으로 기록되어 있다. "또 저가 수정같이 맑은 생명수의 강을 내게 보이니 하나님과 및 어린 양의 보좌로부터 나서 길 가운데로 흐르더라. 강 좌우에 생명나무가 있어 열두 가지 실과를 맺히되 달마다 그 실과를 맺히고 그 나무의 잎사귀들은 만국을 소성하기 위하여 있더라. 다시 저주가 없으며 하나님과 그 어린 양의 보좌가 그 가운데 있으리니 그의 종들이 그를 섬기며"(계 22:1-3). 하나님의 뜻이 온전히 이루어지는 것을 기록한 위의 글은 하나님과 인간과 만물이 조화를 이루는 삶이 가장 이상적인 삶이라는 점을 암시하고 있는데 이는 영성발달의 최후 단계가 환경과의 관계 회복을 포함해야 함을 의미한다고 할 수 있을 것이다. 인간이 하나님과 조화를 이루며 다른 인간들과 조화를 이루는 것은 물론 또한 환경과도 조화를 이루는 삶을 사는 것이 하나님의 뜻이라는 사실을 바울은 다음과 같이 보도한다. "피조물의 고대하는 바는 하나님의 아들들이 나타나는 것이니… 그 바라는 것은 피조물도 썩어짐의 종노릇 한데서 하나님의 자녀들의 영광의 자유에 이르는 것이니라"(롬 8:19-21).

그러므로 기독교 영성의 발달은 하나님과의 관계 회복(1단계)과 더불어 신자들 상호간의 관계 증진(2단계) 및 불신자들과의 관계 증진(3계)으로 완성되는 것이 아니라 환경과의 관계 증진(4단계)으로 이어져야 한다. 디종(DeJong)은 기독교교육이란 인간과 하나님과의 관계, 인간과 다른 인간의 관계 및 인간과 세계와의 관계를 재창조하고 발달시키는 행위라고 정의하는데(DeJong, 118), 이 주장도 역시 영성발달 4단계의 중요성을 시사하고 있다.

파즈미노는 힐(E. V. Hill)이 창안한 현대 교회의 과제로서의 야구장 모델을 소개하는데(Pazmino, 40-47) 이 이론도 역시 제4단계의 기독교 영성발달의 중요성을 시사하고 있다. 이 모델에서 제1루는 교인들의 하나님과의 개인적 관계 회복을 위한 말씀 선포(kerygma)를 의미하는데 이 주장은 본 연구의 영성발달 제1단계에 해당한다. 제2루는 성도의 교제(koinonia)인데 이는 성도가 하나님과 개인적으로 관계를 맺음과 동시에 다른 성도들과 좋은 관계를 맺는 삶을 살아야 한다는 주장으로서 본 연구의 영성발달 제2단계에 해당된다. 제3루는 봉사(diakonia)를 나타내는 것으로서 성도들은 하나님과 다른 성도들에 대하여 헌신적 봉사의 삶을 사는 것으로 그치지 말고 불신자들도 섬기는 삶을 살아야 한다는 주장인데 이는 본 연구의 영성발달 제3단계에 해당된다. 제4루는 하나님의 나라(basileia)로서 성도들은 하나님과의 개인적 관계 맺음과 서로의 교제 및 불신자들에 대한 봉사와 선교와 더불어 이 땅에 하나님의 나라가 이루어지도록 해야 한다는 주장으로서 이는 본 연구의 영성발달 제4단계에 해당된다. 예수 그리스도가 제자들에게 하나님의 나라가 이 땅에 임하도록(마 6:10, "Thy Kingdom come") 기도하라고 가르친 것처럼, 신자들은 하나님이 만드시고 운행하는 이 세상에 하나님의 뜻이 이루어지도록 세계적, 우주적 관점을 가지고 하나님의 나라 실현을 위해 기도하고 노력해야 한다는 것이다.

이상의 4단계 이론은 영성의 양적 발달에 관한 논의였으며, 이제 영성의 질적 발달을 논의하여보자. 영성이 얼마나 넓게 발달했느냐는 양적 표준은 영성이 얼마나 깊게 발달했느냐는 질적 표준의 제시를 요청한다. 진정한 발달은 넓이와 깊이를 다 포함해야 하기 때문이다. 다시 말하자면 진정한 발달은 발달의 양과 질이 모두 포함되어야 한다. 그러므로 여기에서 각 단계의 발달의 진정성을 나타내는 개념을 제시하고자 하는데 그 척도는 타자중심성이다.

먼저 타자중심성의 반대 개념인 자기중심성에 대하여 논의하여 보자. 브락(R. N. Brock)이 주장하는 바와 같이 자기중심성은 정도의 차이는 있지만 모든 사람 속에 뿌리박고 있는 원죄(The Original Sin)의 핵심이다(Brock, 2). 자기중심성은 모든 죄악들을 태동시키는 근원적인 죄로서 아담과 이브가 에덴에서 지은 죄의 핵심을 이루고 있다. 원래 인간은 하나님중심적인 삶을 살게 되어 있었지만 아담과 이브가 선악과를 먹음으로써 하나님중심적인 삶에서 자기중심적인 삶으로 전락되었다. 선악과를 먹으면 인간이 하나님과 방불한 존재가 되기 때문에 하나님을 섬기는 대신 선악과를 먹으라는 사탄의 유혹에 넘어감으로써 사람 속에 자리 잡고 있던 하나님중심성이 자기중심성으로 대치되었다. 그 결과 하나님과의 관계에 병이 들었고(창 3:1-10), 상호간의 인간관계도 병들었으며(창 3:11-13), 자연과의 관계도 병이 들었다(창 3:17-18). 이런 맥락에서 볼 때에 영성발달은 하나님과의 관계 회복 및 인간과의 관계 회복은 물론 환경과의 관계 회복을 모두 포함하고 있음을 알 수 있다.

원죄의 핵심인 자기중심성이 하나님과의 관계와 인간과의 관계 및 환경과의 관계를 두절시키고 병들게 한다면, 그 치유책은 그 반대 개념인 타자중심성에 있다고 볼 수 있다. 자기중심성은 관계를 병들게 하지만 타자중심성은 관계를 회복시키고 증진시킨다는 논리에 근거하여 타자중심성에 대한 논의를 확대하기로 한다.

스메데스(L. B. Smedes)가 주장하는 것처럼 그리스도의 삶은 하나님과 타인들을 섬기는 삶으로 엮어져 있었는데(Smedes, 59), 포드(L. Ford)는 그리스도의 리더십의 중심에는 타자중심이 자리 잡고 있었다고 주장한다 (Ford, 148). 그리스도의 성육신과 지상사역과 십자가의 죽으심은 하나님의 뜻을 이루기 위함이었기 때문에 하나님중심적 행위였고 사람들을 구원하기 위함이었기 때문에 타인중심적 행위였다.

    타자중심성은 어떤 사람이 얼마나 영적으로 성숙했는가를 말해주는 표준이 된다. 모든 신자들의 영성발달의 공통의 목표는 그리스도를 닮는 것인데 그리스도를 닮으려면 자기중심에서 타자중심으로 변화를 받아야 한다 (Buckely, 114-115). 올포트(G. W. Allport)는 신앙의 질을 본질적 신앙(intrinsic faith)과 비본질적 신앙(extrinsic faith)으로 구분하는데, 전자는 하나님을 위하여 하나님중심으로 하나님을 믿는 신앙을 의미하고 후자는 자기중심으로 하나님을 믿는 신앙을 의미하는 것으로서, 후자의 사람들은 자기를 위하여 타인들을 이용하는 삶을 살기 때문에 그들의 윤리적 도덕적 수준이 불신자들보다도 낮고, 전자의 사람들은 타인들에게 유익을 주는 삶에 가치를 두기 때문에 윤리적, 도덕적 수준이 불신자들보다 높다는 것이다 (Allport, 257). 다시 말하자면 타자중심성은 영성발달의 질을 측정하는 표준이 된다는 것이다. 영성발달을 하나님과의 관계와 사람들과의 관계 및 환경과의 관계의 증진을 의미한다고 할 때에 그 관계의 질은 타자중심성에 의존된다. 자기중심적 관계는 관계의 질이 낮은 것이며, 타자중심적 관계는 관계의 질이 높은 것이기 때문에 타자중심성은 영성발달의 질을 나타내는 표준이 된다고 할 수 있다.

    위에서 4단계의 영성발달 이론이 제시되었는데 이는 영성의 양적 발달을 의미한다. 영성발달 제1단계는 하나님과의 관계 회복 및 증진인데 이 단계가 의미하는 영성을 기호화하면 S=RG(Relationship with God)이며, 제2단계는 하나님과의 관계 안에서의 신자들과의 관계 증진인데 이 단계의 영성의 의미를 기호화하면 S=RGP1(Relationship with People1⟨Christian⟩)이고, 제3단계의 영성발달은 하나님과의 관계 안에서의 신자들과의 관계 증진 및 불신자들과의 관계 증진인데, 이 단계의 영성의 의미를 기호화하면 S=RGP1P2(Relationship with God, People1, and People2⟨Non-Chriostian⟩)

이며, 제4단계는 하나님과의 관계와 신자들과의 관계 및 불신자들과의 관계는 물론 환경과의 관계 증진인데 이 단계의 영성의 의미를 기호화하면 S=RGP1P2E(Relationship with God, People1, People2, and Environments)이다.

본 연구는 진정한 영성발달은 양적 발달과 더불어 질적 발달이 수반되어야 한다는 논리를 전개하면서 영성의 질적 발달을 논의하였는데 그 표준은 타자중심성이다. 각 단계별 영성발달의 정도는 얼마나 타자중심적으로 관계를 맺었느냐는 점에 있다.

영성이 양적으로 그리고 질적으로 얼마나 발달했는가를 알려면, 그 사람의 영적 상태와 역할이 몇 단계에까지 넓게 미치고 있는가를 보아야 하고, 그 관계들이 얼마나 타자중심적으로 이루어지고 있는가를 기준으로 삼아야 한다.

| 제15장 |

통합적 모델

 본 연구의 목적은 영성의 개념을 명백히 하고 영성발달의 통합적 모델을 만드는 것이었다. 영성을 매일의 생활 속에서 진단하고 발전시킬 수 있도록 추상적 개념을 구체화하고 측정하기가 용이한 용어(measurable term)로 표시하고자 하는 시도를 하기로 한다. 그리고 영성발달을 위한 통합모델을 만들어 개인의 영성이 발달됨에 따라 교회가 질적으로 성장하고 개인과 교회가 사회의 제반 문제들을 예방하고 치유할 수 있는 비전을 제시하고자 한다.
 통합적 모델을 만드는데 있어서는 신학과 교육심리학의 접목을 시도하였다. 신학에서는 기독론과 성령론이 논의된다. 기독교 영성발달의 목표는 그리스도이기 때문에 기독론(Christology)이 필수적으로 다루어져야 하고, 한 개인이 그리스도를 닮아갈 수 있도록 하는 힘은 성령을 통해서만 가능하기 때문에 성령론(Pneumatology)이 동원된다. 또한 여기에 교육심리학(educational psychology)이 동원되는데, 그 이유는 영성발달의 당사자인 한 사람의 자아(self)는 영적인 존재임과 동시에 심리적인 존재이기 때문이다. 심리학적 측면에서의 자아개념과 신학적, 성경적 측면에서의 자아개념을 비교하여 자아에 대한 두 가지 대립적 개념을 확실히 이해하고 대립의 문제를 해결하고자 한다.

예수님의 지상사역은 기독교교육에 초점이 맞춰져 있었다. 그리고 오순절에 성령이 임재하심으로써 아래로부터의 기독교교육과 위로부터의 성령의 역사를 통해서 제자들의 영성이 크게 발달되었다. 영성의 마이너스 개념인 자기중심주의(self-centeredness)에 사로잡혀 서로 자기가 더 위대하다고 경쟁하던 제자들이 영성의 플러스 개념인 타자중심주의(other-centeredness)로 바뀌어졌던 것이다.

통합적 모델을 만들기 위하여 지금까지 닦아놓은 기초 위에 먼저 영성발달의 목표와 기독교교육에 대하여 논의하겠다.

제1절 영성발달과 기독교교육의 목표

영성발달의 목표와 기독교교육의 목표는 완전히 일치하는데 그 공통된 목표는 그리스도닮음(Christlikeness)이다. 즉 그리스도를 닮는 것이 영성발달의 목표이며 기독교교육의 목표다(Sanders, 1962; Taylor, 1966; Hadidian, 1987; Richards, 1987; Leech, 1989; Wilkins, 1992; Kwon, 1997). 리차드는 강조하기를 영성발달의 완전한 모델은 예수 그리스도라고 하면서, 그리스도를 닮는 것은 영성발달과 기독교교육의 공통적인 목표라고 했다(Richards, 1987, 61).

성령의 역사 안에서 기독교교육이 이루어질 때에 영성이 발달하는데 그 궁극적 목표는 그리스도닮음이다(Matzat, 1990). 그리스도닮음은 모든 크리스천들의 영광스런 목표이다(Meye, 1994). 그렇다면 그리스도닮음이란 무엇인가?

제2절 그리스도닮음(Christlikeness)

그리스도닮음이란 타자중심주의(other-centeredness)와 권능 충만(powerfulness)이라고 할 수 있다. 왜냐하면 타자중심주의와 권능 충만은 성경에 나오는 모든 가치를 포함하고 있기 때문이다. 그리스도는 인격(character)의 면에서는 타자중심주의자이시며 행위(action)의 면에서는 권능이 충만한 분이시기 때문이다.

그러므로 그리스도다움의 반대는 자기중심주의(self-centeredness)이며 무능(powerlessness)이다. 바리새인들이 예수님과 그토록 많이 충돌되었던 것은 그들이 그리스도다움의 반대 위치에서 삶을 살았기 때문이라고 본다. 그들은 자기중심적이었기 때문에 늘 남을 잘 비판하였고, 그들이 전하는 메시지는 능력이 나타나지 않았다. 그들은 하나님의 말씀을 실천하는 능력이 없었기 때문에 위선적인 삶을 살았다. 그래서 주님께서는 그들을 향하여, "화 있을진저, 외식하는 바리새인들이여…"라고 책망하셨다.

1. 존재(인격): 타자중심주의

그리스도의 삶은 타인들을 섬기는 삶으로 엮어져 있다(Smedes, 1983, 59). 그리스도는 모범적인 지도자상을 보여주시며 자신의 지도력을 발휘하실 때에 타자중심적인 요소를 늘 강조하셨다(Ford, 1991, 148). 예수 그리스도의 성육신(incarnation)과 사역(ministry)과 대속적 죽으심(death)은 전적으로 타자중심적인 것들이었다. 예수님께서는 친히 자신이 이 땅에 오신 목적을 타인들을 위해 봉사하며 심지어는 자기의 목숨까지도 인간 구원을 위하여 기꺼이 바치겠다고 하셨다(막 10:45).

그리스도의 성육신은 그 자체가 타자중심주의를 의미한다(Torrance, 1979). 그리스도의 성육신은 인간을 구원하기 위하여 하나님의 뜻을 따라 이 세상에 육신을 입고 오신 것을 의미하기 때문이다(Gehman, 1894). 그리스도는 완전한 신성(divinity)을 가지셨으나 인간을 구원하기 위하여 완전한 인성(humanity)을 가지셔서 인간의 고난을 친히 체험하셨다(Gehman, 1994, 265).

티센(Thiessen)은 그리스도가 성육신 하신 이유를 다음과 같이 일곱 가지로 요약하였다. (1) 하나님의 약속을 확고히 하기 위하여(롬 15:8-9), (2) 하나님을 계시하시기 위하여, (3) 믿음직스런 대제사장이 되기 위하여, (4) 죄를 없이하기 위하여, (5) 마귀의 역사를 파괴하기 위하여, (6) 거룩한 삶의 본을 보이시기 위하여 그리고 (7) 재림을 준비시키기 위하여(Thiessen, 1952, 289-294). 위의 일곱 가지를 종합하면 그리스도의 성육신은 하나님과 인간을 위한 것이었음을 알 수 있다. 그리스도의 성육신은 하나님중심적이며(God-centered; 1, 2, 3, 4, 5) 타인중심적이다(people-centered; 2, 3, 4, 5, 6, 7). 즉 타자중심주의적인(other-centered) 의미를 가지고 있다. 그리스도의 성육신은 하나님께서 인간의 가면을 쓰고 이 땅에 오셔서 행하신 가면무도회가 아니고 인간을 구원하시기 위하여 인간의 육신을 입고 오신 위대한 사랑의 증표였다(Brown, 1988, 77). 자신의 고난과 고통을 감수하면서도 인간을 구원하시기 위하여 인간의 몸을 입고 낮고 어두운 곳에 임한 것이 그리스도의 성육신 정신이기 때문에 그것은 온전히 타자중심적인 행위였다(Maddocks, 1981, 17; Thompson, 1991, 101).

그리스도의 지상사역(earthly ministry)도 온전히 타자중심적인 것이었다. 삶 자체가 타자중심적이었다. 마태는 그리스도의 지상생활과 사역을 다음과 같이 요약하였다. "예수께서 모든 성과 촌에 두루 다니사 저희 회당에서 가르치시며 천국복음을 전파하며 모든 병과 모든 약한 것을 고치시니라"(마 9:35). 그리스도는 도시(성)를 가시든 시골(촌)을 가시든 주로 교육(teaching)과 설교(preaching)와 치유(healing)의 사역을 하셨는데, 이 모든 사역들은 인간의 영혼과 육신을 구원하기 위한 타인 중심적 행위였다. 이런 그리스도의 타자중심적 사역은 이미 구약에서 예언된 것이었다. 그리스도가 성육신하여 타자중심적인 사역을 하실 것을 이사야는 다음과 같이 선포하였다. "주 여호와의 신이 내게 임하셨으니 이는 여호와께서 내게 기름을 부으사 가난한 자에게 아름다운 소식을 전하게 하려 하심이라. 나를 보내사 마음이 상한 자를 고치며 포로된 자에게 자유를 갇힌 자에게 놓임을 전파하며 여호와의 은혜의 해와 우리 하나님의 신원의 날을 전파하여 모든 슬픈 자를 위로하되"(사 61:1-2).

예수님께서는 바로 이 예언을 자신의 사역에 적용하셨다. 구약성경에 예언된 대로 자신이 이 세상에 오셔서, 즉 성육신하셔서 하나님의 뜻을 이루고 인간을 구원하는 타자중심적인 사역을 하신다는 사실을 누가는 다음과 같이 보도한다. "…회당에 들어가사 성경을 읽으려고 서시매 선지자 이사야의 글을 드리거늘 책을 펴서 이렇게 기록한 데를 찾으시니 곧 주의 성령이 내게 임하셨으니 이는 가난한 자에게 복음을 전하게 하시려 내게 기름을 부으시고 나를 보내사 포로된 자에게 자유를 눈먼 자에게 다시 보게 함을 전파하며 눌린 자를 자유케 하고 주의 은혜의 해를 전파하게 하려 하심이라 하였더라 책을 덮어 그 맡은 자에게 주시고 앉으시니 회당에 있는 자들이 다 주목하여 보더라 이에 예수께서 저희에게 말씀하시되 이 글이 오늘날 너희 귀에 응하였느니라"(눅 4:16-21).

  누가는 보도하기를 그리스도의 사역은 인간을 구원하기 위한 하나님의 뜻을 이루는 것이라고 했다. 그러므로 그리스도의 지상사역은 타자중심주의로 요약될 수 있다. 누가는 사도행전에서도 그리스도의 사역이 타자중심적인 것이었다는 것을 다음과 같이 보도한다. "하나님이 나사렛 예수에게 성령과 능력을 기름 붓듯 하셨으매 저가 두루 다니시며 착한 일을 행하시고 마귀에게 눌린 모든 자를 고치셨으니 이는 하나님이 함께 하셨음이라"(행 10:38).

  그리스도의 인간 구원을 위한 사역은 하나님의 뜻이었고 그 뜻이 이루어지도록 하나님의 성령이 그리스도 안에서 크게 역사하신 것이다. 인간 구원을 위한 삼위일체 하나님의 사역이 성육신 하신 그리스도의 삶과 활동을 통하여 성취되었다.

  십자가의 죽으심도 그리스도의 타자중심주의를 가장 잘 나타내는 사건이었다. 그가 십자가를 지심은 인간의 가장 큰 문제인 죄 문제를 해결함으로써 인간 구원의 길을 열어놓은 것으로서 그것은 구약성경에 계속적으로 예언된 하나님의 뜻이었다. 구약시대에 흘려진 수많은 송아지와 양과 염소와 비둘기의 피는 곧 인간의 죄를 씻을 그리스도의 보혈을 상징하는 피였다. 이에 대하여 히브리서는 다음과 같이 설명한다. "염소와 송아지의 피로 아니 하시고 오직 자기 피로 영원한 속죄를 이루사 단번에 성소에 들어 가셨느니라. 염소와 황소와 및 암송아지의 재로 부정한자에게 뿌려 그 육체를 정결케 하여 거룩케 하거든 하물며 영원하신 성령으로 말미암아 흠 없는 자기를 하나님께 드린 그리스도의 피가 어찌 너희 양심으로 죽은 행실에서 깨끗하게 하고 살아계신 하나님을 섬기게 못하겠느뇨"(히 9:12-14).

십자가의 죽으심은 예수님께도 큰 고통이었다. 육신을 입었기 때문이었다. 십자가의 죽음은 할 수만 있으면 그 잔을 옮겨달라고 기도하실 만큼 큰 고통이었다. 그러나 그런 고통의 십자가를 짊어지신 것은 인간을 죄와 사망에서 구원코자 하는 인간에 대한 사랑과 그것을 통하여 하나님의 뜻을 이루려는 타자중심주의가 그의 가슴 깊은 곳에 자리 잡고 있었기 때문이었다.

그리스도의 성육신과 지상사역과 십자가의 죽으심은 타자중심주의가 그리스도다움의 핵심적인 내용이라는 것을 나타내주고 있다. 이에 대하여 바울은 다음과 같이 설명한다. "오히려 자기를 비어 종의 형체를 가져 사람들과 같이 되었고 사람의 모양으로 나타나셨으매 자기를 낮추시고 죽기까지 복종하셨으니 곧 십자가에 죽으심이라"(빌 2:7-8).

그리스도의 성육신과 지상사역과 십자가의 죽으심은 그리스도의 인격이 온전히 타자중심적이었다는 것을 증명해주고 있다. 타자중심주의라는 개념은 기독론의 새 페이지에 첨가되어야 할 중요한 개념이기도 하다.

2. 행위(행동): 능력 충만

그리스도의 행동 속에는 능력이 동반되었다. 그의 말씀엔 항상 생명력이 충만해 있었다. 당대의 종교 지도자들 중에서 자기들만이 보수적인 신앙을 가진 사람들이라고 자처하던 바리새인들의 메시지엔 힘이 없었다. 그들의 말에 힘이 있었다면 그것은 파괴적인 힘에 지나지 않았다. 그러나 예수 그리스도의 말씀엔 살리는 힘이 작동되었다. 죄를 사하심으로써 영혼을 살리는 힘이 작동되었고, 좌절하는 사람에게 들려지는 위로의 말씀 속에는 정신과 감정을 살리는 힘이 작동되었고, 육신이 병든 사람에게는 육신의 병을 치유하는 권능의 말씀으로 작동되었다. 심지어는 죽은 사람에게 말씀이 주어졌을 때에 죽었던 사람이 살아나는 위대한 생명력이 동반되었다. 그리스도의 사역의 특징은 영과 혼과 육신을 살리는 능력이 나타났다는 것이다. 능력 충만(powerfulness)이 그리스도의 행위의 특징이었다.

훌륭한 의사가 되려면 타자중심적인 인격이 있어야 하고, 동시에 환자의 병을 고칠 수 있는 능력이 있어야 한다. 인격은 훌륭하여 늘 환자들에게 친절과 사랑을 베풀지만 병을 고칠 수 있는 실력과 능력이 없는 의사는 진정 훌륭한 의사라고 할 수 없다. 마음씨는 좋지만 그 의사에게 수술을 받으면 생명을 잃을 가능성이 높다면 그는 모범적인 의사라고 할 수 없다. 반면에 병은 잘 고치는데 환자들에게 불친절하고, 환자를 자기의 돈을 버는 대상자라고만 생각하여 가난한 환자는 아예 거들떠보지도 않는 사람이라면 그 의사 역시 훌륭한 의사라고 할 수 없다. 참으로 훌륭한 의사는 환자중심적인, 즉 타자중심적인 인격을 가지고 있으며 또한 병을 고칠 수 있는 능력이 있는 사람이어야 한다.

훌륭한 목사는 양을 위하여 목숨을 바치는 성도중심의 인격, 즉 타자중심적 인격을 갖춤과 동시에 죄로 병들어 죽은 영혼을 살리며 좌절과 혼돈 속에서 방황하는 심령들에게 힘을 주는 능력이 있어야 한다. 타자중심적 인격과 능력이 동반되는 행위가 있어야만 훌륭한 목사가 될 수 있다. "우리 목사님은 강단에서는 훌륭한데 생활은 엉망이에요"라는 평가를 받는 목회자는 능력은 있다하나 인격이 잘못된 사람이며, "우리 목사님은 참 인자하신 분이신데 설교에 능력이 없어요"라는 평가를 듣는 목회자는 인격은 훌륭한데 능력이 없는 사람이다.

예수 그리스도는 양자를 다 구비하신 분이다. 그의 입과 손과 발이 움직여질 때엔 능력이 나타났고, 그를 대하는 사람들은 따뜻한 인격에 감동되었다. 십자가의 죽으심이 인류를 살리기 위한 뜨거운 사랑의 인격을 나타냈다면, 무덤을 이기고 살아나신 부활사건은 위대한 능력의 행위를 나타내는 것이다. 예수님의 사역엔 항상 자비와 능력이 동반되었다(Song, 1993, 286).

우리가 "능력"(power)이라는 말을 쓸 때에 부정적인 의미로 이해되는 경향이 큰 데, 그 이유는 힘이 긍정적이며 건설적인 면으로 사용되기 보다는 부정적이며 파괴적인 면으로 사용되는 경우가 많기 때문이다(Brock, 1988, 25).

어떤 사람이 힘을 소유하고 있을 때에 그 사람의 인격이 자기중심적(self-centered)이면 그 힘은 부정적이며 파괴적으로 사용되며, 그 사람의 인격이 타자중심적이면 그 힘은 긍정적이며 건설적으로 사용된다. 사탄은 자기중심적인 인격의 소유자이기 때문에 그 힘이 부정적이며 파괴적인 곳에 사용되지만, 그리스도의 인격은 타자중심적이기 때문에, 즉 하나님중심적이며 타인중심적이기 때문에 그 힘은 긍정적이며 건설적으로 사용된다.

그리스도의 능력은 죽은 영혼을 살리고, 상처받은 감정을 치유하며, 병든 육신을 치료하시고, 그리스도인의 인격을 성숙시킨다(Brown, 1994, 195). 그러므로 우리는 항상 타자중심적인 인격의 소유자가 되어서 하나님께서 주시는 능력이 긍정적이며 건설적으로 사용되도록 해야 할 것이다. 다른 사람들을 돕고자하는 정신으로 우리의 힘을 사용할 때에 우리에게 주어지는 하나님의 능력은 건설적으로 사용될 것이다.

자기중심적인 자아(self-centered self)의 소유자인 옛사람을 벗어버리고 타자중심적인 자아(other-centered self)의 소유자인 새사람을 입음으로써 하나님의 능력이 우리 자신을 통하여 타인들에게 건설적인 능력으로 흘러갈 수 있도록 해야 할 것이다(Kwon, 1997). 브라운(Brown)은 경고하기를 자기중심적 인격의 소유자의 행동에는 사탄의 능력이 동반된다고 했다(Brown, 1994, 193-194).

예수 그리스도는 거룩한 삶을 산 것에 그치지 않고 병을 고치고 악령을 추방하는 등의 활동을 통하여 초자연적인 능력을 나타내셨다(Song, 1993, 273). 그리스도는 하나님과 사람들 앞에서 말씀과 행위에 능력이 동반되는 선지자였다(눅 24:19). 그는 죽은 자들을 살리시고(막 5:21-43; 눅 7:11-17; 마 11:5) 자연계에 기적을 일으키셨다(마 17:24-27; 막 11:12-13; 눅 5:1-11; 요 2:1-11). 그리스도의 삶은 하나님의 능력으로 일어난 기적들로 가득 차 있다(Maddocks, 1981, 33).

그리스도의 부활은 하나님의 신적인 능력의 선언이었다. 그것은 사망과 절망 속에서 멸망해가는 인간들을 구원하기 위한 초월적인 하나님의 능력을 증명하는 사건이었다. 또한 그리스도의 부활은 사후의 세계에 대한 소망의 초점이 되었다. 우리의 삶이 죽음으로 끝나는 것이 아니라 다시 살아날 수 있다는 영원한 소망을 주는 위대한 사건이 바로 그리스도의 부활이다. 그의 부활은 사탄에 대한 그분의 개인적인 승리로 끝나는 것이 아니라 그를 따르는 모든 사람들의 사탄의 능력에 대한 승리를 의미하기도 한다.

예수 그리스도의 사역과 부활에 나타난 권능의 근원은 성령이었다. 그 성령은 믿는 자로 하여금 거룩한 삶을 살도록 힘을 주시며 필요한 경우에 기적적인 능력이 나타나도록 역사하신다(Stephens, 1978; Rice, 1991; Koenig, 1992). 구약성경에서나 신약성경에서나 하나님의 영(성령)은 하나님의 권능을 나타내었다(Caulley, 1984, 522). 그러므로 예수님은 승천 직전에 제자들에게 말씀하시기를 성령이 너희에게 임하시면 권능을 받는다고 하셨다(행 1:8). 성령은 성도의 인격을 성화시킬 뿐 아니라 능력도 주신다. 그리스도는 성령으로 말미암은 인격과 권능을 소유하고 계셨다. 그리스도 안에 계신 성령은 그리스도를 타자중심적인 인격을 가지고 살며 권능으로 충만한 행동이 동반되도록 하셨다. 그리스도다움이란 인격적으로는 타자중심주의(other-centeredness)이며 행위적인 면에 있어서는 권능 충만(powerfulness)이다.

제3절 타자중심주의에 대한 심리학적 관점

타자중심주의는 신학적으로 볼 때에 그리스도의 인격을 아주 적절하게 묘사하는 말로서 심리학적인 관점에서 볼 때에도 그것은 아주 중요한 가치를 지닌다. 그것은 일반적이며(general) 우주적인(universal) 가치를 나타내는 말이다. 여기에서 두 심리학자의 이론을 통해 타자중심주의를 조명해 본다. 하버드대학 교수로서 미국에 큰 공헌을 한 콜버그(Kohlberg)의 도덕발달론(theory of moral development)과 호프만(Hoffman)의 감정이입발달론(theory of empathetic development)을 소개한다.

1. 콜버그(Kohlberg)의 도덕발달론

도덕발달은 영성발달에서 매우 중요한 위치를 차지한다. 왜냐하면 도덕성이 없는 영성은 비도덕적 영성(immoral spirituality)으로서 그것은 더 이상 기독교의 영성이 아니기 때문이다. 도덕성(morality)은 공적인 영역에서 항상 중요한 위치를 차지하고 있다(McBee, 1985, 58). 도덕성은 교회에서는 물론 학교나 어떤 관공서나 단체에서 중요시 되는 항목이다. 도덕성은 사회학이나 철학이나 심리학이나 신학 등의 모든 학문의 분야에서 중요한 위치를 차지하고 있다.

현대 교육에서 도덕성을 강조하는 것은 아주 고무적인 일이라고 학자들은 말한다(Shelton, 1990, 98). 프랑스의 사회학자로서 현대도덕교육의 아버지라고 할 수 있는 두르크하임(Durkheim)은 도덕성은 인간 사회에 본래적으로 전해 내려오는 사회적 현상이며 사실이라고 주장했다(Chazan, 1985, 9-10).

도덕성은 사회 속에서의 상호적인 규칙과 관계가 있는 것이기 때문에 타자중심적인 것을 요구한다(Damon, 1978, 4). 콜버그의 도덕에 대한 정의도 공적인 행위의 규범(the prescription of public behavior)과 관계가 깊기 때문에 도덕성이란 타자중심성과 관련을 맺고 있다(Damon, 1978).

도덕발달 심리학에 가장 큰 공헌을 한 사람으로서 로렌스 콜버그(Lawrence Kohlberg)를 언급하지 않을 수 없다(Downey & Kelly, 1978). 콜버그는 경험적 연구(empirical research)를 했는데, 그는 피아제(Piaget)의 이론을 확장시켜 적용하였으며 피아제처럼 개개인의 도덕적 판단력(moral judgment)에 초점을 맞추어 연구하였다(Kohlberg, 1966). 그는 어떤 사람의 도덕적 행동 배후에 있는 도덕적 판단의 이유를 중요시 하였으며 도덕발달의 인지적 이론(cognitive theory)을 적용하였고 도덕적 판단력의 법칙은 아이들이 성장함에 따라서 점차적으로 발달한다고 보았다. 그런데 이런 점진적 발전은 주로 환경적, 사회적 조건에 의존한다고 보았다(Kohlberg, 1966; Downey & Kelly, 1978).

콜버그의 도덕발달 이론은 도덕발달 심리학의 분야에서 가장 폭 넓은 지지를 받았으며 교육학과 철학과 신학의 분야에서 지지를 받아왔다. 예를 든다면 미국에서 5,000개 이상의 교육국에서 콜버그의 이론을 교과과정에 도입하고 있다. 수백만의 학생들이 그의 이론을 가지고 토론을 했다(Shelton, 1990).

콜버그의 도덕발달 이론은 한 개인의 자아(a self)와 타인들(others)과의 관계에 근거하고 있다(Sprinthal & Sprinthal, 1990). 이미 이 책에서 정의된 것처럼 영성이란 한 개인의 자아가 하나님과의 수직적 관계를 어떻게 맺고 타인들과의 수평적 관계를 어떻게 맺느냐는 데에 초점이 맞추어지고 있다. 그렇기 때문에 콜버그의 도덕발달 이론은 영성발달 이론과 깊은 관계를 가지고 있다.

콜버그의 도덕발달 이론은 세 수준(three levels) 여섯 단계(six stages)로 나뉜다. 첫째 수준은 보통이하의 수준(preconventional level)으로서 자아 중심적 수준이고, 둘째 수준은 보통의 수준(conventional level)로서 자아가 타인들을 고려하며 적절한 관계를 맺는 수준이고, 셋째 수준은 보통 이상의 수준(post conventional level)로서 자아(self)가 타인들(others)을 위하여 공헌하는 수준이다.

첫 번째 수준은 제1단계(first stage)와 제2단계(second stage)로 구성되는데 제1단계는 자기 자신에게만 관심을 갖는 단계이고 제2단계는 다른 사람과 관계를 맺되 타인에 대하여 일방적인 관심만을 보이는 단계이다. 두 번째 수준은 제3단계와 제4단계로 구성되어 있는데, 제3단계는 여러 사람들과 관계를 맺으며 자기중심에서 타인 중심으로 관심을 갖기 시작하는 단계이고, 제4단계는 좀 더 넓은 시야에서 자신을 사회와 연결시켜 사회를 위한 자신의 존재를 인식하는 단계이다. 세 번째 수준은 제5단계와 제6단계를 포함하는데, 제5단계는 사회적 계약(social contract)을 중요시한다. 이는 사회의 질서를 위해서라면 자아를 희생하고자 하는 단계를 의미한다. 제6단계는 만인에게 통하는 윤리적 법칙을 따라 행동하는 단계다. 완전히 자아를 버리고 타자를 위해서 희생하는 최고의 단계를 말한다(Sprinthal & Sprinthal, 1990, 174-179).

안중근 의사와 같은 애국자는 제5단계의 도덕성을 지녔다고 볼 수 있고, 예수님은 제6단계의 도덕성을 지녔다고 볼 수 있다. 안중근 의사가 자신의 목숨을 바쳐 일본의 이등방문을 죽인 것은 안중근 의사의 조국을 위한 희생이었지만 한 인간을 살인했다는 점과 일본이라는 나라에 대해서는 피해를 주었다는 상대적인 행위가 되기 때문에 그의 도덕은 5단계에서 머무를 수밖에 없다.

만약 예수님이 이스라엘을 세계 강국으로 만들기 위하여 로마의 황제를 죽이고 자신도 죽었다면 예수님의 도덕성은 우주적인 도덕성이 아니라 국가적인 이익만을 위한 도덕성이 되었을 것이기 때문에 그것은 제5단계에 속할 것이다. 그러나 예수님은 이스라엘만을 위한 것이 아니라 모든 나라의 모든 사람들을 위한 일을 하시고 인류의 죄를 대속하는 죽음을 죽으셨기 때문에 그의 도덕성은 제6단계에 속한다고 볼 수 있다.

1단계와 2단계, 즉 보통 이하의 수준은 완전히 자기중심적인 단계들이고, 3단계와 4단계, 즉 보통의 수준은 어느 정도의 타자중심적 단계들(partially other-centered)이며, 5단계와 6단계, 즉 보통 이상의 수준은 타자중심적 단계들(other-centeded stages)이다(Shelton, 1990, 12-13). 그러므로 콜버그의 도덕발달 이론에서도 타자중심주의는 최고의 수준에 있음을 알 수 있다.

2. 호프만(Hoffman)의 감정이입(Empathy)발달이론

말틴 호프만(Martin Hoffman, 1975; 1979)은 종합적이고도 심도 있게 감정이입 발달론(theory of empathetic development)을 계발한 학자이다. 여기서 감정이입이란 다른 사람의 불쌍한 처지를 보고 그 사람의 입장에 서서 그 사람을 불쌍히 여기는 진실한 마음을 말한다. 값싼 동정심이 아니라 값비싼 동정심이다. Empathy란 단어는 문자적으로 번역하면 "감정이입"이라고 되어 있는데, 그 내용인즉 어려운 입장에 있는 타인을 불쌍히 여기는 순수한 마음을 말한다(Goldstein & Michaels, 1985). 불쌍한 사람을 볼 때에 자신이 손해를 보더라도 그 사람을 도와주고자 하는 고귀한 마음이다

(Hoffman, 1987, 42).

로저스(Rogers, 1959)는 상담자가 내담자를 대할 때에 필수적으로 소유해야할 감정이 바로 동정심이라고 강조했다. 예수님께서 병자들을 고치신 것은 그들을 불쌍히 여기는 동기가 가슴 깊은 곳에 있었기 때문이다. 선한 사마리아 사람이 강도를 만나서 죽어갈 때에 자기도 숨어있던 강도들에게 물질과 생명을 빼앗길지도 모르지만 그런 위험을 감수하고 죽어가던 사람을 도와준 것은 그 사람에 대한 동정심 때문이었다. 성경적인 용어로는 긍휼(compassion)이다. 그 사마리아인이 바로 예수님을 상징하는 인물이 아닌가!

인류학적인 증거들을 통해서 알 수 있는 것은 선사시대의 인간들은 자신을 해치는 환경과 정면으로 마주쳐서 적대감정을 갖는 수가 많았다는 것이다. 이때에 한편으로는 자기를 보호하려는 자기중심적 동기가 강화되기도 하고, 다른 한편으로는 다른 사람들의 안녕을 도모하려는 순수한 동기가 확립되기도 했다는 것이다(Hoffman, 1981).

감정이입 발달(empathetic development)은 다른 사람의 안녕을 위한 순수한 동기에 관계된 이론이다. 어떻게 하면 궁지에 처한 타인들을 잘 보호해줄 수 있겠느냐는 순수한 동기는 다름 아닌 타자중심적인 마음을 의미한다. 그렇기 때문에 호프만의 이론은 타자중심주의와 직결되어 있다.

콜버그의 도덕발달 이론에서 가장 낮은 단계(1단계)는 자기중심주의(self-centeredness)이며, 가장 높은 단계(6단계)는 타자중심주의(other-centeredness)이다. 호프만의 동정심발달 이론도 타자중심주의를 대변하는 말이다. 그러므로 심리학적 측면에서 볼 때에도 타자중심주의는 가장 높은 수준의 가치임을 알 수 있다.

제4절 타자중심주의에 대한 신학적, 성경적 관점

타자중심주의에 대한 신학적, 성경적 관점은 무엇인가? 타자중심주의는 신학적, 성경적으로 어떤 성격을 가지고 있는가? 그것은 얼마나 중요한 것인가? 그것이 그리스도닮음과 동일시 될 만큼 중요한 의미를 가진 말인가?

1. 타자중심주의의 성격

타자중심주의(other-centeredness)는 하나님중심주의(God-centeredness)와 타인중심주의(people-centeredness)를 동시에 포함해야 한다. 왜냐하면 자기(self) 이외의 타자(other)는 눈에 보이지 않는 하나님과 눈에 보이는 다른 사람들을 다 포함하고 있기 때문이다. 소크라테스나 공자와 같은 많은 위인들은 다른 사람들을 위한 삶을 살았다. 그러나 만약 그들이 하나님을 위한 삶을 살지 않았다면 이 책에서 의미하는 "타자중심주의"의 인물들에 속하지 않는다. 왜냐하면 그들의 타자중심주의는 하나님중심주의가 배제되어 있기 때문이다. 그저 타인중심주의적 인물들에만 속하는 것이다. 그러므로 타자중심주의는 하나님을 마음속에 모시고 하나님중심으로 삶을 살려는 신앙을 가진 사람들에게 해당되는 용어이다.

모든 기독교적 가치는 타자중심주의라는 개념 속에 포함되어 있다. 『인격교육』(Character Education)이라는 리코나(Lickona, 1992) 박사의 책은 인격의 2대 요소를 타인들에 대한 책임감(responsibility)과 존경심(respect)으로 보고 두꺼운 책 전체를 책임감과 존경심을 중심으로 논리를 전개한다. 책임감이란 타자에 대한 자신의 의무를 잘 감당해야 한다는 것이기 때문에 그것은 곧 타자중심주의를 말한다. 타자중심적인 사람은 책임감이 있고 자기중심적인 사람은 책임감이 확실하지 못하다. 존경심도 다른 사람을 인정하고 그를 높여주는 마음이기 때문에 타자중심적인 것이다. 자기중심적인 사람은 다른 사람들을 인정하고 그들을 높이는 것을 싫어한다. 하나님과 다른 사람들에 대하여 책임감과 동시에 존경심을 가지고 사는 사람은 신학적인 면에서 훌륭한 인격자임에 틀림이 없다. 타자중심적인 사람이기 때문이다.

타자중심주의는 삼위일체 하나님께서 인류에게 강조하신 중요한 신앙의 내용 속에 흐르는 공통인수이다. 성부 하나님께서 주신 십계명(출 20:3-17)의 경우를 살펴보자. 제1계명부터 제4계명까지는 하나님을 사랑하라는 계명(하나님중심주의)이며 제5계명부터 제10계명(타인중심주의)까지는 다른 사람들을 사랑하라는 계명이다. 십계명은 하나님중심주의와 타인중심주의, 즉 타자중심주의로 엮어져 있다.

성자 하나님께서 이 땅에 오셔서 가르치신 산상보훈 속에 팔복(마 5:2-10)이 있는데, 그 여덟 가지 복들도 타자중심주의로 구성되어 있다.

(1) 심령이 가난한 자들(the poor in spirit)은 복이 있는 자라고 했는데, 심령이 가난하다는 것은, 자만에 빠져 아무 것도 없는 사람이 있는 체 하는 것이 아니라, 하나님을 사모하여 마음을 비운 상태를 의미하기 때문에 그것은 하나님중심적 마음이다. 이런 사람들은 천국을 선물로 받는다는 것이다.

(2) 애통하는 자들(those who mourn)은 복이 있다고 했는데, 애통하는 자란 자기의 잘못을 솔직하게 인정하고 하나님 앞에서 울며 회개하는 사람을 의미하기 때문에 그 사람은 하나님중심적인 사람이다. 이런 사람들은 하나님께로부터 위로를 받는다는 것이다.

(3) 온유한 자들(the meek)은 복이 있다고 했는데, 온유하다는 것은 타자들에 대하여 마음이 부드럽다는 뜻으로서 이런 마음은 타자중심적인 마음이다. 이런 사람들은 땅을 기업으로 받는다는 것이다. 공룡과 같이 사나운 짐승들은 땅에서 사라졌지만 제비나 사슴같이 온유한 짐승들은 땅에 무수히 많이 살고 있다. 자기중심적인 마음을 가진 사람들은 마음이 강퍅하다.

(4) 의에 주리고 목마른 자들(those who hunger and thirst for righteousness)은 복이 있다고 했는데, 의에 주리고 목말라 한다는 것은 자기에게 손해가 되어도 의롭게 살려는 마음, 즉 하나님과 다른 사람들에게 올바른 삶을 살려는 마음이기 때문에 이런 마음을 가지고 사는 사람들은 타자중심적인 사람들이다. 이런 사람들은 배부른 삶, 즉 참된 만족을 얻는다는 것이다.

(5) 긍휼히 여기는 자들(the merciful)은 복이 있다고 했는데, 긍휼히 여긴다는 것은 다른 사람들을 불쌍하게 생각한다는 뜻이다. 이런 사람들이야말로 타자중심적인 사람들이다. 이런 사람들은 자신들도 긍휼히 여김을 받게 된다는 말씀이다.

(6) 마음이 청결한 자들(the pure in heart)은 복이 있다고 했는데, 마음이 청결하다는 것은 하나님과 다른 사람들에게 깨끗하게 보이는 마음을 말한다. 자기중심적인 사람들은 욕심을 키우고 살기 때문에 하나님과 다른 사람들에게 깨끗한 마음을 보여줄 수가 없다. 마음이 청결한 사람들은 하나님을 보는 축복을 받는다는 것이다.

(7) 화평케 하는 자들(the peacemakers)은 복이 있다고 했는데, 화평케 한다는 것은 타자와 조화를 이루려고 힘쓴다는 것이다. 타자와 조화를 이루려면 자기중심적이어서는 안 된다. 타자중심적인 사람들만이 진정으로 화평케 하는 능력을 발휘할 수 있다. 이런 사람들은 하나님의 자녀라는 평판을 받게 된다는 말씀이다.

(8) 의를 위하여 핍박을 받는 자들(those who are persecuted because of righteousness)은 복이 있다고 했는데, 의를 위해 핍박을 받는다는 것은 철저히 타자중심적인 것이다. 하나님과 인류를 위하여 올바른 법칙이 곧 의인데 그것을 지키기 위하여 고난을 받고 핍박까지 받는 사람은 타자중심적인 사람이다. 자기중심적인 사람은 자기에게 고통이 오면 아무리 옳은 것(의)이라 할지라도 곧 포기하고 만다. 이렇게 하나님과 사람들을 위하여 올바로 살려고 하는 사람들은 천국의 주인공들이라는 것이다.

성령 하나님께서 맺어주시는 성령의 아홉 가지 열매(갈 5:22-23)도 타자중심주의가 핵심을 이루고 있다. 성령의 아홉 가지 열매는 사랑과 희락과 화평과 오래 참음과 자비와 양선과 충성과 온유와 절제이다.

(1) 사랑(love)이라는 열매는 철저히 타자중심적인 것이다. 성경에서 사랑이란 아가페 사랑으로서 무조건적으로 주는 사랑이다. 하나님께서 인류를 사랑하사 독생자를 주신 것같이 우리가 하나님과 사람들을 사랑한다면 하나님을 위하여 그리고 다른 사람들을 위하여 무엇인가를 주는 삶을 살아야 한다. 이것이 곧 사랑의 실천이다.

(2) 희락(joy)이란 참된 기쁨을 말한다. 희락(joy)과 행복(happiness)은 비슷한 것 같지만 구별되는 단어다. 행복은 자기중심적인 사람들도 누릴 수 있다. 환경이 좋으면 행복해질 수 있다. 그러나 희락은 타자중심적인 삶을

살 때에만 누릴 수 있는 참된 기쁨이다. 환경이 나빠도 하나님중심적인 삶을 사는 사람들은 희락을 누릴 수 있다. 스데반은 돌에 맞아 죽어가면서도 얼굴에 희색이 만연해 있었다. 로마 감옥에 갇혀 사형을 앞두고 있던 바울은 감옥밖에 있는 성도들을 향하여, "주 안에서 항상 기뻐하라, 내가 다시 말하노니 기뻐하라"고 오히려 위안의 편지를 썼다(빌 4:4). 타자중심적인 삶을 살았기 때문이다.

(3) 화평(peace)이란 자기와 타자와의 관계에서 성립되는 개념으로서 자기중심적인 사람은 화평을 유지하기가 힘들다. 그러나 타자중심적인 사람은 화평을 창조하고 유지하기가 쉽다. 상대방의 뜻을 존중하기 때문에 그 사람과의 관계가 원만해진다.

(4) 오래 참음(long suffering)도 타자와의 관계성 속에서 이루어지는 개념이다. 타자에 대하여 화를 내지 않고 오래 참는 것이다. 어떤 일이 안될 때에도 때를 기다리면서 오래 참는 것도 하나님과의 좋은 관계를 가질 때에 가능하다.

요셉이 하나님께서 주신 위대한 꿈을 가졌으나 오히려 그 꿈 때문에 그는 형님들에게 밉게 보여 남의 나라에 팔려가고 감옥에 가서 죽음을 기다리는 신세가 되고 말았다. 그러나 그는 오래 참았다. 그 꿈이 이루어지기까지 적어도 13년이라는 세월을 참았다. 그것은 그가 하나님을 믿고 조용히 참고 기다렸기 때문이다. 어떤 일이 잘 이루어지지 않을 때에 못 참는 것은 하나님과의 관계가 잘못되어 있기 때문이다. 욥의 아내가 욥이 시련을 당할 때에 "당신이 믿는 하나님을 저주하고 죽으시오"라고 한 것은, 즉 오래 참지 못한 것은 그녀가 하나님과의 관계가 좋지 못했기 때문이다. 다시 말하자면 하나님중심의 삶을 살지 않고 자기중심의 삶을 살았기 때문이다. 이처럼 오래 참는다는 것은 타자중심을 의미하는 것이다.

(5) 자비(mercy)의 열매도 그 핵심이 타자중심이다. 자비라는 것은 다른 사람에 대하여 베푸는 마음을 말한다. 어려운 처지에 있는 사람을 무시하기보다는 불쌍히 여겨 무엇인가를 베풀고자 하는 귀한 마음이 자비이다. 이런 마음이야말로 타자중심이 아닐 수 없다. 선한 사마리아 사람의 비유에 나오

는 "자비를 베푼 사람"이 곧 예수 그리스도를 상징하는 인물이다. 자비는 타자중심으로서 그리스도다움의 핵심이다.

(6) 양선(goodness)이란 어질고 착한 마음을 말한다. 어질고 착하다는 것은 타자에 대하여 어질고 착하다는 뜻이다. 그렇기 때문에 양선은 타자중심을 의미한다. 자기중심적인 사람은 자기 이익에 차질이 오면 모질고 악해진다. 그러나 성령은 우리를 타자중심적인 사람으로 만들어 어질고 착한 삶을 살도록 인도하신다.

(7) 충성(faithfulness)이란 자기가 섬겨야 할 사람에게 최선을 다하는 것이다. 하나님께 최선을 다하고 상관에게 최선을 다하는 것이다. 자기중심적인 사람은 진정한 충성심을 발휘할 수 없다. 그러나 타자중심적인 사람은 자기가 섬겨야 할 대상을 중심해서 살기 때문에 충성스런 삶을 살게 된다. 국가의 충신은 임금과 국가를 위해서 목숨을 바친다. 하나님의 나라에 충성을 다하는 사람들은 하나님과 사람들을 위하여 목숨을 바친다.

(8) 온유(gentleness)란 타자에 대하여 따뜻하고 부드러운 마음을 말한다. 그러므로 온유는 타자중심을 그 전제로 한다. 어떤 사람이 온유하다는 말을 들을 때에 그 사람은 다른 사람들에게 부드럽고 따뜻하다는 것을 의미한다. 자기중심적인 사람은 대개 차갑고 딱딱하다.

(9) 절제(self-control)란 자기 자신을 통제하는 것이다. 분을 내고 싶어도 통제한다. 왜냐하면 다른 사람을 생각하기 때문이다. 자기중심적인 사람은 자신을 통제하지 못한다.

네로와 같은 독재자는 자신을 통제하지 못한 사람으로 유명하다. 자기중심적이기 때문에 자기의 감정을 거스르면 여지없이 분노를 퍼붓고 수많은 크리스천들을 죽이는 일을 서슴지 않았다. 절제란 또한 자기가 가지고 있는 힘을 자기중심적으로 사용하지 않는 것을 의미한다. 권력남용은 힘을 가진 자가 자기중심적인 삶을 살 때에 발생하는 위험한 일이다. 절제는 타자중심주의적인 삶을 사는 사람에게 주어지는 자기 통제의 능력이다.

성부 하나님께서 주신 십계명(the Ten Commandments)이나 성자 하나님께서 가르치신 팔복(the Eight beatitudes)이나 성령 하나님께서 맺게 해주시는 성령의 아홉 가지 열매(the Nine fruits)는 모두 타자중심주의라는 핵을 공통으로 하고 있다. 그러므로 타자중심주의는 신학적으로 그리고 성경적으로 아주 중요한 위치에 있음을 알 수 있다. 그것은 성삼위 하나님의 공통된 본성이기도 하다. 그러므로 하나님을 본받고자 한다면 타자중심적인 삶을 사는 것이 절대적으로 필요한 일이다.

2. 타자중심주의의 중요성

타자중심주의는 어떤 사람이 얼마나 영적으로 성숙했는가를 알려주는 싸인이다. 자기중심주의에 빠져 있는 사람은 거기에서 나오기 전에는 결코 영적으로 성숙할 수 없다. 타자중심주의는 삼위일체 하나님의 인격을 구성하는 핵심적인 요소이기 때문이다. 모든 크리스천들의 영성발달의 일치되는 목표는 그리스도를 닮는 것인데, 그리스도닮음은 타자중심주의로 요약되기 때문이다(Buckley & Sharp, 1987, 114-115).

올포트(Allport, 1960, 257)의 다음과 같은 연구 보고를 보아도 타자중심주의는 기독교인의 영적 성숙에 있어서 아주 중요한 요소가 된다는 것을 알 수 있다. "비본래적 신앙(extrinsic religion)은 자기를 섬기며 종교를 이용하며 자기방어적인 신앙의 외적 형태이다… 한편 본래적 신앙(intrinsic religion)은 신조(creed)를 자기 안에 인격화함으로써 이웃을 사랑하라는 계명을 삶 속에서 지키는 신앙을 말한다. 본래적 신앙의 소유자들은 자기의 유익을 위해 종교를 이용하는 것이 아니라 바로 그 종교를 위하여 헌신한다."

비본래적 신앙의 소유자들은 자기를 위하여 하나님도 이용하고 다른 사람들도 이용한다. 즉 자기중심적이다. 반면 본래적 신앙의 소유자들은 하나님과 타인들을 위하여 무엇인가를 주면서 헌신한다. 즉 타자중심적인 사람들이다.

스미스(Smith, 1990, 12)도 강조하기를 다른 사람들의 유익을 고려하며 사는 사람들은 도덕적으로도 성장한 상태라고 한다. 즉 타자중심적인 사람들은 도덕적으로도 성장한 사람들이라는 것이다.

의미요법(logotherapy)의 창시자인 비엔나의 정신치료학자 빅토 프랭클(Victor Frankl)에 의하면 "자아로부터의 해방"(getting off self)은 매우 중요하다고 한다. 자신으로부터 해방되는 것이 문제 해결의 중요한 요소이며 자기 집착에서 벗어나는 것(self-detachment)이 의미요법의 기초라고 한다. 자신에 대한 집착에서 벗어남으로써 자기의 개인적 문제를 쉽게 해결한다는 것이다. 매일의 삶 속에서 의미를 발견하지 못하여 무거운 삶을 살아가는 사람들에게 충고하기를 자기 집착에서 벗어나서 여러 가지 활동에 참여하거나 다른 사람들과 인간관계를 맺는데 시간을 투자하라는 것이다(Frankl, 1978, 73).

다른 사람들을 돕거나 다른 사람들과 인간관계를 맺음으로써 타자중심주의를 발전시키는 것이 영성발달의 한 방법이며 그리스도를 닮는 또 하나의 길이다. 바울도 다음과 같이 말한다. "범사에 너희에게 모범을 보였노니 곧 이같이 수고하여 약한 사람들을 돕고 또 주 예수의 친히 말씀하신 바 주는 것이 받는 것 보다 복이 있다 하신 말씀을 기억하여야 할찌니라"(행 20:35). 바울의 삶과 사역의 철학은 다른 사람들을 돕는 것이었다. 이렇게 타자중심적인 삶을 사는 모범을 보였는데 이런 삶은 예수님의 가치관과 일치한다는 것이다. 즉 주는 것이 받는 것 보다 낫다는 것이다. 타자중심적 삶의 철학이 예수님의 말씀 속에 내포되어 있다. 바울은 다른 사람들을 돕는 타자중심적 삶이 하나님께서 본래 인간을 지으신 창조의 의도 속에 포함되어 있다는 것을 에베소 교인들에게도 강조했다(엡 2:10).

자기 자신을 기쁘게 하는 일에 인생을 거는 사람들은 참된 기쁨을 누리지 못한다. 마약을 복용하는 사람들의 특징은 마약 거래를 통해서 세상이 어떻게 되고 다른 사람들이 어떻게 되든지 간에 자기 자신이 기쁨을 맛보면 된다는 생각이 지배적이다. 그래서 자기 자신만의 기쁨을 만끽하기 위하여 모든 위험을 무릅쓰고 마약을 거래하고 복용한다. 그 결과 자기에게 돌아오는 것은 허무와 고통과 파멸뿐이다. 참된 기쁨은 다른 사람들을 돕는 데서 온다. 크리스천의 삶은 다른 사람들이 잘 살 수 있도록 그들을 돕는 것에 초점이 맞추어져 있어야 한다(Strauss, 1991).

이처럼 타자중심주의는 그리스도다움을 나타내는 중요한 용어이다. 그런데 이 용어가 더욱 중요한 것은, 타자중심이라는 말 자체가 방향성을 가지고 있기 때문에 그리스도를 닮아가는데 있어서 자신을 점검하는데 매우 편리하다는 잇점이 있다는 사실이다. 자기중심은 행동의 방향이 자기에게로 향하지만, 타자중심은 행동의 방향이 타자들을 향하기 때문에 자기의 행동이 타자중심이었는가 아니면 그 반대로 자기중심이었는가를 쉽게 판단할 수 있다.

타자중심주의는 측정할 수 있는 정의(operational definition)이다. 즉 행동을 잴 수 있는(measurable) 용어이기 때문에 영성발달의 정도를 측정하는데 큰 도움이 되는 용어이다. 필자가 이 용어를 발견하기 전에는 그리스도를 닮는다는 것이 매우 추상적이고 막연한 개념이었다. 내 자신이 얼마나 그리스도를 닮고 있는지를 짐작하기가 어려웠다. 그러나 그리스도를 닮는다는 것은 곧 타자중심적인 삶을 사는 것이라는 이론이 정립된 후로는 매일매일의 삶 속에서 나 자신이 얼마나 그리스도를 닮고 있는가를 파악할 수 있게 되었다.

어느 날 강의를 마치고 연구실로 들어가는데 어떤 학생이 상담을 하고 싶다고 했다. 그날은 하루 종일 강의가 있는 날이라 마지막 강의를 끝냈을 때엔 무척 피곤하였다. 그러나 나는 그 학생에게 도움이 된다면 시간을 내어 진지하게 상담을 해야 하겠다고 마음먹고 환한 얼굴로 그를 환영했다. 상담해보니 그 학생에게 문제가 많았다. 느낌으로는 그 학생의 잘못을 지적해주고 충고해서 보내고 싶었으나 내가 알고 있는 상담 이론이 그런 행동을 허락하지 않았다. 칼 로저스의 상담 이론에 의하면 내담자를 무조건 긍정적으로 대우해 주라는 것이다(unconditional positive regard). 그래서 나는 그의 말을 경청하고 그를 격려하고 성령께서 그를 도와주실 것을 믿고 그를 위해 기도했다. 상담이 끝나고 시간이 있느냐고 물었더니 얼마든지 있다고 했다. 나는 그를 조용한 음식점으로 데리고 가서 저녁식사를 대접했다. 집에 돌아오는 나의 발걸음은 무척 가벼웠다. 피곤이 순식간에 다 사라지고, "오늘은 주님을 닮는 삶을 살았구나!"라고 생각하면서 감사의 기도를 드렸다. 나의 영성이 발달한 날이었다. 왜냐하면 타자중심적으로 살았기 때문이다. 피곤하고 시간이 없어서 상담을 하기가 곤란하다고 그 학생에게 양해를 구하고 곧장 집으로 돌아가 저녁 식사를 하고 텔레비전을 보며 쉬는 것도 크게 실례되는 일이 아닐 수도 있었겠지만, 자기중심과 타자중심을 늘 염두에 두는 나에게는 아주 중요한 결정이었다.

어떤 행동을 선택함에 있어서 그것이 타자중심이냐 자기중심이냐를 생각하면 현명한 선택을 하게 된다. 그것에 따른 선택을 하고 난 후엔 자신이 그리스도를 닮아가고 있다는 것을 체험한다. S-C(Self-Centeredness, 자기중심주의)이냐, 아니면 O-C(Other-Centeredness, 타자중심주의)이냐 하는 생각을 가지고 사는 사람은 영성측정의 청진기를 소유한 사람이다. 이 청진기를 가지고 자신의 삶을 진단하면 그는 의미 있고 보람 있고 기쁜 삶을 살 수 있다. 그리스도를 구체적으로 닮아가는 삶을 살 수 있다!

제5절 영성발달 모델

본 연구의 목적은 영성이란 무엇인가를 확실히 파악하고 영성을 발달시킬 수 있는 모델을 만드는 것이었다. 영성이란 문화적, 사회적, 인간적인 것들을 배제하고 오직 하나님과의 신비적 관계에만 국한되는 것이 아니다. 하나님과의 수직적인 관계만이 영성의 분야가 아니라는 말이다. 영성은 하나님과의 수직적 관계와 사람들과의 수평적 관계를 다 포함하는 전인적인 개념이다. 영성을 하나님과의 수직적, 신비적 관계만으로 국한시킨다면 그런 영성은 신앙이 생활화되게 하지 못한다. 진정한 영성은 신앙이 생활화되게 하는 삶 속에서의 영성이다.

예수님께서 제자들을 데리시고 변화산에 올라가셨을 때에 거기에 나타난 신비스런 광경을 목도한 베드로는 거기가 좋으니 산하의 세상으로 내려가지 말고 그냥 그 산에서 살자고 했다. 그것이 주님과의 신비적, 수직적 관계이다. 그러나 주님은 베드로의 건의를 받아들이지 않고 제자들을 이끄시고 산하로 내려오셨다. 그리고 병들어 고통 받는 사람들, 배고픈 사람들, 여러 가지 문제를 안고 고통 받는 사람들을 위하여 역사하셨다. 즉 주님은 하나님과의 수직적 관계를 맺음과 동시에 인간들과의 수평적 관계를 맺으심으로써 온전한 영성의 모델을 제시하셨다. 이것이 십자가의 영성이다. 십자가가 수직과 수평으로 되어 있듯이 진정한 영성은 이 세상에 살면서 하나님과의 관계를 잘 맺고 사람들과의 관계를 잘 맺는 것이다. 예수님의 십자가 사역은 하나님의 뜻을 이루고(하나님과의 수직적 관계), 인간의 죄를 대신 담당하시는(인간과의 수평적 관계) 두 가지 사역의 동시적 성취였다. 위로 하나님을 사랑하고 아래로 사람을 사랑하는 삶이 진정한 크리스천의 삶이듯, 진정한 영성은 하나님과의 수직적 관계와 인간과의 수평적 관계를 잘 맺는데 있다.

이런 개념을 토대로 영성을 정의하면 다음과 같다. "영성이란 하나님과의 수직적 관계 및 인간과의 수평적 관계를 성경적으로 맺어가면서 하나의 자아가 그리스도다움을 향하여 삶을 살아가는 과정이다"(Kwon, 1997). 영성발달에서 중요한 네 가지 요소들은 영성이 발달해야할 주체인 자아와 영성발달의 목표인 그리스도닮음과 영성을 발달시키는 사역의 주체인 성령과 영성발달의 도구인 기독교교육이다.

한 사람 안에는 자기중심적인 자아(self-centered self)와 타자중심적인 자아(other-centered self)가 있는데, 전자는 성경에서 말하는 옛 자아(old self) 혹은 옛사람(old man)이고, 후자는 새 자아(new self) 혹은 새사람(new man)이다. 옛 자아는 부정하고 죽이며 새 자아는 긍정하고 살리는 것이 영성발달이다. 그럼으로써 자기중심에서 타자중심으로 변화하는 것이다.

그리스도닮음(Christlikeness)이란 인격적인 면에서는 타자중심주의(other-centeredness)이고 행위적인 면에서는 권능 충만(powerfulness)이다. 예수 그리스도의 인격의 특징은 타자중심적이며, 행위의 특징은 권능 충만이기 때문에 그리스도닮음이란 타자중심적인 인격을 가지고 능력 있는 행동을 하는 것을 의미한다.

그리스도닮음을 향하여 어떤 자아의 영성이 발전하려면 아래로부터의 기독교교육과 위로부터의 성령의 역사가 있어야 한다. 예수 그리스도의 지상 사역을 통한 기독교교육과 오순절 성령의 역사가 접목되었을 때에 자기중심적이던 제자들이 타자중심적인 인격자들로 변하고, 무능하던 제자들이 능력 있는 사역자들이 되어 예루살렘과 온 유대와 사마리아와 땅 끝까지 복음을 전한 것처럼 오늘날도 기독교교육과 성령의 역사가 접목될 때에 위대한 영성의 발달이 이루어진다.

제6절 교회 안에서의 영성발달을 위한 기독교교육의 실천적 제안

영성발달의 이론은 실천을 전제로 해야 한다. 영성발달의 이론을 아무리 잘 정립했어도 그것을 실천하는 것이 모호하고 난해하다면 그 이론은 이론을 위한 이론이 되고 만다. 영성이란 우리의 생활 속에 역사하시는 하나님과의 관계 및 더불어 사는 사람들과의 실제적 관계성 속에서 이루어지는 것이기 때문에 영성발달 이론은 생활에서 실천될 수 있어야 한다. 위에서 제시된 영성발달의 모델을 토대로 어떻게 하면 교회에서 성도들의 영성을 발달시킬 수 있을 것인가에 대한 하나의 방법을 제시하고자 한다.

1. 기독교교육에 초점을 맞출 것

기독교교육의 목적은 크리스천으로서의 인격을 성숙시키는 것을 도와주는 데 있다(Wilhoit, 1986). 크리스천 개개인의 신앙 인격이 성숙함으로써 교회 전체가 질적으로 성숙하고 성장하는 것을 기대하는 것이 기독교교육의 목표이기도 하다(Wilhoit, 1986, 56). 영성발달의 목표인 그리스도닮음(Christlikeness)은 곧 기독교교육의 목표이기도 하기 때문에(Strauss, 1991) 영성발달에 있어서 기독교교육은 필수적이다. 따라서 기독교교육은 영성발달에 초점을 맞추어야 하고, 영성발달을 위해서라면 교회는 기독교교육을 철저히 해야 한다.

2. 성령의 지도아래에 있는 교사와 학생들

본래 교육이란 의도적인 것이다. 세속적 교육도 의도적인 것이고 기독교 교육도 의도적인 것이다. 특별히 가치관 교육은 의도적인 성격을 띠고 있다 (Barber, 1984, 82-83). 다시 말하면, 교육은 언제나 가르치는 사람의 의도가 전제된다. 그러나 영성발달의 경우는 가르치는 사람의 인간적 의도만 가지고는 불가능하다. 성령의 개입이 있어야 한다(Paxon, 1958; Carlson, 1976; Horton, 1976; Moule, 1978; Ross, 1990; Seligman, 1994). 성령의 역사가 없는 교육은 영성발달을 도모할 수 없다. 하나님과의 관계를 성경적으로 맺기 위해서는 성령의 개입이 없이는 불가능하기 때문이다.

세 가지 영역의 학습이론은 인지적 영역(cognitive domain)과 정서적 영역(affective domain)과 행위적 영역(psycho-motor domain)으로 구성된다. 지적으로 알고 정적으로 느끼고 행위적으로 실천할 수 있을 때에 학생은 그 이론을 배웠다고 할 수 있다. 이 연구에서는 행위적 영역을 "영적행위 영역"(spiricho-motor domain)이라고 했다. 정신(psyche)이 행동(motor)으로 바뀌는 것만 가지고는 성령의 역사라고 할 수 없기 때문이다. 그래서 정신(psyche)이란 말과 영이란 말(spirit)을 합쳐서 "스피리코"(spiricho)라는 복합어를 만들었다. 왜냐하면 영성발달은 정신이 행동으로 바뀌는 차원을 넘어서 영이 정신과 결합하여 행동에 영향을 미치기 때문이다. 성령만이 영적 변화를 도모할 수 있다(Boer, 1961; Ross, 1990).

기독교교육이나 세속적 교육에나 모두 교사들을 정의함에 있어서 가치관 정립을 위한 문제점들을 학생들에게 제시하여 그들이 문제를 풀 수 있도록 도와주는 촉진자들(facilitators)이라고 한다(Barber, 1983; Goodlad, 1990, 188-223). 그러나 이 양자 간에는 차이가 있다. 기독교교육은 학생들에게 성경말씀을 절대적 가치로 제시하여 그 말씀을 통하여 성령께서 역사하시도록 함으로써 학생들이 문제를 해결하도록 하지만, 세속적 교육은 학생들 자신이 각자가 가지고 있는 상대적 가치관에 따라 학생들이 문제를 해결하도록 교사가 도움을 주는 것이다. 세속적 교육에서 학생들은 그들의 도덕적 사고의 기초로써 교사가 명시적인 가치를 잘 제시해주지 않는다. 그래야만 교사가 학생들의 개인적 가치관을 침해하지 않는다고 믿기 때문이다(Chochrane, 1979). 그러나 기독교교육에서는 성경말씀 속에 명시된 영적, 도덕적 가치를 분명히 제시함으로써 성경적 가치에 따라 성령이 역사하도록 의지하고 믿고 기대해야 한다(Richards, 1987).

힐(Hill, 1988, 48-56)은 교육학 이론에 있어서의 두 가지 중요한 변화를 다음과 같이 소개한다. "하나는 교사중심의 교육(teacher-centered education)에서 학생중심의 교육(student-centered education)에로의 전환이며, 다른 하나는 수동적인 학습(passive learning)에서 능동적인 학습(active learning)에로의 전환이다."

종교교육의 개척자라고 할 수 있는 요셉 융만(Josef Jungmann)과 그의 제자인 요한네스 호핀저(Johannes Hofinger)는 뮨헨교육방법(Munich method of education)의 대표자들인데, 이것은 복음의 메시지를 가르치는 데 적합한 방법으로서 교사중심의 교리 문답적 방법의 대용으로도 적합하다고 할 수 있다. 헤르바르트(Herbart)와 페스탈로찌(Pestalozzi)와 몬테쏘리(Montessori)의 학습이론에 근거를 둔 뮌헨교육방법은 제시(presentation)와 설명(exposition)과 적용(application)의 삼단계로 구성되어 있다. 복음의 선포(kerygma)를 강조하는 한 방법으로서 이 방법은 아주 효과적이다. 왜냐하면 그 방법을 통하여 교사는 메시지를 제시하고 설명하며 일상생활 속에 적용하도록 할 수 있기 때문이다. 그것은 또한 신앙의 과정을 이끌어내는 데에도 유익한 방법이다. 왜냐하면 그 속에는 초청(invitation)과 반응(response)이 포함되어 있기 때문이다(Hill, 1988, 51).

몬테쏘리(Maria Montessori)와 듀이(John Dewey)는 20세기에 학생중심의 교육방법을 발전시킨 교육의 거장들이다. 몬테쏘리는 이탈리아의 내과 의사였으며 예언자적 교육개혁자로서 학생 한 사람 한 사람은 독특하고 거룩한 개체라고 믿었으며 교육이란 각 개인 안에 있는 가능성을 점진적으로 펼치는 섬세한 과정이라고 보았다(Hill, 1988, 51).

이런 견해는 매우 인격적이며 성경적인 입장에 서 있음을 알 수 있다. 예수님께서는 아이들이 접근하는 것을 환영하셨다. 제자들은 아이들을 한 인격자로 보지 않고 하나님의 사역에 방해가 된다고 보고 아이들이 접근하는 것을 물리쳤지만 예수님은 그들을 영접하고 그들에게 담겨져 있는 좋은 성품을 강조하시고 그들 하나하나에게 천사들이 파송되어 있다고 가르치셨다.

듀이(John Dewey)는 본래 철학자였으나 전통적인 교육방법론에 반기를 들고 1986년 시카고에 실험 연구학교(laboratory school)를 세웠다(Dewey, 1916). 그의 유명한 "교육신조"(Pedagogic Creed)에 의하면 교육이란 일생동안의 과정(lifelong process)으로서 학교교육은 가정교육과 사회교육이 연결되는 전환기적 위치에 있다고 보았다(Hill, 1988).

이런 학생중심의 교육적 방법론은 기독교교육과 매우 흡사한 것이다. 왜냐하면 기독교교육에서 중요한 것은 성령이 학생에게 역사하는 것인데, 교사의 일방적 지식전달 보다는 학생중심의 교육을 통하여 성령의 역사가 일어날 수 있는 여지가 많기 때문이다. 학생은 적극적으로 교육에 참여하며 교사는 학생을 돕는 자로서 성령이 학생에게 역사하도록 중재자 역할을 할 수 있는 형태의 교육이 학생중심의 교육이므로 학생중심의 교육은 기독교교육에서 아주 중요한 위치에 있음을 알 수 있다(Grimmitt, 1987).

일반교육에서는 학생을 돕기 위하여 교사가 중요한 역할을 하지만, 기독교교육에서는 학생이나 교사나 모두 성령의 역사하심을 가장 중요시 하여야 한다. 왜냐하면 교사나 학생 모두가 성령의 지배하에 있을 때에만 기독교교육의 목적이 달성되며 영성이 발달되기 때문이다.

3. 교회 안에 필요한 세 가지 학교들

영성을 발달시키기 위하여 교회는 세 가지의 학교들을 설립하는 것이 바람직하다. 교회는 성도들의 영성발달을 위하여 성경학교(Bible School)와 기도학교(Prayer School)와 전도학교(Evangelism School)를 설립할 필요가 있다. 성경학교는 학습의 인지적 영역(cognitive domain)과 관계가 있는 것으로서 지적 능력을 영적으로 발달시키려면 성경을 가르치고 배워야 한다.

기도학교는 정서적 영역(affective domain)에 관계되는 것으로서 정서를 영적으로 발달시키는데 있어서 기도는 필수적인 요소가 된다. 정서적으로 불안정하고 괴로워하고 우울해하던 한나가 기도를 하고 나서는 정서적으로 안정되고 기쁨을 회복한 것처럼 기도는 하나님 아버지와의 대화이기 때문에 기도학교는 정서적 영역에서의 영성발달을 위한 좋은 역할을 하게 된다. 예수님께서도 제자들에게 기도를 가르쳐주시곤 하셨다.

전도학교는 영적행위 영역(spirichomotor domain)과 관련된 분야로서 지적으로 알고 정적으로 느낀 복음을 행동으로 전파하는 것을 배우고 실천하는 학교이기 때문에 필수적인 것이다. 예수님께서도 전도학교를 운영하셨다. 예수님께서 행하신 기독교교육은 성경학교와 기도학교와 전도학교를 포함하고 있었다. 이제 좀 더 구체적으로 세 학교에 대하여 논의하고자 한다.

(1) 성경학교(Bible School)

하나님의 말씀이 우리의 정신세계에 전달될 때에 성령의 역사가 시작되며, 말씀을 통하여 성령의 역사가 일어날 때에 영성이 발달한다(Stephens, 1978, 114). 성령은 하나님의 말씀과 불가분의 관계를 가지고 있다(Geoffrey, 1986, 15-20). 이에 대하여 요한은 다음과 같이 가르친다. "살리는 것은 성령(the Spirit)이니 육은 무익하니라. 내가 너희에게 일러준 말이 영이요 생명이니라"(요 6:63). 하나님의 성령이 하나님의 말씀의 저자라는 것은 성령은 하나님의 말씀을 따라 역사하신다는 의미를 지니고 있다(Gray, 1936). 하나님의 말씀은 자연인을 하나님의 사람으로 거듭나게도 하시고(벧전 1:23) 영성발달을 위한 생명력을 공급해준다(Horton, 1976; Sanford, 1982; Leech, 1989). 그러므로 앤더슨(Anderson, 1992)은 제안하기를 크리스천들은 하나님의 말씀을 공부해야 한다는 것이다. 기독교교육가들은 성령께서 역사하셔서 영성이 발달하도록 하나님의 말씀을 열심히 가르쳐야 한다(Caulley, 1984).

하나님의 말씀을 떠나서 성령의 역사를 기대하는 것은 물이 없는 곳에서 고기를 낚으려는 어리석은 일이며, 말씀을 떠난 신비주의로 가게 하는 죄를 범하게 만든다. 성경말씀을 토대로 한 성령운동은 하나님의 능력을 동반하여 성령의 열매를 맺지만, 하나님의 말씀을 떠난 성령운동은 사탄의 열매를 맺게 되는데, 이것은 모든 이단들의 공통점이기도 하다.

그러나 반면에 하나님의 말씀은 강조하면서 성령의 역사를 믿지 않는 것도 위험하다. 열매 없는 나무처럼 되기 쉽기 때문이다. 하나님의 말씀을 지식적으로만 가르칠 때엔 성령의 역사가 없는 지성적 작업밖에 되지 않는다. 성경을 지적 연구의 대상물로만 삼을 때에는 성령의 역사가 일어나지 않는다. 기독교교육을 무시한 성령운동은 우리를 신비주의적 이단으로 빠지게 하며, 성령의 역사를 무시한 기독교교육은 메마른 지성주의로 빠지게 한다. 아래로부터의 기독교교육은 위로부터의 성령의 역사를 동반해야 하고, 위로부터의 성령의 역사는 아래로부터의 기독교교육을 동반해야 한다.

그러면 어떻게 하면 성령의 역사가 동반되는 기독교교육을 할 수 있을까? 첫째, 말씀을 가르치는 교사가 성령의 충만을 받아야 한다. 그리고 궁극적 변화를 일으키는 신적 교사(Divine Teacher)이신 성령을 의지하며 말씀을 가르쳐야 한다. 둘째, 말씀을 배우는 학생들이 진리를 사모하고 영적 변화를 갈망해야 한다.

한국에 복음이 들어와서 교회가 세워지고 20세기 초반기에 위대한 영적 각성 운동이 일어난 것은 위의 두 가지 조건이 만족되었기 때문이었다. 성도들이 영적인 변화를 갈망하고 말씀의 사역자들은 열심히 말씀을 가르치는 부흥사경회 운동이 한국 초대교회를 부흥시킨 원천적 힘이 되었다.

1970년대부터 시작된 교회의 양적 부흥운동은 교역자들로 하여금 교회를 일시적으로 크게 확장시키려는 의욕으로 가득 차게 만들고 교회성장의 지름길만을 추구하며 여러 종류의 세미나를 찾아 전전긍긍하게 만들었다. 성령의 초자연적인 능력을 통하여 교회를 급속도로 성장시키려는 의욕에 사로잡힌 많은 목회자들은 기독교교육을 도외시한 성령운동의 길을 가게 되었고, 그런 운동을 경멸하거나 좋아하지 않은 목회자들 중에는 지식전달에 편중된 기독교교육을 통하여 윤리적, 도덕적, 사회적 의식화 운동을 하게 되었다.

그러나 1990년대에 와서 성령의 역사를 전제로 한 기독교교육 운동이 일어나서 한국교회는 질적 부흥운동이 일어나고 있음을 간과할 수 없다. 교회마다 성령의 역사를 사모하며 성령의 역사가 동반되는 성경교육을 열심히 하여 개인은 물론 교회 전체가 양적으로 질적으로 성장할 수 있도록 성경학교(Bible School)를 설립 운영해야 한다.

한국교회가 범하고 있는 기독교교육에 대한 오해는 기독교교육을 "주일학교"라는 고정관념으로 보고 기독교교육은 어린 아이들에게만 적용되는 것으로 생각하여 장년들과는 상관없는 것으로 여기는 풍조이다. 기독교교육은 어린아이들로부터 시작하여 청년들과 장년들과 노인들에게 계속적으로 이어지는 연속적 프로그램이 되어야 한다. 미국의 기독교교육은 모든 교인들을 대상으로 하는 기독교교육이다. 주일날 교회에 오면 장년들도 자기에게 속한 성경공부 반에 참여하여 교육을 받고 전체가 참여하여 함께 예배를 드린다. 그래서 미국교회에는 많은 교실이 있다. 듀이(John Dewey)가 강조한 대로 일반교육도 평생의 과정(lifelong process)이다. 하물며 기독교교육은 말할 것도 없다. 기독교교육은 모든 크리스천이 하나님의 나라에 가는 순간까지 계속 받아야 하는 평생교육 과정이다.

그러므로 교회는 그때 그때 효과적인 성경교재를 골라서 몇 개월 과정으로 성경공부를 시키고 졸업장을 주는 일시적이고 단편적인 성경공부 프로그램이 아닌, 좀 더 전체적이고 체계적이고 조직적인 교육과정을 만들어 영구적 교육을 해야 한다. 이런 교육의 과정을 통하여 성도들의 영성이 발달하고 교회가 질적으로 부흥하며 사회를 변화시키는 힘의 근원지가 될 수 있도록 해야 할 것이다.

(2) 기도학교(Prayer School)

어떤 사람들은 기도학교라는 용어를 거북하게 생각하는 경우가 있다. 기도는 가르쳐서 되는 것이 아니라는 편견 때문이다. 성령이 역사하셔서 저절로 기도가 나와야 진정한 기도이지, 가르쳐서 하는 기도는 영적인 기도가 아니라는 생각을 많은 사람들이 가지고 있다. 기도는 가르쳐서 될 수 있는 것인가? 만약 기도가 교육을 통해서 가능한 것이라면 교회는 기도학교를 설립해야 한다. 기도는 아주 중요한 것인데 많은 사람들이 제대로 기도를 못하고 있기 때문이다.

기도는 교육을 통해서 가능하다. 그래서 예수님도 기도를 가르치셨다. 주기도문은 예수님께서 제자들에게 가르쳐 주신 기도문이다. 예수님은 제자들을 모아놓고, "너희는 이렇게 기도하라…"고 하시며 기도를 가르치셨다(마 6장). 제자들은 기도를 예수님이 설립하신 기도학교에서 배웠다.

기도가 교육을 통해서 될 수 없다는 고정관념은 교육에 대한 오해에서 기인된 것 같다. 기독교교육은 성경말씀을 근거로 하여(Bible-based) 성령의 능력을 통해(Holy Spirit-empowered) 이루어지는 교육이다. 인위적인 세뇌과정이 아니다. 그렇기 때문에 참된 기독교교육은 참된 기도를 가르칠 수 있다. 성령의 능력이 동반되는 기독교교육은 영적인 기도를 가르칠 수 있다.

성령께서도 기도를 가르치신다. 이에 대하여 바울은 다음과 같이 기록했다. "이와 같이 성령도 우리의 연약함을 도우시나니 우리가 마땅히 빌 바를 알지 못하나 오직 성령이 말할 수 없는 탄식으로 우리를 위하여 친히 간구하시느니라"(롬 8:26). 우리가 빌 바를 알지 못할 때에, 즉 우리가 올바로 기도를 하지 못할 때에 성령이 친히 우리를 위하여 간구하시사 우리의 연약함을 도와주신다는 것이다. 성령은 우리가 올바로 기도할 수 있도록 기도를 가르쳐 주시는 기도학교의 교수님이시다. 너무 큰 시련을 만나서 기도할 용기조차 잃어버려 기도가 안 나올 때에 성령은 우리에게 용기를 주시며 기도하도록 하시고, 무엇을 위해서 기도해야 할지를 모를 때에도 성령은 우리에게 확실한 기도제목을 주신다.

기도는 정서적 영역(affective domain)과 연관된 영적 활동이다. 기도하면 답답하던 마음이 없어지며, 좌절하던 사람이 기도를 통하여 용기를 얻는 것은 기도가 정서적인 면에서 우리의 영성을 발전시킨다는 것을 증명해준다. 성경학교가 지적인 영역에서 우리의 영성발달을 돕는다면 기도학교는 정적인 면에서의 영성발달을 도와준다. 그러므로 기도학교는 영성발달을 위해서 아주 중요한 역할을 한다.

카슨(Carson, 1992)은 『영적 개혁에의 초대』(*A Call to Spiritual Reformation*)

라는 그의 책에서 강조하기를 기도의 계획이 없는 크리스쳔은 영적으로 성숙할 수 없다고 했다. 칼슨은 그 책 1장 전체에서 기도학교 설립을 강조한다. 되는대로 하는 기도생활을 가지고는 영적 성장이 어렵다는 것이다. 계획을 세워서 기도해야 한다는 것이다.

그러므로 교회는 교인들이 영적인 기도를 계획적으로 하여 자신의 삶 속에 기도가 생활화 되도록 기도에 대한 철저한 교육을 할 필요가 있다(Kwon, 1997). 한국교회에서 실행하고 있는 새벽기도회는 이런 의미에서 아주 좋은 역할을 하고 있다. 그러나 그것은 단체적인 것이다. 개개인이 자기의 삶의 현장에서 기도하는 삶을 살 수 있도록 가르치는 기도학교를 설립 운영해야 한다. 기도가 모든 생활 현장에서 행해지고 응답됨으로써 하나님과의 교제가 교회에서 뿐 아니라 삶 전체에서 활발하게 이루어질 때에 영성은 크게 발달할 수 있다.

딕스트라(Dykstra, 1981, 117-118)는 주장하기를 교회가 도덕교육을 할 때에 기도중심의 도덕교육을 해야 한다고 했다. 기도 없는 도덕교육은 실천할 수 없는 짐을 더해주는 경우가 될 가능성이 크다. 기도를 통한 성령의 역사가 동반되는 도덕교육은 개인이 삶의 현장에서 승리할 수 있는 영적 능력을 제공한다.

한국 교회는 기도학교를 설립하여 기도할 줄 모르는 많은 신자들에게 기도에 대한 올바른 지식과 더불어 실제로 자기의 삶의 현장에서 기도하며 살 수 있도록 이끌어주어야 할 책임이 있다. 그렇게 될 때에 개개인의 영성발달은 물론 교회가 가지고 있는 영적 에너지가 성도들을 통하여 세상에 투입될 수 있고, 그렇게 될 때에 교회는 사회를 변화시킬 수 있다.

(3) 전도학교(Evangelism School)

전도는 그리스도의 지상명령을 실천하는 행위이다. 그렇기 때문에 전도는 가장 큰 선행이다. 전도를 통하여 멸망 받는 영혼들을 구원할 수 있기 때문이다. 전도를 말로만 생각하는 것은 잘못이다. 그것은 지식과 정서와 행위가 결합된 영적 행동이다. 전도하려면 복음에 대한 확실한 지식이 있어야 하고 영혼을 사랑하는 뜨거운 마음이 있어야 하고 시간을 내어 그 사람을 찾아가서 복음을 전하고 그 사람을 교회로 인도하는 노력이 필요하기 때문에 전도는 영적행위 영역(spiricho-motor domain)에 속한다.

그러므로 교회가 전도학교를 설립하여 체계적이고 종합적이고 효과적인 전도를 할 수 있도록 교육함으로써 교회가 양적으로 성장하는 것은 물론 거기에 참여하는 사람들이 영적으로 성장할 수 있도록 해야 한다.

예수님의 사역은 전도에 초점이 맞추어져 있었다. 예수님은 자신이 이 땅에 오신 목적이 전도라고 밝히셨다(막 1:38). 예수님은 제자들을 이끌고 전도에 대한 이론을 가르치기도 하시고 전도를 위해 기도도 하시고 실습도 하시며 전도 보고를 받기도 하셨다. 전도는 크리스쳔의 지성과 정서와 의지를 총동원한 최고의 사역이다.

복음주의자(evangelical)라는 말은 전도(evangelism)와 같은 내용의 낱말로서 성경을 하나님의 말씀으로 믿어 성경에 절대적 가치와 권위를 두고, 믿음을 통해 중생함으로써 영원한 생명을 얻고, 영적 성숙을 추구하는 것을 강조한다. 즉 복음주의자들은 성경과 중생과 성화를 강조한다. 성경을 읽고 기도를 하며 전도를 함으로써 하나님께 헌신적인 삶을 사는 것을 강조한다(Marsden, 1980). 그러므로 우리가 복음주의자라면 성경학교와 기도학교와 전도학교를 설립하여 기독교교육을 실천함으로써 참여하는 모든 개인들이 거듭나고 성화되어 영성발달이 이루어지고, 그와 같은 개개인의 영성발달을 통해서 그 개개인들이 관계하는 모든 집단에 영적인 변화를 일으키는데 공헌해야 할 것이다.

성경학교를 통해서 인지적 영역에 변화가 일어나며, 기도학교를 통하여 정서적 영역에 변화가 일어나고, 전도학교를 통하여 영적 행위 영역에 변화가 일어나서, 지성과 감성과 행동이 골고루 발전하는 전인적인 기독교교육 운동이 한국교회에서 힘차게 진행될 수 있기를 기도한다. 아래로부터의 기독교교육과 위로부터의 성령의 역사가 동시에 일어나서 자기중심적인 옛사람이 타자중심적인 새사람으로 바뀌는 영성발달의 역사가 모든 개인들에게 그리고 교회적으로 일어나기를 기도한다. 자기중심적인 옛 자아를 매일 매일 죽이고, 타자중심적인 새 자아를 날로 발전시켜 그리스도를 닮아가는 진정한 영성운동이 가정과 교회와 직장과 사회에서 소리 없이, 그러나 가장 강력한 성령의 능력으로 힘차게 그리고 주님께서 오실 때 까지 지속적으로 일어나기를 기도한다!

이런 일이 일어날 수 있도록 이 글을 읽는 모든 독자는 매일의 삶 속에서 자신의 생각과 느낌과 결심과 말과 행동이 자기중심적인가, 아니면 타자중심적인가를 확인하고, 자기중심적인 생각과 느낌과 결심과 말과 행동은 즉석에서 버리고, 타자중심적인 삶을 살도록 성령의 도우심을 간구하는 거룩한 기도 소리가 침실에서도, 식탁에서도, 차 안에서도, 거리에서도, 직장에서도 계속하여 들려지기를 간구한다.

이 책을 통하여 하나님께서 선물로 우리들의 손에 들려주신 영성측정 청진기를 결코 놓지 말고 수시로 스스로 진단하여 보자.

"지금 내가 생각하는 것이 자기중심적인 생각인가, 아니면 타자중심적인 (하나님중심적인+타인중심적인) 생각인가?"

"지금 내가 가지고 있는 느낌이 자기중심적인 것인가, 아니면 타자중심적인 것인가?"

"지금 내가 결심한 것이 자기중심적인 것인가, 아니면 타자중심적인 것인가?"

"지금 내가 하는 말이 자기중심적인 말인가, 아니면 타자중심적인 말인가?"

"지금 내가 행동하는 것이 자기중심적인 행동인가, 아니면 타자중심적인 행동인가?"

그리고 이렇게 기도하자.

"자기중심적인 생각과 느낌과 결심과 말과 행동은 그것들이 비록 나에게 유익이 될 것처럼 보인다 해도 즉시 버리게 하옵소서. 왜냐하면 그것들은 사탄으로부터 온 것들이기 때문입니다. 그러나 타자중심적인 생각과 느낌과 결심과 말과 행동은 그것들이 비록 나에게 손해가 되더라도 소중하게 간직하고 그대로 살게 하옵소서. 왜냐하면 그것들은 하나님께로부터 왔기 때문입니다. 자기중심적 자아를 부정하고 타자중심적 자아를 긍정하여 성령의 도우시는 능력으로 그리스도를 닮아가는 거룩한 신앙 인격자가 되게 하여 주시옵소서. 모든 영광을 하나님께 돌립니다. 할렐루야! *Soli Deo Gloria!*"

참고문헌(References)

Achtemeir, D. J. (1962). Righteousness. In G. A. Buttrick(Ed.), The interpreters dictionary of the Bible (Vol. 4). New York: Abingdon Press.
Albin, T. R. (1988). In S. B. Ferguson, & D. F. Wright(Eds.), New dictionary of the theology.
Allport, Gorden. (1950). The Individual and his religion. New York: MacMillan.
Allport, G. W. (1960). Personality and social encounter. Boston: Beacon Press.
Allport, G. W. (1961). Pattern and growth in personality. New York: Holt, Rinehart, and Winston.
Allport, G. W., & Ross, J. M. (1967). Personal religious orientation and prejudice. Journal of Personality and Social Psychology, 5(4), 432-443.
Amen, Daniel G. (1998). Change your brain change your life. New York: Three Rivers Press.
―――. (2005). Making a Good Brain Great. New York: Harmony Books.
Andreasen, Nancy C. (2001). Brave new brain: conquering mental illness in the era of the genome. Oxford: Oxford University Press.
Anderson, N. T. (1992). Breaking through to spiritual maturity. Eugene: Gospel Light.
Anderson, R. S. (Ed.). (1979). Theological foundations for ministry. Grand Rapids: Wm. B. Eerdmans Publishing Company.
Anderson, R. S. (1982). On becoming human: Essays in theological anthropology. Grand Rapids: W. B. Eerdmans Publishing Company.
Anfuso, F., & Beasley, G. M. (1986). Spirit-led evangelism. South Lake Tahoe: Christian Equippers International.
Ansbacher, H. L., & Ansbacher, R. R. (Eds.). (1956). The individual psychology of Alfred Adler: A systematic presentation in selections from his

writings. New York: Basic Books.
Anthony, M. J. (1994). The effective church board. Grand Rapids: Baker Book House.
Aumann, J. (1987). Spiritual theology. Westminster: Christian Classics, Inc.
Barker, G. W., Lane, W. L., & Michaels, J. R. (1969). The New Testament speaks. New York: Harper & Row, Publishers.
Baker, D. (1984). Pains hidden purpose. Portland: Multnomah Press.
Ball, M. (1987). Growing through pain. Guernsey: Marshal Pickering.
Barber, L. W. (1984). Teaching Christian values. Birmingham: Religious Education Press.
Barnhart, C. L., & Barnhart, R. K. (1992). The World Book Dictionary. Vol. Two L-Z. Chicago: World Book, Inc.
Barlow, D. L. (1985). Educational psychology: The teaching-learning process. Chicago: Moody Press.
Barton, S. C. (1992). The spirituality of the Gospels. Peabody: Hendrickson Publishers.
Bassett, R. L., Sadler, R. D., Kobichen, E. E., Skiff, D. M., Merril, I. J., Atwater, B. J., & Livermore, P. W.(1981). The Shepherd scale: Separating the sheep from the goats. Journal of Psychology and Theology, 9(4), 335-351.
Baumeister, R. F. (1991). Escaping the self. New York: Basic Books.
Beisswenger, D. F., McCarty, D. C., & Rhedes, L.(Eds.). (1986). Spirituality, ministry and field education. U.S.A.: The Association for Theological Field Education.
Belitz, C. & Lundstrom, M. (1998). The ower of flow. New York: Three River Press,
Bell, J. (1993). Bridge over troubled water. Wheaton: Victor Books.
Benner, D. G. (1988). Psychotherapy and the spiritual quest. Grand Rapids: Baker Book House.
Benner, D. G. (1990). Emotion. In W. A. Elwell (Ed.), Evangelical dictionary of theology. Grand Rapids: Baker Book House.
Bennis, W. G., & Nanus, B. (1985). Leaders: The trategies for taking charge. New York: Harper & Row.
Biehler, R. F. and Snowman, J. (1993). Psychology applied to teaching, 7th ed. Boston: Houghton Mifflin Company.
Black, W. & S. (1985). Discipleship in the home. Nashville: Convention Press.
Blackman, E. C. (1962). Sanctification. In G. A. Buttrick (Ed.), The interpreters dictionary of the Bible (Vol. 4). New York: Abingdon Press.

Blasi, A. (1976). Concept of development in personality theory. In J. Loevinger (Ed.), Ego development. San Francisco: Jossey-Bass Publishers

Bloesch, D. G. (1990). Prayer. In W. A. Elwell (Ed.), Evangelical dictionary of theology. Grand Rapids: Baker Book House.

Bloesch, D. G. (1992). A theology of Word and Spirit. Downers Grove: InterVarsity Press.

Bloom, B. S. (Ed.). (1956). Taxonomy of educational objectives. New York: David McKay Company, Inc.

Bloom, B. S. (Ed.). (1956). Taxonomy of educational objectives. Handbook 1: Cognitive domain. New York: Longmans, Green & Co.

Bloom, B. S., Krathwohl, D., & Masia, B. B. (1964). Taxonomy of educational objectives. Handbook 2: Affective domain. New York: David McKay Co., Inc.

Bodian, Stephen. (1999). Meditation for dummies. New York: Wiley Publishing, Inc.

Boer, H. R. (1961). Pentecost and missions. Grand Rapids: Wm. B. Eerdmans Publishing Company.

Bonavoglia, A. (Ed.). (1991). The choices we made. New York: Random House.

Bouwsma, W. J. (1987a). The spirituality of Renaissance humanism. In J. Raitt (Ed.), Christian spirituality: High middle ages and Reformation. New York: The Crossroad Publishing Company.

Bouwsma, W. J. (1987b). The spirituality of John Calvin. In J. Raitt (Ed.), Christian spirituality: High middle ages and Reformation. New York: The Crossroad Publishing Company.

Bower, G. H., & Hilgard, E. R. (1981). Theories of learning. Englewood Cliffs: Prentice-Hall, Inc.

Bowker, John. Ed., (2005). Oxford concise dictionary of world religions. Oxford: Oxford University Press.

Bridge, J. (1983). The practice of godliness. Colorado Spring: NAVPRESS.

Bright, B. (1980). The Holy Spirit. San Bernadino: Heres Life Publishers, Inc.

Briscoe, D. S. (1988). Spiritual stamina. Portland: Multnomah.

Brislin, R. W. (1981). Cross-cultural encounters. New York: Pergamon Press.

Brislin, R. W., Bochner, S., & Lonner, W. J. (Eds.). (1975). Cross-cultural perspectives on learning. New York: John Wiley & Sons.

Brock, R. N. (1988). Journeys by heart: A Christology of erotic power. New York: The Cross Road Publishing Company.

Brower, F. E., & Mayer, F. (1956). Education for maturity. Washington, D. C.: Public Affairs Press.

Brown, D. (1993). Affective development, psychopathology, and adaptation. In S. L. Ablon, D.
Brown, R. M. (1998). Spirituality and liberation. Philadelphia: The Westminser Press.
Brown, Jr., T. (1994). Awakening spirits. New York: Berkley Books.
Bruner, F. D. (1970). A theology of the Holy Spirit. Grand Rapids: W. B. Eerdmans/Publishers.
Bruner, F. D., & Hordern, W. (1984). The Holy Spiritshy member of the Trinity. Minneapolis: Augsburg Publishing House.
Bryan, G. M. (Ed.). (1959). In his likeness. Richmond: John Knox Press.
Butler, J. D. (1962). Religious education. New York: Harper & Row Publishers.
Buckley, F. J., Donald, B., & Sharp, S. J. (1987). Deepening Christian life. San Francisco: Harper & Row, Publishers.
Bulkley, K. (1992, Fall). Dreams, spirituality, and root metaphors. Journal of Religion and Health, Vol. 31, No. 3.
Burgess, S. M. (1984). The Spirit and the church: Antiquity. Peabody: Hendrickson Publishers, Inc.
Burrows, W. (1980). The preachers complete homiletic commentary: Romans. Grand Rapids: Baker Book House.
Butman, R. Z. (1984). Psychology of religion. In W. A. Elwell (Ed.), Evangelical dictionary of theology. Grand Rapids: Baker Book House.
Byrd, R. C. (1988). The therapeutic effects of intercessory prayer in a coronary care unit. Southern medical journal, 81, 826-829.
Clarke, J. H. "Building a Lecture That Really Works". The Education Digest 53:2 (October): 52-5.
Callaham, A. (Ed.). (1990). Spiritualities of the heart. New York: Paulist Press.
Cameron, N. M. (1988). An exploration of true spirituality. Grand Rapids: Zondervan Publishing House.
Campbell, J. Y. (1962). Perfection. In G. A. Buttrick (Ed.), The interpreters dictionary of the Bible (Vol. 3). New York: Abingdon Press.
Cant, R. (1969). Spirituality. In A. Richard (Ed.), A dictionary of Christian theology. Philadelphia: The Westminster Press.
Carlock, C. J., & Frey, D. (1984). Enhancing self-esteem. Muncie: Accelerated Development Inc.
Carlson, G. R. (1976). Spiritual dynamics. Springfield: The Gospel Publishing House.
Carothers, M. R. (1972). Power in praise. Plainfield: Logos International.
Carothers, M. R. (1973). Praise works. Plainfield: Logos International.

Carroll, D. L. (1990). Spiritual parenting. New York: Paragon House.
Carson, D. A. (1992). A call to spiritual reformation. Grand Rapids: Baker Book House.
Carter, C. W. (1974). The person and ministry of the Holy Spirit. Grand Rapids: Baker Book House.
Carter, J. D. (1974a). Maturity: Psychological and biblical. Journal of Psychology and Theology, 2(2), 89-96.
Carter, J. D. (1974b). Personality and Christian maturity. Journal of Psychology and Theology, 2(3), 190-201.
Carter, J. D. "Maturity: Psychological and Biblical." Journal of Psychology and Theology, 2(2), 89-96.
Carter, J. D. (1983). "Maturity." In H. N. Malony (Ed.), Wholeness and holiness. Grand Rapids: Baker Book House.
Carter, J. D., & Narramore, B. (1979). The integration of psychology and theology. Grand Rapids: Zondervan Publishing House.
Cattell, E. L. (1963). The Spirit of holiness. Kansas City: Beacon Hill Press.
Caulley, T. S. (1984). The Holy Spirit. In W. A. Elwell (Ed.), Evangelical dictionary of theology. Grand Rapids: Baker Book House.
Chaffer, L. P. (1967). He that is spiritual. Grand Rapids: Zondervan Publishing House.
Chaper, L. S. (1948). Systematic theology. Vol. III. Dallas: Dallas Seminary Press.
Chapman, G. (1986). The Word and the Spirit. San Francisco: Harper & Row Publishers.
Chapman, J. W. (1899). The spiritual life of the Sunday school. Boston: United Society of Christian Endeavor.
Chapman, W. E. (1977). Roots of character education. New York: Character Research Press.
Chazan, B. (1985). Contemporary approaches to moral education. New York: Teachers College Press.
Clark, R. (2003). The Everything Meditation Book. Abon: Adams Media Corporation.
Clarke, S. J. (1988). Jungian types and forms of prayer. In L. M. Robert (Ed.), Carl Jung and Christian spirituality. New York: Paulist Press.
Clebsch, W. A. (1979). Christianity in European history. New York: Oxford University Press.
Clemmons, R. S. (1966). Education for churchmanship. Nashville: Abingdon Press.
Cochrane, D. B., Hamm, C. M., & Kazepides, A. C. (1979). The domain of moral

education. New York: Paulist Press.
Coe, G. A. (1929). What is Christian education?. New York: Charles Scribners Sons.
Cohen, R. A. (1968). The relation between socio-conceptual styles and orientation to school requirements. In Journal of Educational Psychology, 41(2), 201-220.
Cole, M. (1985). "Mind as a Cultural Achievement: Implications for I.Q. testing." The 84th Yearbook of the National Society for the Study of Education. Chicago: University of Chicago Press.
Coleman, Jr., L. E. (1974). Why the church must teach. Nashville: Broadman Press.
Combs, A. W., Avila, D. L., & Purkey, W. W. (1978). Helping relationship: Basic concepts for the helping professions. Boston: Allyn and Bacon.
Conger, J. A. (1992). Learning to lead. San Francisco: Jossey-Bass Publishers.
Conn, J. W. (1989). Spirituality and personal maturity. New York: Paulist Press.
Cook, J., & Baldwin, S. C. (1979). Love, acceptance & forgiveness. Ventura: Regal Books.
Cooley, C. H. (1964). Human nature and the social order. New York: Schocken Books.
Coopersmith, S. (1967). The antecedents of self-esteem. San Francisco: Freedman.
Courtenay, W. J. (1987). Spirituality and late scholasticism. In J. Raitt (Ed.), Christian spirituality: High middle ages and Reformation. New York: The Crossroad Publishing Company.
Craft, M. (Ed.). (1984). Education and cultural pluralism. Philadelphia: The Falmer Press.
Criswell, W. A. (1966). The Holy Spirit in todays world. Grand Rapids: Zondervan Publishing House.
Csikszenmihalyi, Mihaly. (1996). Creativity: Flow and the Psychology of Discovery and Invention. New York: HarperCollins.
Cully, I. V. (1984). Education for spiritual growth. San Francisco: Harper & Row.
Cummings, C. (1991). Eco-spirituality. New York: Paulist Press.
Cunaratana, B. H. (2002). Mindfulness. Boston: Wisdom Publications.
Curwin, R. L. and Fuhrman, B. S. (1975). Discovering your teaching self: Humanistic approaches to effective teaching. Englewood Cliffs, NJ: Prentice Hall, Inc., 1975.
Dake, F. J. (1949). Gods plan for man. Lawrenceville: Dake Bible Sales, Inc.
Damon, W. (1978). Moral development. San Francisco: Jossey-Bass Inc.
Davenport, G. L. (1988). Into the Darkness. Nashville: Abingdon Press.
Davich, Victor N. 1998. The Best guide to meditation. New York: St. Martin's Press.

Davis, P. M. (1991). Cognition and learning. Dallas: The Summer Institute of Linguistics, Inc.

Davis, P. M. (1991). Cognition and Learning: A review of the iterature with reference to ethnolinguistic minorities. Dalas: The Summer Institute of Linguistics, 1991.

Davis, R. E. (1975). The spirituality of ecumenism. In P. Brooks (Ed.), Christian spirituality. London: SCM Press, Ltd.

Davison, G. C., & Neale, J. M. (1981). Abnormal psychology. New York: Stony Book.

Deikman, A. J. (1982). The Observing Self. Boston: Beacon Press.

DeJong, N. (1969). Education in the truth. Nutley: Presbyterian & Reformed, 1969.

Demos, J. (1982). The changing faces of fatherhood: A new exploration in American family history. In S. Cath, & A. Curwitt, et al. (Eds.), Father and child: Developmental and clinical perspectives. Boston: Little, Brown.

Dettoni, J. M. (1994). What is spiritual formation? In O.K. Gangel & J. C. Wilhoit (Eds.), The Christian educators handbook on spiritual formation. Wheaton: Victor Books.

Dewey, J. (1887). Psychology. New York: Harper & Brothers.

Dewey, J. (1916). Democracy and education. New York: MacMillan.

Dieter, M. E., Hoekema, A. A., Horton, S. M., McQuilkin, J. R., & Walvood, J. F. (Eds.). (1987). Five views on sanctification. Grand Rapids: The Zondervan Corporation.

Dixon, A. C. (1984). The Holy Spirit in life and service. New York: Fleming H. Revell Company.

Dow, R. A. (1971). Learning through encounter. Valley Forge: Judson Press.

Downey, M., & Kelly, A. V. (1978). Moral education. New York: Harper & Row, Publishers.

Downs, P. G. (1994). Teaching for spiritual growth: An introduction to Christian education. Grand Rapids: Zondervan Publishing House.

Drescher, J. M. (1976). Spirit fruit. Scottdale: Herald Press.

Dryden, W. (1994). Reason and emotion in psychotherapy: Thirty years on. Journal of RationalEmotive & CognitiveBehavior Therapy, 12(2), 83-99.

Dubitsky, C. M. (1974). Building the faith community. New York: Paulist Press.

Dupre L., & Saliers, D. E. (Eds.). (1989). Christian spirituality. New York: Crossroad.

Dykstra, C. R. (1981). Vision and character: A Christian educators alternative to Kohlberg. New York: Paulist Press.

———. (1985). Christian education and moral ife: An evaluation of and alternative to Kohlberg. Ann Arbor: U. M. I.

Eavey, C. B. (1964). History of Christian education. Chicago: Moody Press.

Elias, J. L. (1989). Moral education secular and religious. Malabar: Robert E. Kireger.

Ellens, J. H. (1980). Biblical Themes in Psychological Theory and Practice, The CAPS Bulletin 6(2), 2-6.

Ellis, A. (1962). Reason and emotion in psychotherapy. New York: Lyle Stuart.

Ellis, A. (1979). Rational-emotive theorapy. In A. Ellis, & J. M. Whiteley (Eds.), Theoretical and empirical foundations of rational-emotive therapy. Monterey: Brooks/Cole Publishing Company.

———. (1995a). Changing rational emotive therapy (RET) to rational-emotive behavior therapy (REBT). Journal of Rational Emotive & Cognitive Therapy, 13(2), 85-89.

Ellis, A. (1995b). Reflections on rational-emotive therapy. In M. J. Mahoney (Ed.), Cognitive and Constructive Psychotherapies. New York: Springer.

Ellison, C. W. (1983). Spiritual maturity index. Nyack: Alliance Theological Seminary.

———. (1988). Self-esteem. In D. G. Benner (Ed.), Psychology and Religion. Grand Rapids: Baker Book House.

———. (1988). Spirituality: Theory, Research and Application. Prepublication draft, July, 1988. Nyack: Alliance Theological Seminary.

———. (1988). Spirituality: Theory, research and application. Pre-publication draft, July 1988. Nyack: Alliance Theological Seminary.

Ellison, C., & Smith J. (1991). Toward an integrative measure of health and well-being. Journal of Psychology and Theology, 19 , 35-48.

Elwell, W. A. (Ed.). (1990). Evangelical dictionary of theology. Grand Rapids: Baker Book House.

Emde, R. N. (1983). The prerepresentational self and its affective core. The Psychoanalytic Study of Child, 38: 165-192. New Haven: Yale University Press.

Epps, E. G. (Ed.). (1974). Cultural pluralism. Berkeley: McCutchan Publishing Corporation.

Ericksen, S. C. (1974). Motivation for Learning. Ann Arbor: The University of Michigan Press, 1974.

Erickson, M. J. (1993). Evangelical interpretation. Grand Rapids: Baker Books.

Evans, C. S. (1985). Self. In D. G. Benner (Ed.), Baker Encyclopedia of Psychology. Grand Rapids: Baker Book House.

Evans, D. (1993). Spirituality and human nature. Albany: State University of New York Press.
Famighetti, R. (Ed.). (1993). The world almanac. Mahwah: Funk and Wagnals Corporation.
Faricy, R. (1979). Praying for inner healing. New York: Paulist Press.
Farnsworth, K. E. (1985). Whole-hearted Integration: harmonizing psychology and Christianity through Word and deed. Grand Rapids: Baker Book House.
Faucett, R. (1987). Personality and spiritual freedom. New York: Doubleday.
Ferguson, S. (1984). Grow in grace. Colorado Spring: Navpress.
Ferguson, S. B. (1988). The Reformed view. In D. Alexander (Ed.), Christian spirituality. Downers Grove: Intervarsity Press.
Finley, James. (2004). Christian meditation: Experiencing the presence of God. New York: HarperSanFrancisco.
Finney, J. R., & Malony, H. N. (1985). Contemplative prayer and its use in psychotherapy: A theoretical model. Journal of Psycholgy and Theology, 13.
Flaherty, A. W. (2004). The midnight disease. Boston: Houghton Mifflin Company.
Fleck, J. R., & Carter, J. D. (Eds.). (1981). Psychology and Christianity. Nashville: Abingdon Press.
Fogiel, M., (Ed.). (2003). The psychology problem solver: A complete solution guide to any textbook. Piscataway: Research & Education Association.
Ford, L. (1991). Transforming leadership. Downers Grove: InterVarsity Press.
Forde, G. O. (1988). The Lutheran view. In D. Alexander (Ed.). Christian spirituality: Five views on sanctification. Downers Grove: Intervarsity Press.
Fortosis, S. G. (1990). Reasons for single young adult participation in Sunday school programs within Evangelical free churches in Southern California. Unpublished dissertation. Biola University, La Mirada.
Foster, R. J. (1988). Celebration of discipline. The path to spiritual growth. New York: HarperCollins Publishers.
Foster, R. J. and Griffin, E. (Eds.). (2000). Spiritual Classics. New York: HarperCollins Publishers.
Foster, V. E. (1968). Christian education where the learning is. Englewood Cliffs: Prentice-Hall, Inc.
Fowler, J. W. (1981). Stages of faith. New York.
Fox, M. (1979). A spirituality named compassion and the healing of the global village, Humpty Dumpty and us. Minneapolis: Winston Press.
Fox, M. (1988). The coming of the cosmic Christ. New York: HarperCollins Publishers.
Fox, M. (1990). Spirituality named compassion. New York: Harper & Row,

Publishers.
Fox, M. (1991). Creation spirituality. San Francisco: HarperSan Francisco.
Frank, R. H. (1988). Passions within reason: The strategic role of the emotions. New York: Norton.
Frankl, V. (1978). The unheard cry for meaning. New York: Simon and Schuster.
Franks, C. M. (1995). RET, REBT and Albert Ellis. Journal of RationalEmotive & CognitiveBehavior Therapy, 13(2), 91-95.
Fried, Robert L. (1995). The Passionate teacher. Boston: Beacon Press.
Friesen, J. W. (1977). People, culture and learning. Calgary: Detselig Enterprises.
Fritz, D. B. (1952). The spiritual growth of children. Philadelphia: The Westminster Press.
Freud, S. (1961). The ego and the id. In J. Strachey (Ed. & Trans.). The standard edition of the complete psychological works of Sigmund Freud (Vol. 19). London: Hogarth Press. (Original work published 1923)
Fromm, E. (1947). Man for himself: An inquiry into the psychology of ethics. New York: Rinehart.
Galilea, S. (1981). Following Jesus. Maryknoll: Orbis Books.
Gangel, K. O., & Benson, W. S. (1983). Christian education: Its history and philosophy. Chicago: Moody Press.
Gazda, G. M. et al., (1973). Human relations development: A manual for educators. Boston: Allyn and Bacon, Inc.
Gee, Judee. (1999). Intuition: Awakening your inner guide. York Beech: Samuel Weiser, Inc..
Geertz, C. (1973). The impact of the concept of culture on the concept of man. The interpretation of cultures. Chicago: University of Chicago Press.
Gehman, H. S. (1944). The Westminster dictionary of the Bible. Philadelphia: The Westminster Press.
George, Mike. (1998). Learn to relax: A practical guide to easing tension & conquering stress. San Francisco: Chronicle Books.
Gerhard, K. (Ed.). (1967). Theological dictionary of the New Testament. (Vol. 4). Grand Rapids: Wm. B. Eerdmans Publishing Company.
Gergen, K. J. (1971). The concept of self. New York: Holt, Rinehart & Winston.
Gfellner, B. M. (1986). Ego Development and moral development in relation to age and grade of level during adolescence. Journal of Youth and Adolescence, 15, 147-163.
Gilmore, T. N. (1988). Leadership change. San Francisco: Jossey-Bass Publishers.
Goldstein, A., & Michaels, G. Y. (1985). Empathy development, training, and consequences. Hillsdale: Lawrence Erlbaum.

Goleman, D. (1995). Emotional intelligence: Why it can matter more than IQ. New York: Bantam Books.

Good, T. L., & Brophy, J. E. (1990). Educational psychology. New York: Longman.

Goodlad, J. I., Sodar, R., & Sirotnik, K. A. (1990). The moral dimensions of teaching. San Francisco: Jossey-Bass Publishers.

Gouvea, F. Q. (1990). Godliness. In W. A. Elwell (Ed.), Evangelical dictionary of theology. Grand Rapids: Baker Book House.

Grace, M. S., Nicholson, P. T., & Lipsitt, D. R. (1976). Your self. New York: Hart Publishing Company, Inc.

Graham, B. (1978). The Holy Spirit. Waco: Word Books Publishers.

Graham, B. (1987). Facing death and the life after. Waco: Word Books.

Gray, J. M. (1936). The Holy Spirit in doctrine and life. New York: Fleming H. Revell Company.

Grandorf, W. C. (1981). Introduction to Biblical Christian education. Chicago Moody Press.

Green, J. B. (1987). How to read the Gospels and Acts. Downers Grove: InterVarsity Press.

Greenspan, S., & Lourie, R. (1981). Developmental structuralist approach to the classification of adaptive and pathological personality organizations. American Journal of Psychiatry, 138: 725-735.

Griffins, E. (1982). Getting together: A guidance for good groups. Downers Grove: Intervarsity Press.

Grimmitt, M. (1987). Religious education and human development. Essex: McGrimmon Publishing Co., Ltd.

Grosh, G. R. S. J. (1988). Quest for sanctity. Wilmington: Michael Glazier.

Gruber, L. N. (1995). True and false spirituality: A framework for Christian behavioral medicine. Journal of Psychology and Christianity, 14(2), 133-140.

Habermas, R., & Issler, K. (1992). Teaching for reconciliation. Grand Rapids: Baker Book House.

Hackney, H. (1978). The evolution of emphathy. Personnel and Guidance Journal, 57, 36-37.

Hadidian, A. (1987). Discipleship. Chicago: Moody Press.

Hall, C. S., & Lindzey, G. (1978). Theories of personality. New York: Wiley & Sons.

Harkness, G. (1964). Our Christian hope. New York: Abingdon Press.

Harrison, Eric. (2001). How meditation heals. Berkeley: Ulysses Press.

―――. (2001). Teach yourself to meditate in 10 simple lessons. Berkeley: Ulyesss Press.

Harrison, E. F. (1960). Bakers dictionary of theology. Grand Rapids: Baker Book House.
Hauser, R. J. S. J. (1982). In His Spirit. New York: Paulist Press.
Hawthorne, G. F. (1983). Philippians. Waco: Ward.
Hemphill, K. S. (1988). Spiritual gifts. Nashville: Broadman Press.
Henry, C. H. (1990). Toward a recovery of Christian belief. Wheaton: Crossway Books.
Henry, C. H. (1992). The identity of Jesus of Nazareth. Nashville: Broadman Press.
Hesselgrave, D. J. (1979). Communicating Christ cross-culturally. Grand Rapids: Zondervan.
Hickman, H. C., & Silva, M. A. (1984). Creating excellence. New York: New American Library.
Hiebert, P. G. (1983). Cultural anthropology. Grand Rapids: Baker Book House.
Hill, B. R. (1988). Key dimensions of religious education. Winona: Saint Marys Press.
Hilton, W. (1979). The stairway of perfection. Garden City: Image Books.
Hinman, L. (1985). Emotions, morality, and understanding. In Carol Harding (Ed.), Moral dilemmas. Chicago: Precedent Publishing.
Hinson, E. G. (1988). The Contemplative view. In D. Alexander (Ed.), Christian spirituality: Five views of sanctification. Downers Grove: Intervarsity Press.
Hoekema, A. A. (1986). Created in Gods image. Grand Rapids: Wm. B. Eerdmans Publishing Company.
Hoffman, M. (1975). Developmental synthesis of affect and cognition and its implications for altruistic motivation. Development Psychology, 11, 607-622.
Hoffman, M. (1979). Development of moral thought, feeling, and behavior. American Psychologist, 34, 958-966.
Hoffman, M. (1981). Is altruism part of human nature? Journal of Personality and Social Psychology, 40, 121-137.
Hoffman, M. (1987). The contribution of emphathy to justice and moral judgment. In N. Eisenberg & J. Stranger (Eds.), Emphathy and its development. New York: Cambridge University Press.
Hollinger, D. P. (1987). Three Hs of Christian maturity. The Reformed Journal, 37(1), 12-16.
Hollowell, A. I. (1955). Culture and experience. Philadelphia: University of Pennsylvania Press.
Holmes, E. (1997). The science of mind: A philosophy, a faith, a way of life. New York: Penguin Putman, Inc.
Holmes III, U. T. (1982). Spirituality for ministry. San Francisco: Harper & Row.

Horton, S. M. (1972). What the Bible says about the Holy Spirit. Springfield: Gospel Publishing House.
Houston, J. M. (1990). Spirituality. In W. A. Elwell (Ed.), Evangelical dictionary of theology. Grand Rapids: Baker Book House.
Hubbard, D. A. (1973). The Holy Spirit in todays world. Waco: Word Books Publishers.
Huff, L., Stake, J. E., & Zand, D. (1995). Journal of Research in Personality, 29, 223-241.
Hull, B. (1990). The disciple making church. New York: Fleming H. Revell Company.
Hulme, W. E. (1966). The dynamics of sanctification. Minn: Augsburg Press.
Issler, K., & Habermas, R. (1994). How we learn: A Christian teachers guide to educational psychology. Grand Rapids: Baker Books.
Izard, C. E. (1977). Human emotions. New York: Plenum Press.
James, Beverly. (1996). Treating traumatized children: New insights and creative intervention. New York: The Free Press.
James, W. (1890). Principles of psychology. New York: Holt.
James, W. (1913). Psychology: The briefer course. New York: Holt.
John-Roger, & McWilliams, P. (1991). Life 101. L.A.: Prelude Press.
Johnson, A. S. (1903). The Holy Spirit and the human mind. Knoxville: Press of Gaut-Ogden Company.
Johnson, B. C. (1988). Pastoral spirituality. Philadelphia: The Westminster Press.
Johnson, G. R. (1995). First step to excellence in collage teaching. Madison, WI: Magna Publications.
Johnson, D. W., & Johnson, F. P. (1982). Joining together. Englewood Cliffs: Prentice-Hall Inc.
Johnson, K., & Ferguson, T. (1990). Trusting ourselves. New York: The Atlantic Monthly Press.
Jones, G. B., & Phillips-Jones. (1988). Men have feelings too!. Wheaton: Victor Books.
Jones, J. O. (1960). The spiritual education of our children. New York: The Viking Press.
Jung, C. G. (1945). The relations between the ego and the unconscious. In Collected Works (Vol. 7). Princeton: Princeton University Press.
Kahoe, R. D. (1985). Gordon Allport. In D. G. Benner (Ed.), Baker Encyclopedia of Psychology. Grand Rapids: Baker Book House.
Kalat, J. W. (1996). Introduction to psychology. Pacific Grove, CA: Brooks/Coles Publishing Company.

Kalellis, P. M. (2005). Five stepts to spiritual growth. New York: Paulist Press.
Kao, C. C. L. (Ed.). (1988). Maturity and the quest for spiritual meaning. New York: University Press of America.
Kaplan, E. (1998). A Process Approach to Neuropsychological Assessment, in Clinical
neuropsychology and brain function. Washington, D. C.: APA Press.
Kauffman, D. T. (Ed.). (1967). Bakers concise dictionary of religion. Grand Rapids: Baker Book House.
Kauffman, J. (1979). Social correlates of spiritual maturity among north American Mennonites. Sociological Analysis, 40(1), 27-42.
Kay, A. W. (1971). Moral development. New York: Schocken Books.
Keating, Thomas. (2001). Intimacy with God. New York: The Crossroad Publishing Company.
Kernis, M. H., & Sun, C. (1994). Journal of Research in Personality, 28, 4-13.
King, G. D. (1988). Lessons on the Holy Spirit. Nashville: Broadman Press.
Kingdon, D. G. & Turington, D. (1994). Cognitive-behavioral therapy of schizophrenia. New York: The Guilford Press.
Knight, G. R. (1989). Philosophy and education. Berrien Springs: Andrews University Press.
Koenig, J. (1992). Rediscovering New Testament prayer. New York: HarperSan Francisco.
Koestenbaum, P. (1991). Leadership. San Francisco: Jossey-Bass.
Kohlberg, L. (1964). Development of moral character and moral ideology. In M. L. Hoffman and L. W. Hoffman (Eds.), Review of Child Development Research (Vol. 1). New York: Russell Sage Foundation.
Kohlberg, L. (1981). The philosophy of moral development. San Francisco: Harper & Row, Publishers.
Kohlberg. L. (1984). The psychology of moral development. New York: Harper & Row.
Kolbe, K. (2004). Powered by instinct. Phoenix: Monumentus Press, 2004.
Komonchak, J. A., Collins, M., & Lane, D. A. (Eds.). The new dictionary of theology. Wilmington: Michael Glazier, Inc.
Kotulak, Ronald. (1997). Inside the brain. Kansas City: Andrews McMeel Publishing.
Kouzes, J. M., & Posner, B. E. (1987). The leadership change. San Francisco: Jossey-Bass.
Krathwohl, David (Ed.). (1964). Taxonomy of educational objectives: Handbook II:

Affective domain. New York: David McKay Company, 1964.

Kreitler, H., & Kreitler, S. (1976). Cognitive orientation and behavior. New York: Springer.

Kurtines, W. M., & Gerwirtz, J. L. (Eds.). (1987). Moral development through social interaction. New York: John Wiley & Sons.

Kwon, T. J. (1985). The Theoretical foundations of healing ministry and the Application to church growth. Unpublished doctoral dissertation, Fuller Theological Seminary, Pasadena, CA.

Kwon, T. J. (1997). An integrative model for spirituality Development in three domains of learning theory. Ann Arbor: UMI, 1997.

Langer, E. J. (1989). Mindfulness. Cambridge: Perseus Books.

Lasch, C. (1984). The minimal self. New York: W. W. Norton and Company.

Lawrence, B. (1981). (Trans.) The practice of the presence of God. E. M. Blaiklock. Nashville: Thomas Nelson.

Laymon, C. M. (1968). The Lords prayer. Nashville: Abingdon Press.

Lazarus, R. S. (1995). Cognition and emotion from the RET viewpoint. Journal of RationalEmotive & CognitiveBehavior Therapy, 13(1), 29-54.

Lechman, C. K. (1960). The Holy Spirit and the holy life. Scottdale: Herald Press.

LeBar, L. (1981). Education that is Christian. Old Tappan: Fleming H. Revell Company.

Lechman, J. C. (1987). The spirituality of gentleness. San Francisco: Harper & Row.

Leech, K. (1989). Spirituality and pastoral care. Cambridge: Cowley Publications.

LeFeure, P., & Schroeder, W. W. (Eds.). (1984). Spiritual nurture and congregational development. Chicago: Exploration Press.

LeVine, R. A. (1982). Culture, behavior, and personality. New York: Aldine Publishing Company.

Lewis, C. S. (1977). The joyful Christian. New York: Macmillian Publishing Company.

Lewis, P. (1994). The springs of motion: Jonathan Edwards on emotions, character, and agency. Journal of Religious Ethics, 22.2, 275-297.

Leyda, R. J. (1995). Multidimensional self-esteem and spiritual well-being of evangelical Christian university students from selected academic majors. Unpublished doctoral dissertation, Biola University, La Mirada, CA.

Leypoldt, M. M. (1978). Learning is change. Valley Forge: Judson Press.

Lickona, T. (1991). Educating for character. New York: Bantam Books.

Lienhard, M. (1987). Luther and the beginnings of Reformation. In J. Raitt (Ed.), Christian spirituality: High middle ages and Reformation. New York: The Crossroad Publishing Company.

Lightner, R. P. (1994). Salvation and spiritual formation. In K. O. Gangel & J. C. Wilhoit (Eds.), The Christian educators handbook on spiritual formation. Wheaton: Victor Books.
Linn, M. & D. (1981). Deliverance prayer. New York: Paulist Press.
Linskie, R. (1977). The learning process. New York: D. Van Nostraud Company.
Locke, E. A. et al. (1991). The essence of leadership. New York: Lexington Books.
Loevinger, J. (1966). The meaning and measurement of ego development. American Psychologist, 21, 195-206.
Loevinger, J. (1976). Ego development. San Francisco: Jossey-Bass Publishers.
London, Jr., H. B., & Wiseman, N. B. (1993). Pastors at risk. Wheaton: Victor Book House.
Lorenzi, P., & Sims, Jr., H. P. (1992). The new leadership paradigm. London: Sage Publications.
Luft, J. (1970). Group processes: An introduction to group dynamics. Palo Alto: Mayfield Publishing Company.
Lustiger, C. J. (1988). The Lords prayer. Huntington: Our Sunday Visitor, Inc.
Lynch, M.& S. (1988). Healed for holiness. Ann Arbor: Servant Books.
Lyon, David. (1983). Sociology and Human image. Downers Grove: InterVarsity Press.
Lyon, Jr., H. C. (1971). Learning to feel—feeling to learn. Columbus, Ohio: Charles E. Merrill Publishing Company.
MacArthur, J. F. (1976). Keys to spiritual growth. Old Tappan: Fleming H. Revell Company.
MacArthur, J. F. (1981). The disciples prayer. Panorama: Grace Community Church.
MacArthur, J. F. (1988). The gospel according to Jesus. Panorama City: Word of Grace.
Maddocks, M. (1981). The Christian healing ministry. London: SPCK.
Malony, H. N. (Ed.). (1983). Wholeness and holiness. Grand Rapids: Baker Book House.
Malony, H. N. (1988). Whole holiness holy wholeness: The interface of spiritual and mental health. In H. N.
Malony, M. Papen-Daniels Clinebell (Eds.), Spirit centered wholeness, II, 81-95. Lewiston: The Edwin Mellen Press.
Malony, H. N., & Nelson, D. O. (1982). The religious status interview. Pasadena: Fuller Theological Seminary.
Manz, C. C., & Sims, Jr., H. P. (1991). Super-leadership. New York: Berkley Books.
Marcus, H. (1977). Self-schemata and processing information about the life. Journal of Personality and Social Psychology, 35, 63-78.

Marsden, G. (1980). Fundamentalism and American culture: The shaping of 20th century evangelism. New York: Oxford University.
Marshall, C. (1978). The helper. New York: Chosen Books Publishing Company, Ltd.
Massey, D. E., & Hadlock, M. N. (1988). Religious status inventory. Pasadena: Fuller Theological Seminary.
Matheson, G. (1890). Spiritual development of St. Paul. New York: Thomas Whittacker.
Matzat, D. (1990). Christ Esteem. Eugene: Harvest House Publishers, Inc.
May, P. (1975). Which way to education. Chicago: Moody Press.
Mayer, R. E. (1990). The promise of cognitive psychology. New York: Lanham.
McBee, S. (1985, December 9). Morality. U.S. News and World Report.
McCasland, S. V. (1962). Spirit. In G. A. Buttrick (Ed.), The interpreters dictionary of the Bible (Vol. 4). New York: Abingdon Press.
McDonald, H. D. (1984). Doctrine of man. In W. A. Elwell (Ed.), Evangelical dictionary of theology. Grand Rapids: Baker Book House.
McGrath, J., & McGrath, A. (1992). The dilemma of self-esteem. Wheaton: Crossway Books.
McKay, M. (1992). Self-esteem. Oakland: New Harbinger Publications, Inc.
McKibben, F. M. (1947). Christian education through the church. New York: Abingdon Press.
McNeill, D., Morrison, D. A., & Neuwen, H. J. (1983). Compassion: A reflection on the Christian life. Garden City: Image Books.
McWilliams, J. & P. (1993). We give to love. U.S.A.: Prelude Press.
Mead, G. H. (1934). Mind, self, and society. Chicago: University of Chicago Press.
Merriam, S. B. and Caffarella, R. S. (1999). Learning in adulthood. San Francisco: Jossey-Bass Press.
Merton, Thomas. (1958). Thoughts in solitude. New York: Farrar Straus and Giroux.
Merton, T. (1961). New seeds of contemplation. New York: New Directions.
Merton, T. (1967). Mystics on Zen masters. New York: Noonday Press.
Meyer, J. (1995). Battlefield of the mind. Fenton: Life in the Word, Inc.
Meys, R. P. (1994). In K. O. Gangel & J. C. Wilhoit (Eds.), The Christian educators handbook on spiritual formation. Wheaton: Victor Books.
Miles, D. (1981). Church growth: A mighty river. Nashville: Broadman Press.
Miller, J. R. (1979). The anchor of our hope. Jackson: Evangelical Pulpit Publications.
Mills, W. E. (Ed.). (1990). Mercer dictionary of the Bible. Macon: Mercer

University Press.
Moloney, F. J. (1980). Disciples and prophets. New York: The Crossroad Publishing Company.
Monaghan, P. & Viereck, E. (1999). Meditation: The complete guide. Novata: The World Library.
Montague, G. T. (1976). The Holy Spirit: Growth of a Biblical tradition. New York: Paulist Press.
Morgan, J. (1985). The Biblical doctrine of the Holy Spirit. Minneapolis: Klock & Klock Christian Publishers, Inc.
Moule, C. F. D. (1978). The Holy Spirit. Grand Rapids: W. B. Eerdmans Publishing Company.
Munroe, R. L. (1977). Cross-cultural human development. New York: Jason Aronson, Inc.
Murphey, C. (1983). Press on: A disciples guide to spiritual growth. Ann Arbor: Servant Books.
Murren, D. (1994). Leadershift. Ventura: Reagal Books.
Mylander, C. (1979). Secrets for growing churches. New York: Harper & Row, Publishers.
Nanus, B. (1992). Visionary leadership. San Francisco: Jossey-Bass Publishers.
Neil, S. (1955). The Christian character. New York: Association Press.
Nelson, J. A. (1980). How to handle lifes hurts. Denver: Accent Books.
Neufeldt, V., & Sparks, A. N. (1985). Websters new world dictionary. New York: Prentice Hall.
Newman, B. M., & Newman, P. R. (1991). Development through life: A psychological approach. Pacific Grove: Brooks/Cole Publishing Company.
Nicholl, D. (1981). Holiness. New York: Paulist Press.
Noll, M. A. (1984). Pietism. In W. A. Elwell (Ed.), Evangelical dictionary of theology. Grand Rapids: Baker Book House.
Oates, W. E. (1961). Christ and selfhood. New York: Association Press.
Oldham, J. M., & Morris, L. B. (1990). The personality self-portrait. New York: Bantam Books.
Oliver, H. H. (1992). The relational self. In L. Rouner (Ed.), Selves, people, and persons, 37-51.
Orjala, P. R. (1978). Get ready to grow: Principles of church growth. Kansas City: Beacon Hill Press.
Orr, James. (Ed.). (1939). International standard Bible encyclopedia. Grand Rapids: WM. B. Eerdmans Publishing Company.

Osho, (2004). Meditation. New York: St. Martin's Press.

Richards, L. O. (1987). A practical theology of spirituality. Grand Rapids: Zondervan Publishing House.

Oster, M. J. (1991). Vision-driven leadership. San Bernadino: Heres Life Publishers, Inc.

Palmer, P. J. (2000). A Vision of Education as Transformation, in Kazanjian, Jr. and Peter Laurence, (Eds.), Education as transformation. New York: Peter Lang, 2000.

Paxson, R. (1958). The work of God the Holy Spirit. Chicago: Moody Press.

Pazmino, R. W. (1988). Foundational issues in Christian education. Grand Rapids: Baker Book House.

Pearsall, P. (1988). Super joy. New York: Double-Day.

Perkins, F. J. (1983). Spirituality. In R. S. Taylor (Ed.), Beacon dictionary of theology. Kansas City.

Peshkin, A. (1986). God's choice. Chicago: The University of Chicago Press.

Petitone, A., & Triandis, H. (1987). On the universality of social psychological theories. Journal of Cross-Cultural Psychology, 30, 57-63.

Phillips, T. R., & Bloesch, D. G. (1994). Counterfeit spirituality. In K. O. Gangel & J. C. Wilhoit (Eds.), The Christian educators handbook on spiritual formation. Wheaton: Victor Books.

Piediscolzi, N., & Swyhart, B. A. (Eds.). (1976). Distinguishing moral education, values clarification and religion studies. Missoula: University of Montana.

Pink, A. W. (1955). The doctrine of sanctification. Swengel: I. C. Herendeen.

Pink, A. W. (1971). Spiritual growth. Grand Rapids: Baker Book House.

─────. (1975). The Holy Spirit. Grand Rapids: Guardian Press.

Plomin, R., & Nesselroade, J. R. (March 1990). Behavioral genetics and personality change. Journal of Personality (Vol. 58). No. 1.

Pope, M. H. (1962). Godly. In G. A. Buttrick (Ed.), The interpreters dictionary of the Bible (Vol. 2). New York: Abingdon Press.

Preiswerk, M. (1987). Education in the living word. Maryknoll: Orbis Books.

Principe, W. (1990). Affectivity and heart in Thomas Aquinas spirituality. In A. Callahan (Ed.), Spiritualities of the heart. New York: Paulist Press.

Prior, K. (1982). The way of holiness. Downers Grove: InterVarsity Press.

Pusch, M. D. (Ed.). (1981). Multicultural education: A cross-cultural training approach. Chicago: Intercultural Network, Inc.

Randolph, D. J. (1975). God's party. Nashville: Abingdon Press.

Raskin, R., & Hall, C. S. (1979). A Narcissistic personality inventory. Psychological Report, 45, 590.

Raskin, R., Novacek, J., & Hogan, R. (1991). Narcissism, self-esteem, and defensive self-enhancement. Journal of Personality, 59, 19-38.
Raskin, R., & Shaw, R. (1988). Narcissism and the use of personal pronouns. Journal of Personality, 56, 393-404.
Raskin, R. E., & Terry, H. (1988). A principal components analysis of the Narcissistic personality inventory and further evidence of its construct validity. Journal of Personality and Social Psychology, 54, 890-902.
Reader's Digest, (2002). Making the most of your brain. London: Duncan Baird Publishers Limited.
Renner, J., Stafford, A., Lawson, J., McKimmon, J., Friot, F., & Kellog, D. (1976). Research, teaching, and learning with the Piaget model. Normal: University of Oklahoma Press.
Rhodewalt, F., & Morf, C. C. (1995). Journal of Research in Personality, 29, 1-23.
Rice, H. L. (1991). Reformed spirituality. Louisville: Westminster Press.
Rice, J. R. (1970). Prayer. Murfreesboro: Sword of the Lord Publishers.
Richards, L. O. (1987). A practical theology of spirituality. Grand Rapids: Zondervan Publishing House.
Ridge, W. J. (1989). Follow me!. New York: AMACOM.
Riesman, D. (1982). Egocentrism. In E. A. Wynne (Ed.), Character policy: An emerging issue. Washington, D. C.: University Press of America.
Riga, P. J. (1966). The church renewed. New York: Sheed and Ward, Inc.
Roberts, R. C. (1973). The strength of a Christian. Philadelphia: The Westminster Press.
Robertson, L. (1975). Power. Chattanooga: The Hebrew Christian Press.
Roche, Lorin. (1998). Meditation made easy. New York: HarperCollins Publishers.
Rogers, C. (1959). A theory of therapy, personality, and interpersonal relationships as developed in the client-centered framework. Psychology: A Study of a Science. New York: McGraw Hill.
Rogers, Carl. (1983). Freedom to learn for the 80's. Columbus, Ohio: Charles E. Merrill Publishing Company, 1983.
Ronaldson, A. S. (1965). The spiritual dimension of personality. Philadelphia: The Westminster Press.
Rosenberg, M. (1965). Society and the adolescent self-image. Princeton: Princeton University Press.
Rosenthal, P. (1984). Words and values: Some leading words and where they lead us. New York: Oxford University Press.
Ross, R. (1991). When I grow up.... San Diego: Recovery Publications, Inc.

Rouner, L. (Ed.). (1992). Selves, people, and persons. Notre Dame: University of Notre Dame Press.
Ryan, T. (1993). Disciplines for Christian living. New York: Paulist Press.
Sanders, J. O. (1962). Spiritual maturity. Chicago: Moody Press.
─────. (1970). The Holy Spirit and His gifts. Grand Rapids: Zondervan Publishing House.
─────. (1980). Spiritual leadership. Chicago: Moody Press.
Sanford, J. & Paula, P. (1982). The transformation of the inner man. Plainfield: Bridge Publishing, Inc.
Sappington, D. P. (1994). Spirituality: An evangelical comparative analysis of Lawrence O. Richards multifaceted definition with implications for assessment instrumentation. Unpublished doctoral dissertation, Biola University, La Mirada, CA.
Scarr-salapatek, S. (1976). An evolutionary eprspective an infant intelligence: Species patterns and individual variations. In M. Lewis (Ed.), The origin of intelligence: Infancy and early childhood. New York: Plenum.
Schon, D. A. (1971). Beyond the stable state. New York: Random House.
Schuller, R. H. (1982). Self-esteem. Waco: World Books.
Schulz, Mona Lisa. (1998). Awakening intuition. New York: Three River Press.
Seamands, D. A. (1981). Healing for damaged emotions. Wheaton: Victor Books.
Segall, M. H. (1979). Cross-cultural psychology. Monterey: O Brook/Cole Publishing Company.
Segler, F. M. (1960). A theology of church and ministry. Nashville: Broadman Press.
Seligman, M. E. P. (1994, May/June). Psychology Today.
Semmes, J. (1968). Hemispheric Specialization: A Possible Clue of Mechanism, Neuropsychologia 6:11-26.
Smede, L. B. (1983). Mere morality. Grand Rapids: Wm. B. Eerdmans Publishing Company.
Shaeffer, F. A. (1971). True spirituality. Tyndale House Publishers.
Shaffii, M. (1988). Freedom from the self. New York: Human Science Press.
Shelton, C. M. (1989). Adolescent spirituality. New York: Crossroad.
Shelton, C. M. (1990). Morality of the heart: A psychology of Christian moral life. New York: The Crossroad Publishing Company.
Shideler, M. M. (1985). In search of the Spirit. New York: Ballantine Books.
Shoemaker, H. M. (1974). Prayer and evangelism. Waco: Word Books, Publishers.
Shranger, J. S. (1975). Responses to evaluation as a function of initial self-perceptions. Psychological Bulletin, 82, 581-596.
Sinkler, L. (1991). A spiritual Odyssey. U.S.A.: The Valor Foundation.

Skinner, B. F. (1971). Beyond freedom and dignity. New York: Knopf.
Skoglund, E. R. (1984). Self-esteem. In W. A. Elwell (Ed.), Evangelical dictionary of theology. Grand Rapids: Baker Book House.
Smedes, L. B. (1983). Mere morality. Grand Rapids: Wm. B. Eerdmans Publishing Company.
Smith, D. (1982). Trends in counseling and psychotherapy. American Psychologist, 37, 802-809.
Smith, F. L. (1990). When choice becomes God. Eugene: Harvest House Publishers.
Solorzano, L. (1985, May 13). Rights, wrongs: No schools teach them. U.S. News and World Report.
Song, C. S. (1993). Jesus and the reign of God. Minneapolis: Fortress Press.
Spencer, A. L. (1989). Crises and growth. New York: Paulist Press.
Sperry, R. W. (1974). Lateral Specialization in the Surgically Separated Hemispheres, in F. O. Schmitt & F. G. Wordon (Eds), The Neurosciences Third Study Program. Cambridge, MA: MIT Press.
Spindler, G. D. (Ed.). (1987). Education and cultural process. Prospect Heights: Waveland Press.
Spittler, R. P. (1988). The Pentecostal view. In D. Alexander (Ed.), Christian spirituality: Five views of sanctification. Downers Grove: Intervarsity Press.
Sprinthal, N. A., & Sprinthal, R. C. (1990). Educational psychology. New York, McGraw-Hill Publishing Company.
Steele, L. L. (1990). On the way: A practical theolgy of Christian formation. Grand Rapids: Baker Book House.
Stephens, K. Discipleship evangelism. Phoenix: Good Life Productions, Inc.
Stevens, D. C. (1992). The theology of Christian education. In M. J. Anthony (Ed.), Foundations of ministry: An introduction to Christian education for a new generation. Wheaton: Victor Books.
Strauss, R. L. (1991). Growing more like Jesus. U.S.A.: Loizeaux Brothers.
Sweeney, P. D., & Wells, L. E. (1990). Reactions to feedback about performance: A test of three competing models. Journal of Applied Social Psychology, 20, 818-834.
Sweet, L. I. (1982). New life in the spirit. Philadelphia: The Westminster Press.
Szasz, T. (1974). The myth of mental illness. New York: Harper & Row, Publishers.
Tavard, G. H. (1987). Apostolic life and church reform. In J. Raitt (Ed.), Christian spirituality: High middle ages and Reformation. New York: The Crossroad Publishing Company.
Taylor, M. J. (Ed.). (1966). An introduction to Christian education. Nashville, Abingdon Press.

Tetlow, J. A. (1985). Spirituality: An American Sampler. America 153, 261-267.
The Christian Educator' s Handbook on Teaching. (1988). Wheaton: Victor Books.
The Oxford English Dictionary (2nd Ed.). (1991). Vol 1. Oxford: Clarendon Press.
The Oxford English Dictionary (2nd Ed.). (1991). Vol 3. Oxford: Clarendon Press.
The Oxford English Dictionary (2nd Ed.). (1991). Vol 12. Oxford: Clarendon Press.
The Oxford English Dictionary (2nd Ed.). (1991). Vol 16. Oxford: Clarendon Press.
Thieme, Jr., R. B. (1971). Spirituality by grace. Houston: Bernachah Church.
Thiessen, H. C. (1952). Introductory lectures in systematic theology. Grand Rapids: Wm. B. Eerdmans Publishing Company.
Thompson, W. M. (1991). Christology and spirituality. New York: The Crossroad Publishing Company.
Tobin, T. H. S. J. (1987). The spirituality of Paul. Wilmington: Michael Glazier.
Toffler, A. (1971). Future shock. New York: Bantam Books.
Torrance, J. B. (1979). The place of Jesus Christ in worship. In R. S. Anderson (Ed.), Theological Foundations for ministry. Grand Rapids: Wm. B. Eerdmans Publishing Company.
Torrance, T. F. (1979). Come, Creator Spirit, for the renewal of worship and witness. In R. S. Anderson (Ed.), Theological foundations for ministry. Grand Rapids: Wm. B. Eerdmans Publishing Company.
Tournier, P. (1986). A listening era: Reflection on Christian caring. Minneapolis: Ausburg House.
Tracy, W. (Ed.). (1976). How to teach adults without really suffering. Kansas City: Beacon Hill Press.
Towns, E. (1969). The bright future of the Sunday school. Minneapolis: F. C.
Towns, E. (1988). 154 steps to revitalize your Sunday school and keep your church growing. Wheaton: Victor.
Tyrrell, B. J. (1975). Christotherapy. New York: Paulist Press.
Unger, M. F. (1957). Ungers Bible dictionary. Chicago: Moody Press.
Van Belle, H. A. (1985). Humanistic psychology. In D. G. Benner (Ed.), Baker Encyclopedia of Psychology. Grand Rapids: Baker Book House.
Vandervelde, G. (Ed.). (1989). The Holy Spirit. Winfield: The Institute for Christian Studies.
Van Ness, P. H. (1992). Spirituality, diversion, and decadence. Albany: State University of New York.
Van Kaam, A. (1974). Spirituality and gentleness. Denville: Dimension Books.
Van Til, Cornelius. (1977). Essays on Christian education. Nutley: Presbyterian and Reformed.
Veninga, R. (1981). A gift of hope. Boston: Little, Brown and Company.

Vieth, P. H. (1930). Objectives in religious education. New York: Harper & Brothers.
Vries, H. D. (1979). The work of the Holy Spirit. Grand Rapids: Wm. B. Eerdmans Publishing Co.
Wagner, C. P. (1979). Our kind of people. Atlanta: John Knox Press.
Wagner, C. P. (1983). Your spiritual gifts can help your church grow. Ventura: Regal Books.
Wakefield, G. S. (1983). Spirituality. In G. S. Wakefield (Ed.), The Westminster dictionary of spirituality. Philadelphia: The Westminster Press.
Wardle, T. H. (1988). Exalt Him!: Designing dynamic worship services. Camp Hill: Christian Publications.
Watson, D., & Clark, L. A. (1992). Affects separable and inseparable: On the hierarchical arrangement of the negative affects. Journal of Personality and Social Psychology, 62, 489-505.
Watson, J. D. (1925). Behaviorism. Chicago: University of Chicago Press.
Watson, P., Hood, R., Morris, R., & Hall, J. (1985). Religiousity, sin and self-esteem. Journal of Psychology and Theology, 13(2), 116-128.
Webster, D. D. (1987). A passion for Christ: An evangelical Christology. Grand Rapids: Zondervan Publishing House.
Wells, D. F. (1984). The person of Christ: A Biblical and historical analysis of the incarnation. Westchester: Crossway Books.
Wells, L. E., & Marwell, G. (1976). Self-esteem: Its conceptualization and measurement. Beverly Hills: Sage Publications.
Wenger, J. C. (1977). Disciples of Jesus. Scottdale: Herald Press.
Westermann, C. (1965). The praise of God in the Psalms. Richmond: John Knox Press.
White, R. E. O. (1984). Ethical systems, Christian. In W. A. Elwell (Ed.), Evangelical dictionary of theology. Grand Rapids: Baker Book House.
Wichern, F. B. (1979). The assessment of personality constructs derived from scriptual statements of spiritual maturity. Unpublished Thesis, Dallas Theological Seminary, Dallas.
Wichern, F. B. (1980). Spiritual leadership qualities inventory manual. Richardson: Believer Renewal Resources.
Wilhoit, J. (1986). Christian education and the search for meaning. Grand Rapids: Baker Book House.
Wilkins, M. J. (1992). Following the master. Grand Rapids: Zondervan Publishing House.
Willard, D. (1988). The Spirit of the disciplines. New York: HarperSan Francisco.

Willard, D. (1991). The Spirit of the disciplines. New York: HarperCollins.
Williams, J. R. (1986). Holiness. In W. A. Elwell (Ed.), Evangelical dictionary of theology. Grand Rapids: Baker Book House.
Wills, W. (1973). 2000 years and still counting. Wheaton: Victor.
Witkin, Herman (1978). Cognitive style in personal and cultural adaptation. Worcester: Clark University Press.
Wlodkowski, R. J. (1985). Enhancing adult motivation to learn. San Francisco: Jossey-Bass.
Wolff, H. W. (1973). Anthropology of the Old Testament. Philadelphia: Fortress.
Wolterstorff, N. (1980). Educating for Responsible Action. Grand Rapids: Eerdmans.
Wood, L. W. (1988). The Wesleyan view. In D. Alexander (Ed.), Christian spirituality: Five views of sanctification. Downers Grove: Intervarsity Press.
Wylie, R. C. (1974). The self concept: A review of methodological considerations and measuring instruments (Vol. 1). Lincoln: University of Nebraska Press.
Yehunda, A., & Sharon, I. (1987). Are social psychological laws cross-culturally valid? Journal of Cross-Cultural Psychology, 18, 383-470.
Yohn, R. (1981). Discover your spiritual gift and use it. Wheaton: Tyndale House Publishers, Inc.
Yount, W. R. (1996). A Christian teachers introduction to educational psychology: Created to learn. Nashville: Broadman and Holman.
Zaidel, E. (1987). Hemispheric Monitoring, in D. Ohoson, (Ed.), Duality and unity of the brain. New York: Plenum Press.
Zizioulas, J. D. (1987). The early Christian community. In Bernard McGinn, John Meyendorff, & Jean Leclercq (Eds.), Christian spirituality: Origins to the twelfth century. New York: The Crossroad Publishing Company.
Zuck, R. B. (1972). Spiritual power in your teaching. Chicago, Moody Press.
_____. (1988). The role of the Holy Spirit in Christian teaching. In K. O. Gangel & H. G. Hendricks (Eds.), The Christian educators handbook on teaching. Wheaton: Victor Books.
_____. (1998). Spirit-filled teaching. Nashville: Word Publishicng, 1998.
Zumkeller, A. (1987). The spirituality of the Augustinians. In J. Raitt (Ed.), Christian spirituality: High middle ages and Reformation. New York: The Crossroad Publishing Company.

기독교 영성신학
Theology of Christian Spirituality

2009년 3월 20일 초판 발행

지은이 | 권 택 조

펴낸곳 | 사)기독교문서선교회
등록 | 제16~25호(1980. 1. 18)
주소 | 서울시 서초구 방배동 983-2
전화 | 02) 586-8761~3(본사) 031) 923-8762~3(영업부)
팩스 | 02) 523-0131(본사) 031) 923-8761(영업부)
홈페이지 | www.clcbook.com
이메일 | clckor@gmail.com
온라인 | 기업은행 073-000308-04-020, 국민은행 043-01-0379-646
　　　　　예금주: 사)기독교문서선교회

ISBN 978-89-341-1020-0(93230)

* 낙장 · 파본은 교환해 드립니다.